D0937556

LA LIBERTÉ ET LE DESTIN
DANS LE THÉÂTRE DE JEAN RACINE

STANFORD FRENCH AND ITALIAN STUDIES

editor

RALPH HESTER

editorial board

JOHN AHERN

MARC BERTRAND

ROBERT GREER COHN

JOHN FRECCERO

RAYMOND D. GIRAUD

PAULINE NEWMAN-GORDON

volume XXIV

ANMA LIBRI

LA LIBERTÉ ET LE DESTIN
DANS LE THÉÂTRE DE JEAN RACINE

SUIVI DE DEUX ESSAIS
SUR LE THÉÂTRE DE JEAN RACINE

ÉLÉONORE M. ZIMMERMANN

1982
ANMA LIBRI

Stanford French and Italian Studies is a collection of scholarly publications devoted to the study of French and Italian literature and language, culture and civilization. Occasionally it will allow itself excursions into related Romance areas.

Stanford French and Italian Studies will publish books, monographs, and collections of articles centering around a common theme, and is open also to scholars associated with academic institutions other than Stanford.

The collection is published for the Department of French and Italian, Stanford University by Anma Libri.

© 1982 by ANMA LIBRI & Co.
P.O. Box 876, Saratoga, Calif. 95071.
All rights reserved.
LC 81-70141
ISBN 0-915838-15-X
Printed in the United States of America.

842.45
R 12122
035981

AVANT-PROPOS

Je voudrais exprimer ici ma reconnaissance à tous ceux qui m'ont aidée par leurs conseils et leur soutien: Leo Bersani, Liliane Greene, Sverre Lyngstad, Bernard Masson et Sandy Petrey. Ils ont pris sur leurs multiples occupations le temps de lire soit plusieurs chapitres, soit le livre tout entier, et de me communiquer patiemment leurs critiques, parfois sévères, toujours amicales. Ils m'ont encouragée à tour de rôle dans des moments difficiles, et les nombreuses discussions que j'ai eues avec eux m'ont plus d'une fois permis de préciser ou de développer mes idées. A eux tous et à mon père, qui n'a jamais douté que je ne termine ce travail, j'exprime toute ma gratitude. Sans leur aide ce livre n'aurait jamais pu être mené à bien.

Mes remerciements vont aussi à la State University of New York at Stony Brook qui m'a accordé un congé pour me permettre de terminer cet ouvrage, et à la John Simon Guggenheim Memorial Foundation qui m'a donné la possibilité de me consacrer entièrement à ce travail au cours de l'année universitaire 1971-72 et qui, en outre, a contribué très généreusement aux frais de publication quand il a été achevé.

EMZ
Port Jefferson, automne 1979

à Henri Peyre

TABLE DES MATIÈRES

INTRODUCTION

L'idée maîtresse de cet essai a été entrevue il y a fort longtemps. Le travail commencé a dû être interrompu et, au cours des années qui se sont ainsi écoulées, de nombreux ouvrages sur Racine ont paru ou sont sortis de l'obscurité. Dans certains d'entre eux j'ai trouvé des conceptions qui rejoignaient les miennes, présentées, évidemment, d'un point de vue et dans un contexte différents. D'autres semblaient s'opposer si absolument et si directement à mes positions que j'ai été amenée à reprendre celles-ci, à les formuler peut-être avec plus de vigueur, et à chercher le point précis où s'articulait le désaccord. Ce livre n'est donc pas ce qu'il aurait été si j'avais pu le finir il y a près de dix ans, comme prévu: le langage et les tendances de la critique littéraire ont connu des modifications importantes, et mes conceptions personnelles ont également évolué, sans toutefois se transformer radicalement.

C'est au cours d'une étude approfondie de *Britannicus* (parue plus tard sous le titre "La Lumière et la voix. Etude sur l'unité de *Britannicus*")[1] que je fus d'abord frappée de ce qui s'y trouvait de crainte de la liberté. Aussi mon livre commence-t-il par l'examen de cette pièce. *Britannicus* ne pouvait constituer un exemple isolé d'une attitude aussi fondamentale chez Racine, et je constatai qu'on la retrouve en effet, dans une forme comparable et que je m'attachai à définir, dans toutes les tragédies de Racine jusqu'à *Iphigénie*. En cherchant à établir ce qui, dans les dernières pièces, remplaçait les préoccupations premières de Racine, je compris que l'introduction du thème du destin modifiait les données fondamentales de la tragédie: jusqu'à *Iphigénie* (et *La Thébaïde* mis à part) ce théâtre se déroule dans un monde dont les valeurs

[1] Voir appendice I.

1

sont déterminées exclusivement par la société. La liberté dont il s'agit est donc une liberté relativement aux normes sociales. Avec la notion du destin s'introduit, dans cette oeuvre, une transcendance. Les valeurs ne correspondent plus uniquement à celles d'une société close, mais semblent être dictées par des dieux, par un Dieu. La liberté que recherchent ou que refusent les personnages se définit par rapport à des puissances maîtresses de leur vie, elle s'apparente au libre arbitre.

C'est ainsi que cet ouvrage vint à se diviser en deux parties, de longueur très inégale d'ailleurs, ce qui tient à la complexité de ces questions dans les tragédies postérieures à 1674. La première partie est consacrée à la liberté dans les tragédies d'*Andromaque* à *Iphigénie*, la seconde au destin, ou plus exactement à la position des protagonistes en face du destin, dans l'ensemble des tragédies. L'étude en profondeur des dernières pièces a permis de saisir des rapports qui ont éclairé les premières: il est devenu évident que la notion d'ordre était plus déterminante encore dans l'oeuvre de Racine que je ne l'avais d'abord compris, et si j'ai surtout examiné ses ramifications pour les trois dernières pièces, sa présence est signalée dès le début[2].

C'est surtout dans la première partie que j'avais d'abord cru me trouver en désaccord complet avec les conclusions de quelques-uns des critiques contemporains les plus influents. Alors que je constatais, chez Racine, une crainte certaine de la liberté et, parallèlement, des valeurs positives attribuées au passé, R. Barthes en particulier s'est attaché à montrer que le véritable héros de Racine, celui qui porte, avec son approbation, tous les désirs les plus profonds du poète, rejette totalement son passé parce que le passé interdit toute croissance, toute vie même. Ch. Mauron, dont R. Barthes s'inspire souvent, s'exprime de façon beaucoup plus nuancée dans un ouvrage infiniment plus complexe[3]. S'il voit dans un personnage tel que Pyrrhus, lorsqu'il tourne le dos à son passé, une "pulsion vers la vie", ce n'est là, pour ce critique, qu'un des aspects du psychisme de Racine. On trouvera une discussion plus détaillée de ces deux points de vue à propos d'*Andromaque* à la p. 30. Qu'il suffise de mentionner ici qu'à la réflexion je compris que ces positions critiques, dont quelques arguments me semblaient convaincants, n'étaient pas incompatibles avec les miennes: en effet, le désir de liberté que R. Barthes et Ch. Mauron notent chez Racine et l'existence d'une crainte de la liberté dont j'avais été frappée

---

[2] J'ai beaucoup apprécié, à cet égard, *Autonomie de Racine* (d'abord paru sous le titre *The Triumph of Relevance*) d'O. de Mourgues, quoique nos conclusions, et la définition même de "ordre", souvent ne coïncident pas. On trouvera les précisions au sujet des lieux et dates d'éditions dans la bibliographie.

[3] R. Barthes, *Sur Racine*; Ch. Mauron, *L'Inconscient dans l'oeuvre et dans la vie de Racine*.

ne s'excluent pas nécessairement. Ch. Mauron, en particulier, se place à un niveau du psychisme de Racine qu'il est difficile d'atteindre, et sa position ne peut, par conséquent, être discutée à partir d'une position critique autre que la sienne. Ses théories sont cohérentes; elles reposent sur un système de théories, freudiennes pour la plupart, qui ont été acceptées dans l'ensemble, quoique la question soit loin d'être close. Ce qu'il dit semble en général probant dans son contexte. Mais quoiqu'il suive le texte de Racine de très près, quoiqu'il essaye avec une sincérité évidente de lui accorder la primauté, dans l'ensemble on ne reçoit pas moins l'impression, à lire *L'Inconscient dans l'oeuvre et la vie de Racine*, qu'il a su éclairer Racine plutôt que son oeuvre. En d'autres termes, si l'on peut s'imaginer un Racine qui écrit comme il le fait pour les raisons que propose Ch. Mauron, on constate beaucoup plus rarement que les personnages ou les situations se transforment spontanément en fonction de ce que le critique nous a appris à leur sujet, quand on revient aux textes qu'il a commentés[4].

Peut-être une lecture qui, sans être pour cela superficielle, resterait plus en surface que celle de Ch. Mauron, est-elle plus apte à éclairer certains aspects de ce que nous ressentons obscurément face aux oeuvres de Racine. J'ai voulu travailler dans ce sens: aller au delà du texte, mais sans jamais perdre contact avec lui. Il serait sot de négliger les apports de la psychanalyse, de la psychocritique, des études linguistiques, sociocritiques autant que biographiques ou historiques. Elles présentent des volets divers de ce qu'est notre époque, et ce que nous ressentons est naturellement déterminé par le contexte dans lequel nous vivons autant que par l'oeuvre que nous lisons. Racine a vécu, il est vrai, à une époque qui précédait le romantisme individualiste, époque où le *moi* se définissait encore, dans notre civilisation occidentale, en termes de la société. Sans doute a-t-il entrevu une possibilité de libération, mais il n'a pu la concevoir que dans le mal, telle que le dépeignait la théologie contemporaine[5]. Pour la conscience de notre époque la liberté anti-sociale est au contraire devenue une sorte de valeur absolue suprême, en tous points admirable. Notre inconscient a eu du mal à suivre, et si l'on exalte les bienfaits du détachement de la famille, par exemple, on continue de prêcher l'importance d'une situation sécurisante du milieu, pour l'enfant que l'adulte ne cesse jamais entièrement de porter en lui. Le problème de la valeur réciproque de l'ordre et de la liberté n'est pas près d'être résolu, même du point de

---

[4] Voir aussi à ce propos L. Bersani, *A Future for Astyanax*, ch. 1.
[5] On trouvera dans une dernière section de la première partie une analyse plus détaillée du point de vue théologique.

vue politique. Pour ceux qui écrivent, pour tous les artistes, il est omniprésent dans la lutte qu'ils mènent pour s'exprimer. L'équilibre à établir entre ordre et liberté, forme établie et innovation, est peut-être *le* problème fondamental de l'esthétique.

Les romantiques qui croyaient que l'ordre était radicalement mauvais en soi et que seule la liberté absolue, sans frein, permettait de créer et de vivre, n'ont pas en général aimé le théâtre de Racine. Ceux qui n'ont plus, comme eux, à se dégager de sa tutelle, peuvent se laisser fasciner à y reconnaître la lutte sans merci entre deux appels contraires. Racine remet toujours à nouveau en scène le drame de cette lutte. Nous le verrons d'abord se défier de la liberté, la laisser ensuite triompher subrepticement dans *Iphigénie* puis, marquant sa perte de foi en l'homme, la montrer écrasée, dans les dernières pièces, sous le double poids de la société et des puissances divines. Comme poète, il avait su trouver pour lui-même sa liberté dans la contrainte, équilibre qu'on a beaucoup admiré et qui incarne bien le meilleur du dix-septième siècle au moment de sa plus grande vitalité, de sa plus grande promesse, pendant la jeunesse de Louis XIV. Dans les dernières pièces on doit constater avec tristesse que cet équilibre miraculeux se perd: la sclérose s'annonce tandis que le triomphe de l'ordre remplace la tension créatrice. Il faudra attendre plus d'un siècle, plus de deux pour le théâtre tragique, avant qu'un autre équilibre, cette fois-ci en faveur de la liberté, naisse d'une nouvelle lutte entre ces principes contraires d'ordre et de liberté.

Deux essais, repris à la fin du livre, présentent d'autres approches à l'étude de Racine. Dans le second, sur le rôle de l'innocence, on retrouve une courbe d'évolution semblable à celle que je trace au cours de l'étude sur la liberté et le destin, à savoir une progression vers une lucidité croissante jusqu'à *Phèdre*, puis la retombée dans un monde dont l'ordre rigide semble exclure tout espoir. Une étude évolutive du thème de la lumière et de la voix serait sûrement tout aussi révélatrice; le premier essai repris ici se limite à relire *Britannicus* de ce point de vue, mais nous permet déjà de constater la défiance de Racine à l'endroit de la parole, tout paradoxal que cela puisse paraître comme c'est son moyen d'expression. La parole—ordres, cris, plaintes, promesses—sert plus à duper qu'à éclairer. Il lui manque le caractère immédiat de la lumière, de la vue, garant de vérité.

Ajouter ces deux essais à l'étude plus approfondie qui fait le sujet de ce livre pouvait servir à illustrer une conviction qui se traduit en une méthode ou peut-être, simplement, en une approche: des préoccupations fondamentales—multiples, mais qui se rejoignent en un faisceau complexe—conduisent le dramaturge à son choix de situations et de personnages et irradient sa langue même. Dégager ces préoccupations, si l'on réussit à le faire sans attenter à l'intégrité de l'ensemble, permet d'éclairer l'oeuvre dans sa complexité et peut-être aussi de retrouver les fils subtils par lesquels un auteur communique avec son public à un niveau autre que superficiel. C'est ce que je me suis efforcée de faire ici.

PREMIÈRE
PARTIE

LA LIBERTÉ AVANT *PHÈDRE*

1. *Britannicus*

"Vous seriez libre alors, Seigneur"

Les possibilités, les dangers de la liberté tels que les concevait Racine se découvrent d'abord clairement dans *Britannicus* (1669). C'est la quatrième des pièces que nous connaissons. Dans *La Thébaïde* (1664) et *Alexandre* (1665) l'auteur dramatique débutant cherche visiblement sa voie, et si la critique les néglige en général, ce n'est pas sans raison. Fort de son excellente éducation classique, il s'était d'abord inspiré de l'antiquité; devant le succès modeste de la pièce, il laissa ensuite de côté toutes les grandes questions du destin et de la nature des dieux qu'il y avait soulevées, pour écrire une pièce plus mondaine et frivole. *Andromaque* paraît un miracle quand on la lit après ces essais tâtonnants. Mais quoique la pièce mérite toute sa réputation, quoiqu'elle ait souvent servi à définir un Racine poète des passions et que la plupart des thèmes fondamentaux de son oeuvre y paraissent déjà, il me semble qu'il faut attendre *Britannicus* pour les voir s'épanouir pleinement. Le thème de la liberté, en particulier, y devient manifeste dans son prodigieux enchevêtrement et sa complexité. Néron, étouffant sous la tutelle maternelle, sera conduit, en cherchant à s'en libérer, à s'affranchir du passé, des traditions, des coutumes, des lois qui briment ses désirs. Mais par le même mouvement il s'engage dans la voie du meurtre et du crime, sans que l'affranchissement mène à la liberté. Junie, d'autre part, se crée des liens intérieurs là où les liens extérieurs lui manquent, et puise la force pour son indépendance dans son passé, dans les obligations morales qu'elle s'impose, dans tout ce que rejette Néron. L'amour même, récompense suprême dans ce monde racinien, que celui-ci croit atteindre par son affranchissement, Junie l'a trouvé dans l'acceptation du passé et des lois.

9

A peine Néron a-t-il paru sur scène que le leitmotiv de l'affranchissement est entonné:

> Et c'est pour m'affranchir de cette dépendance
> Que je la fuis partout, que même je l'offense[1],
> (II.ii.507-08)

avoue-t-il à Narcisse en parlant de sa mère. Tous les efforts d'Agrippine vont en effet à maintenir une situation où, "invisible et présente" dans la vie de son fils, elle tire les ficelles qui font agir l'empereur marionnette. Narcisse comprend parfaitement la situation et saura l'exploiter. Dans la grande scène où il lutte pied à pied pour la conquête de son maître, afin d'écarter une fois pour toutes l'influence d'Agrippine comme celle de Burrhus—à qui est échu le rôle de père dans la vie de son élève—Narcisse s'attaque à eux tour à tour puis, pour le coup de grâce, il joue sur la vanité de l'empereur et fait miroiter devant ses yeux les possibilités d'une vie nouvelle: "Vous seriez libre alors, Seigneur" (IV.iv.1465). Il sera libre s'il a le courage de mettre à mort Britannicus, de répudier Octavie, de suivre en tout ses désirs propres, imposant sa volonté à Rome, à Burrhus et à Agrippine au lieu de subir leurs lois.

Il est significatif que celui qui prône ici la liberté soit lui-même, Racine le mentionne à plusieurs reprises, un "affranchi". Un affranchi, c'est d'abord un esclave, un être, donc, coupé de ses liens naturels, de sa famille, sans rang dans l'ordre civil des "citoyens", lié à son seul maître par une chaîne que sa propre volonté ne pourra jamais défaire. Quand le maître l'affranchit, ce dernier lien même est rompu. Narcisse n'a aucune place qui lui soit propre dans la société, aucun ancêtre, aucun passé, aucune obligation. Lorsque, dans la dernière scène, il cherche à retenir Junie qui s'est vouée aux dieux, il se montre "affranchi" même de l'ordre religieux, sans crainte devant le sacrilège. Il est entièrement "libre", d'une liberté sans attaches, et sans direction jusqu'au moment où il entrevoit la possibilité de se rendre maître de l'esprit de Néron.

En tant qu'empereur Néron, par contre, semble jouir d'une situation assurée dans la société. Pourtant bien des traits le rapprochent de Narcisse en qui l'on devine son double. Comme lui il est sans fortes attaches avec le passé et la famille; il est même vulnérable comme empereur. Son vrai père, Enobarbus, n'est mentionné qu'une fois dans ce palais impérial, et cela avec mépris, quand Agrippine menace de faire révoquer comme illégal le pouvoir qu'elle a obtenu pour son

---

[1] Toutes les citations sont conformes à Racine, *Oeuvres complètes*, I (Editions de la Pléiade, Gallimard, 1950).

fils (III.iii.845). Il a perdu jusqu'à son vrai nom, Domitius—qui pouvait rappeler ses origines paternelles—quand l'empereur Claude l'appela Néron (IV.ii.1147). Fils adoptif, il demeure néanmoins usurpateur dans le langage de la pièce, et sa mère aime à le lui rappeler. Celle-ci ne lui fournit pas non plus des assises sociales et familiales fermes. Quoiqu'elle soit de lignée impériale, le pouvoir ne lui a pas été transmis par ses ancêtres. Pour le conquérir elle a, au contraire, secondée par un autre "affranchi", foulé aux pieds les lois de la famille comme celles de la cité: elle a d'abord épousé son oncle contrairement aux coutumes établies, puis empoisonné son mari.

Jusqu'ici Néron avait tout fait pour suppléer à ce que les circonstances lui avaient refusé. En épousant Octavie, fille de l'empereur Claude, il a renforcé son lien avec la famille impériale et acquis une certaine légitimité. Il a respecté les lois, et son règne s'est distingué par "trois ans de vertu" (II.ii.462). Mais ses désirs, éveillés par la vision de Junie hors de son atteinte, le poussent à briser tous ces liens fragiles dans l'espoir de se libérer pour aller vers elle. Rien ne le retient: sans père, sans tradition familiale pour lui donner des exemples qu'il voudrait suivre, le passé ne vit en lui qu'à travers ce lien avec sa mère qu'il tient à rompre plus que tout autre, et son passé personnel, obéissance aux lois, coutumes et traditions de Rome, qui imprime déjà une direction à son règne. Mais de ce fait ce passé personnel lui paraît comme une entrave: "Quoi? toujours enchaîné de ma gloire passée" (IV.iii.1332) s'écrie-t-il avec impatience. Il lui paraît d'autant plus facile de le renier qu'il l'a créé lui-même. Il renoncera d'abord au lien par personne interposée qui l'attache à la famille impériale et répudiera Octavie; s'attaquant alors aux lois les plus fondamentales de la société, de la cité, de la famille, il assassinera ensuite celui que la pièce présente toujours comme son frère (IV.iii.1385; V.vi.1675).

Certes, derrière ce "monstre naissant" selon l'expression de sa préface, Racine laisse deviner la lutte du jeune homme qui veut devenir homme, de l'enfant qui, pour grandir, doit se séparer de sa mère. Mais il ne nous permet pas de nous apitoyer sur son drame, de le plaindre ou de nous reconnaître en lui. Son désir de se libérer de sa mère est sans doute la raison profonde de sa révolte. Elle peut même être l'expression d'une tentation de Racine qu'il veut punir[2]. Ce qu'il nous fait condamner s'y rapporte mais en détourne l'attention: c'est le refus, de la part de Néron, de toute loi, de toute contrainte, une tentative de se libérer qui mène au crime et qui, d'ailleurs, n'apporte en rien le bonheur.

---

[2] Que la mère soit représentée par Port-Royal, par sa tante, la mère Agnès, ou par tout autre substitut à sa mère morte. Voir à ce propos Ch. Mauron, *L'Inconscient*, p. 262.

En effet Narcisse, qui incarne la tentation de la liberté absolue, est tué avant la fin de la pièce. Néron, de son côté, voit Junie lui échapper et offre dans le dernier tableau l'image d'un homme perdu, dans tous les sens du mot: Albine le dépeint qui "marche sans desscin; ses yeux mal assurés / N'osent lever au ciel leurs regards égarés" (V.viii.1757-58).

La liberté qu'il a cru acquérir est d'ailleurs illusoire: il n'y a pas de libération totale, pas de liberté absolue. Dans les dernières répliques nous voyons Burrhus et Agrippine—qui tout à l'heure avait dit à son fils un "Adieu" en apparence définitif (V.vii.1694)—figures parentales enfin réunies, tous deux prêts à s'élancer aux côtés de Néron pour essayer de le convaincre de "suivre d'autres maximes", de se livrer de nouveau à leur direction. Il n'a pas réussi à se libérer de sa mère et il n'y réussira qu'en la tuant à son tour comme elle le lui prédit peu avant la fin (V.vi), comme Suétone et Tacite nous apprennent qu'il le fera en effet. Mais cette libération de sa présence physique ne délivrera toujours pas Néron. Agrippine prophétise que même après sa mort elle ne le lâchera pas, qu'elle l'incitera à des crimes nouveaux qui ne le libéreront pas davantage, et le pousseront enfin au suicide. Ce suicide est préfiguré par les dernières images de la pièce que transmet le récit d'Albine. Elle rapporte qu'on craint que "sa douleur bientôt n'attente sur ses jours" (V.viii.1763). La nuit est sur le point de tomber (1759), symbole de la mort comme du crime. Elle enveloppera Néron à la fin de la pièce comme elle entourait Agrippine à son début. Loin de se libérer de sa mère, Néron n'a réussi qu'à prendre sa place, installé dans le crime, enchaîné par lui comme elle l'était depuis longtemps (IV.iii.1344; V.vii.1686).

Contrastant avec la nuit que répandent ces deux personnnages, se dresse l'apparence lumineuse de Junie: on l'aperçoit d'abord éclairée par les flambeaux de ses ravisseurs nocturnes (II.ii); on la revoit, au dernier acte, embrassant la statue de marbre d'Auguste[3]. "Arrachée au sommeil" au début de la pièce, elle connaît comme Néron un réveil, la découverte du mal. Mais au lieu de l'embrasser, d'accepter la place d'Octavie, de se laisser éblouir par la fausse lumière de la gloire de Néron, elle le rejette avec violence. Néron, si dépendant des autres, que ce soit des conseils de Burrhus et d'Agrippine qu'il récuse, ou de ceux de Narcisse auxquels il se livre, peut la faire prisonnière, la séparer de tous, mais ne peut toucher en elle à une force intérieure qui la rend indépendante de lui. Alors que, pour atteindre une liberté

---

[3] J'ai examiné ces aspects de plus près dans "La Lumière et la voix. Etude sur l'unité de *Britannicus*"(voir Appendice I).

qui lui échappe toujours, il s'efforce de se dégager de ses pauvres liens avec le passé, Junie cherche son appui dans ce qu'elle sait du sien. Elle est dans le palais "tout plein de ses aïeux" (I.ii.238), fière de sa famille (II.iii.568), protégée contre Néron par la conscience de sa légitimité. Orpheline, libérée par la mort de tout lien, "seul reste du débris d'une illustre famille" (II.iii.556), elle se crée des liens nouveaux à l'image de ceux qui ne la retiennent plus:

> J'aime Britannicus. Je lui fus destinée
> Quand l'Empire devait suivre son hyménée.
> Mais ces mêmes malheurs qui l'en ont écarté,
> Ses honneurs abolis, son palais déserté,
> La fuite d'une cour que sa chute a bannie,
> Sont autant de liens qui retiennent Junie.
>   (II.iii.643-48)

La diérèse, la césure, renforcent encore l'importance de "liens". Ces liens avec le passé, avec Britannicus, donnent de l'assurance au discours de Junie et font d'elle la jeune femme noble et digne que Racine nous fait admirer. Quand Néron par son assassinat a voulu brutalement trancher le lien qui l'unissait à Britannicus, elle chancelle, mais ne tombe pas dans ses bras comme il l'espérait; elle se tourne vers le passé intact, à l'abri de l'emprise de Néron, pour lui consacrer son avenir. Sa prière, "Protège en ce moment le reste de ta race" (V.viii.1732), s'adressant à la statue d'Auguste divinisé, est un voeu de vertu par lequel elle se joint aux dieux: "Pour... conserver une foi toujours pure" à Britannicus, descendant d'Auguste, elle demande à se dévouer "à ces dieux immortels" parmi lesquels se trouve son aïeul grâce à "[sa] vertu" (1735-39). Le passé a déterminé le présent et se prolongera dans l'avenir. Près de la statue d'Auguste, incarnation de la vertu, Néron, qui n'a pas voulu que son passé déterminât son avenir, erre, au bord de la destruction de soi, "sans dessein", "égaré".

Ces deux termes caractérisent souvent, dans cette oeuvre, le désarroi propre à la passion[4]. Racine représente l'être passionné comme "hors de soi", tout à la pensée de l'autre. Mal aimé, son âme, selon le principe d'échange que chante la poésie lyrique depuis le moyen âge et surtout la Renaissance, ne lui est pas rendue, ne peut rentrer en lui. Il perd volonté et direction. Ainsi Néron "erre" après avoir perdu Junie, mais peut-être davantage encore pour avoir perdu Narcisse.

---

[4] Voir notamment la tirade d'Hermione, "Errante et sans dessein je cours en ce palais" (*Andromaque*, V.i). Les exemples de "égaré" sont nombreux. Les plus célèbres sont dans *Phèdre*, au cours des aveux à Hippolyte (II.v.629) et à Oenone ("Je cherchais dans leurs flancs ma raison égarée" [I.iii.282]), ainsi que I.iii.180, 250; I.i.103; IV.vi.1264. Voir aussi *Bérénice*, IV.viii.1246; *Bajazet*, IV.v.1307.

Dans sa recherche de la liberté il pensait conquérir l'indépendance, devenir enfin maître de soi. En fait Racine nous le montre livré à ses désirs confus, livré à Narcisse (ce qui est probablement la même chose, le nom, historique, de celui-ci servait bien Racine) et avançant, perdu à soi-même parce que rien ne le soutient de l'extérieur, vers sa destruction.

2. *Bajazet*

Réduits au schéma de leur situation dramatique, *Britannicus* et *Bajazet* (1672) présentent, comme l'ont bien vu les critiques, deux variations sur un même thème: au couple Junie-Britannicus, héritiers légitimes du pouvoir, correspond le couple Bajazet-Atalide, que Néron et Roxane, respectivement, cherchent à détruire, tous deux jaloux jusqu'au meurtre, tous deux usurpateurs.

Toutefois l'action de *Bajazet* se déroule dans un monde plus sombre encore que celui de *Britannicus*. Le sérail, lieu de la tragédie est, plus explicitement que le palais de Néron, une prison. Tous les personnages que nous rencontrons y sont enfermés; la clef est entre les mains d'une puissance lointaine, capricieuse et maléfique. Aussi le désir de s'affranchir n'est-il plus, dans *Bajazet*, réservé exclusivement à un protagoniste réprouvé, "monstre" de la pièce. Chacun rêve d'échapper à ce microcosme infernal où il est pris, et c'est ce rêve qui pousse les personnages à l'action. On trouve ce leitmotiv dès les premiers mots que Roxane adresse à Bajazet: "Prince, l'heure fatale est enfin arrivée / Qu'à votre liberté le ciel a réservée" (II.i.421-22). Lui-même s'écrie au centre de la pièce: "Je suis libre!" (III.iv.948). Il sera brutalement détrompé. L'espoir de liberté, ici comme dans *Britannicus*, demeure illusoire et, en dernière instance, réprouvé, quoique le désir de liberté ne soit plus aussi nettement lié au mal que précédemment et que Racine n'exige plus du spectateur une condamnation inconditionnelle. Celui-ci prend le parti des personnages et partage leurs angoisses comme leurs espoirs, se doutant peut-être obscurément que ce monde prison, sans autre issue que la mort, est symbolique du sien.

La sympathie du spectateur peut s'établir parce que Racine sépare dans *Bajazet* les deux révoltes qu'il a si habilement confondues dans *Britannicus* où Néron voulait d'une part s'affranchir de la tutelle maternelle, et s'insurgeait, d'autre part, contre l'ordre social. Bajazet hérite d'une forme affaiblie de la première révolte, alors que Roxane, proche de Néron par sa situation, incarne surtout la seconde.

Certes Bajazet détient, dans le schéma de la pièce, un rôle parallèle à celui de Britannicus mais, moins passif que celui-ci, il rappelle aussi Néron par son désir de s'affranchir. Dans son cas cependant l'ordre tyrannique qui l'opprime physiquement, sans raison, le retenant prisonnier, en danger de mort même, est visible à tous. Aussi ses efforts pour se libérer emportent-ils d'emblée notre adhésion. Mais la question n'est pas seulement de survivre, il s'agit aussi pour lui de se déclarer. Sans doute la lutte de Néron était-elle comme la sienne une lutte pour affirmer sa virilité, mais elle était obscurcie par ses plaintes et ses détours, et ses éclats de violence qui atteignaient une mère. Celle de Bajazet exhibe fièrement les marques extérieures qui lui donnent un caractère héroïque familier. Bajazet brûle de quitter le monde des femmes et des eunuques qui peuplent le sérail pour aller en quête d'aventures glorieuses, pour disputer dans les combats sa place au frère qui l'opprime. Refusant de vivre par le silence et l'adresse il veut

> ...par de vrais combats, par de nobles dangers,
> Moi-même le cherchant aux climats étrangers,
> Lui disputer les coeurs du peuple et de l'armée,
> Et pour juge entre nous prendre la renommée.
>   (III.iv.951-54)

Il ne s'agit plus du meurtrier d'une mère. On peut reconnaître le jeune homme prêt à remplacer le père, mais surtout, derrière de fatigantes histoires d'amour, de jalousie et d'intrigues, se dessine le héros de tous les mythes, romans, contes de fées, qui part dans le monde pour se trouver lui-même. Ainsi le spectateur est invité à se rallier à la cause du jeune homme en croissance. Racine peut le condamner à mort au dernier acte, il ne crée plus en Bajazet comme en Néron un personnage chez qui l'effort même de devenir homme est condamnable, quoique sa timidité à souligner cet aspect de son héros contribue à la faiblesse de la tragédie.

Roxane est tracée d'une main plus ferme. Maîtresse du sérail, éprise de Bajazet, jalouse de son amour pour Atalide, elle détient, dans le schéma de la pièce et par son attitude envers les lois, le rôle de Néron. Elle règne mais, comme Néron[5], on peut l'accuser de n'être qu'une usurpatrice: le pouvoir qu'elle exerce avec tyrannie lui a seulement été prêté par Amurat, le sultan absent et son maître qui, surveillant de loin sa conduite, est toujours prêt à la châtier. En fait elle est prisonnière. Elle se voit entourée d'un réseau de lois qui la coupent du monde et entravent tous ses mouvements et s'en affranchira avec une impatience croissante. Elle se dégage d'abord de toutes les coutumes et traditions du sérail en consentant à voir un homme, puis à se montrer à lui; elle se soustrait ensuite à l'obéissance qu'elle doit à Amurat en n'exécutant pas son ordre exprès de faire tuer Bajazet.

---

[5] Ch. Mauron, *L'Inconscient*, pp. 97-101.

Dès lors toute loi ne lui semble plus que l'expression d'un caprice tyrannique qui doit céder à ses désirs: les coutumes qui proscrivent le mariage d'un sultan, même invoquées par Bajazet, ne sont pour elle que des "lois imaginaires" (II.i.461) qui peuvent être renversées à leur tour.

Nous avons pu noter chez Néron que le désir de liberté avait tous les traits de la passion. En Roxane les deux se confondent. Après avoir décidé de ne plus être l'esclave invisible d'Amurat, elle croit avoir trouvé un lieu où "coeurs" et "yeux" peuvent se parler "en liberté" (I.i.208). Mais pour Roxane comme pour Néron toute liberté est mauvaise ou illusoire. La liberté nouvellement acquise par elle au mépris des lois n'est qu'un piège: la possibilité de voir Bajazet fournit à son amour néfaste l'occasion de croître, et en se libérant des ordres d'Amurat elle s'engage dans une autre forme de dépendance, celle de la passion. "De toi dépend ma joie et ma félicité" (II.i.556) déclare-t-elle avec désespoir à Bajazet quand elle comprend qu'elle ne peut plus vivre sans lui et l'assure, en fait, qu'elle ne lui survivra pas (557). A la fin de la pièce elle affirme s'être libérée de Bajazet à son tour (IV.v.1275), mais le vers suivant nous apprend qu'à ce moment même elle devient la proie d'une nouvelle passion, son désir de se venger de lui.

Pas plus que chez Néron/Narcisse ces passions ne trouvent de contrepoids en Roxane. Même sa situation sociale rappelle celle de Narcisse: esclave, elle est sans famille, la propriété exclusive d'un sultan sanglant et dénué de scrupules. Amurat lui a conféré un demi affranchissement en la proclamant sultane et maîtresse du sérail en son absence, mais sans lui accorder la légitimation, la place dans l'ordre social auxquelles elle aspire et qui lui procureraient des assises plus fermes:

> Mais ce même Amurat ne me promit jamais
> Que l'hymen dût un jour couronner ses bienfaits;
> Et moi, qui n'aspirais qu'à cette seule gloire,
> De ses autres bienfaits j'ai perdu la mémoire.
> (I.iii.303-06)

Racine a de nouveau voué à la passion un être qu'il peint sans attaches, vivant sans continuité, affreusement libre, pour qui rien dans le passé ne détermine un présent auquel elle se livre sans recours.

Aussi Bajazet oppose-t-il Roxane, l'esclave, à Atalide dont le "sang", le lien avec le passé, font selon lui un être à l'esprit moins étroit, dont la noblesse héréditaire assure la noblesse morale:

> J'épouserais, et qui?...
> Une esclave attachée à ses seuls intérêts,

....
Tandis qu'à mes périls Atalide sensible,
Et trop digne du sang qui lui donna le jour,
Veut me sacrifier jusques à son amour.
(II.v.718 *et seqq.*)

Lui-même revendique le passé et se définit à travers lui:

...sans cesse occupé des grands noms de ma race,
J'espérais que fuyant un indigne repos,
Je prendrais quelque place entre tant de héros.
(II.v.738-40)

Il n'est pas seul, créé *ex nihilo*; comme Junie, il veut maintenir une continuité avec le monde de ses ancêtres où il trouve des exemples à suivre. Dans ce théâtre le passé revendiqué semble, quel qu'il ait pu être en réalité, un bien en soi, garant, par les liens qu'il crée, de la vertu du héros qui a choisi de s'y conformer. Peu importe que la tradition ottomane enseigne plutôt la trahison que la fidélité (II.iii.643-47), que pour ces héros parmi lesquels Bajazet veut se ranger "l'intérêt de l'état" ait été la loi unique, la victoire permettant "la foi promise et rarement gardée" (648-50), comme nous l'apprend Acomat. De même que Junie ne voit parmi ses ancêtres qu'un Auguste vertueux, Bajazet puise sa force dans un passé mythique.

L'esclave (ou l'esclave des passions, Roxane est les deux), dépourvue de traditions, ne possède pas, chez Racine, d'idéal à opposer aux sollicitations de l'immédiat. Le présent, pour elle qui ne connaît pas d'autre temps, est tout; pour un personnage lié au passé il n'a qu'une importance réduite, moment de transition entre le passé et l'avenir (et c'est peut-être pourquoi un personnage comme Bajazet paraît souvent plus pâle sur scène que ceux qui vivent pleinement dans le présent comme Roxane): Bajazet vit dans un contexte temporaire entièrement différent de celui de l'esclave d'Amurat.

L'importance réduite du présent explique l'indépendance du héros vis-à-vis des événements immédiats. Aussi ceux qui, chez Racine, revendiquent des liens, sont-ils toujours plus libres que ceux qui, en les refusant, cherchent en vain à s'affranchir. Certes Bajazet aspire à la liberté qui lui permettrait de sortir du sérail, d'agir enfin, et Roxane pense pouvoir le mener à sa guise en lui promettant ou lui refusant tour à tour cette liberté d'action, au début de la pièce s'il ne l'épouse pas (II.i), plus tard s'il n'assiste pas au supplice d'Atalide (V.iv). Mais cette liberté qui s'exprime par le "ouvrir" ou "fermer" des portes du sérail[6] est purement extérieure, et Bajazet refuse d'échanger contre

---

[6] Cf. Jules Brody, "*Bajazet,* ou le jeu de l'amour et de la mort: Paratexte".

elle sa liberté intérieure, celle de rester fidèle à ses principes (ce qui comprend ne pas tromper Roxane, quel qu'en soit le prix), et de demeurer ainsi maître de soi, de ses pensées, de ses sentiments. Pour conserver cette liberté il est prêt à accepter l'alternative à celle que lui offre Roxane: la mort (II.iii.609)[7].

Il y a donc une différence fondamentale entre ce que signifie pour les deux personnages principaux de la pièce la liberté et l'affranchissement. L'esclave Roxane pense s'affranchir en s'insurgeant contre les lois qui la retiennent prisonnière, sans voir qu'elle se rend dépendante de Bajazet; celui-ci qui vit dans un autre contexte temporaire et social donne la primauté à une liberté intérieure qui lui permet de rester maître de soi, fidèle aux lois qu'il s'est donné et qu'il a trouvées dans son passé et la tradition de sa famille. Il la met en danger en se soumettant aux conseils d'Acomat et de la changeante Atalide, mais la reconquiert peu avant la fin.

Pourtant à la conclusion de la tragédie tous deux connaîtront le même sort, tous deux succomberont sous les coups d'Orcan, noir émissaire d'Amurat. L'ordre triomphe. Même s'il s'agit, comme le dit O. de Mourgues, d'un "ordre vicieux", la tentative de le renverser est punie[8]. Roxane, en ouvrant les portes du sérail, a ouvert les portes au désordre, à la passion, à la jalousie, au meurtre, à la trahison. Bajazet s'est fait quelque temps son complice et a sombré dans le compromis. Il n'aura pas pu provoquer son frère avant de mourir. Mais il n'erre pas sans dessein comme Néron à la fin de *Britannicus*; il a su reconquérir cette liberté intérieure qui seule n'est pas illusoire chez Racine, la liberté dans le cadre d'un ordre. Aussi Racine lui accorde-t-il le privilège de mourir à l'issue d'un franc combat (V.xi) et accompagné des regrets du spectateur. Il marque ainsi sa propre ambivalence devant cette sombre et gênante conclusion qui punit la révolte, même justifiée, et permet le triomphe de l'ordre, même s'il est tyrannique. Nous retrouverons cette vision pessimiste de la justice sanctionnant en apparence un ordre implacable dans les dernières pièces.

3. *Bérénice*

Bérénice (1670), la troisième des grandes tragédies de Racine, s'insère chronologiquement entre *Britannicus* (1669) et *Bajazet* (1672). Du

---

[7] Voir la discussion très intéressante de J.-D. Hubert, dans *Essai d'exégèse racinienne*, pour qui Roxane, esclave d'Amurat, objet, aime Bajazet qui symbolise la liberté, et espère renverser leur situation réciproque, devenir le maître quand lui serait devenu esclave (p. 145).

[8] O. de Mourgues, *Autonomie de Racine*, p. 176 et suiv., discute de façon très intéssante le rôle de l'ordre chez Racine. Celui de *Bajazet* lui semble aussi arbitraire que la passion,

point de vue du développement du thème de la liberté, elle s'y insère mal, et j'ai noté ailleurs comment, parce que cela est vrai pour tous les grands thèmes de ce théâtre, j'ai été menée à conclure que le sujet de *Bérénice* n'avait pas été choisi spontanément par Racine[9]. Si *Bajazet* est si pessimiste, c'est peut-être en réaction à *Bérénice* qui avait entraîné le poète plus loin qu'il n'était prêt à aller de son propre chef à cette époque.

Pourtant *Bérénice* est bien racinienne, on a même dit la plus racinienne des pièces de son auteur. Le sujet lui en a sans doute été suggéré, mais il a su le faire sien, et s'il ne correspondait pas exactement à ses préoccupations majeures du moment, il lui permettait néanmoins de reprendre des thèmes esquissés plus tôt et qu'il développera à nouveau ultérieurement. Les rapports sont étroits entre *Bérénice* et *Mithridate*, et *Andromaque* annonçait la forme qu'ils pourraient prendre.

Dans *Britannicus* déjà, dans *Bajazet* davantage encore, les protagonistes, souffrant du conflit entre leurs désirs et l'ordre social qui les brimait, se trouvaient prêts à renverser cet ordre pour se libérer de son emprise. Titus souffre du même conflit mais, refusant la tentation de la révolte, il accepte la nécessité de l'ordre social. Il s'y conformera pour l'affermir par son exemple, au prix de sa liberté et de ses désirs. Bérénice qui ne comprend pas d'abord sa décision, l'accepte ensuite à son tour, s'y associe, et lui donne un sens plus large. L'ordre triomphe à la fin, un ordre dont Titus a influencé la nature par son sacrifice: Rome gardera ses traditions, souvenir de sa liberté perdue (II.ii.386) grâce à un empereur qui n'aura pas besoin, pour assurer son règne et faire excuser ses excès, de créer un ordre tyrannique ou "vicieux" comme le font Néron ou Amurat.

Mais l'ordre social s'impose d'abord à Titus sous sa forme la plus difficile à justifier, tant il semble étranger à toute raison. La coutume de Rome interdit à son empereur d'épouser une reine étrangère: Bérénice est reine de Palestine: Titus vient d'accéder au trône impérial. Il n'y a aucun recours possible (II.ii.377-78). La loi *est*. Elle a, nous le verrons dans la seconde partie de cette étude, tout le caractère du destin. On ne peut ni l'attaquer ni la justifier. Elle prolonge irrationnellement un passé d'ailleurs mort, ce dont Bérénice, Titus, et même Paulus, le confident de Titus qui l'expose, sont tristement conscients (*ibid.*, 381-86).

et le rapprochement est certainement valable. Le point de vue défendu ici, cependant, est que la loi a une fonction en soi, sans rapport avec sa valeur absolue qui est en effet souvent arbitraire.

[9] Voir "L'Innocence et la tragédie chez Racine. Le Problème de *Bérénice*", Appendice II.

Personne n'est chargé de veiller à l'application de cette coutume désuète, "Rome se tait" (IV.v.1085; IV.iv.1001-02), et on ne sait au juste quelles seraient les conséquences d'une transgression (IV.iv). Mais refuser de reconnaître la loi représenterait, de la part de Titus, un acte de révolte par lequel il couperait les amarres qui l'attachent au passé de Rome[10]. Or, une fois de plus, celui qui est capable de résister à la tyrannie de ses désirs puise sa force dans son héritage. Titus n'est pas un descendant d'Auguste—son père Vespasien n'avait aucun droit au trône quand il fut imposé comme empereur par l'armée d'Orient qu'il commandait; comme Bajazet ou Junie il se choisit son passé. Ceux qu'il cite en exemple et qu'il veut imiter ne sont pas ses ancêtres directs mais les héros du passé, même républicain, de Rome, dont il revendique la filiation (IV.v.1156 *et seqq.*)[11]. Le sens de sa mission est venu à Titus en héritage de son père, intermédiaire entre ses ancêtres choisis et lui, au moment précis de la mort de celui-ci (II.ii.459-62)[12].

Les circonstances dont s'entoure sa prise de conscience méritent notre attention. Titus, fils affectueux et soumis ("Moi… qui cent fois… / Aurais donné mes jours pour prolonger les siens", II.ii.432-34) a néanmoins pu souhaiter "la place de [son] père" (431). Quand elle lui revient en effet il s'aperçoit que l'affranchissement de la tutelle paternelle, si elle lui donne le pouvoir, ne lui apporte qu'une liberté illusoire et limitée:

> Maître de l'univers, je règle sa fortune;
> Je puis faire les rois, je puis les déposer:
> Cependant de mon coeur je ne puis disposer.
> (III.i.720-21)

A la réflexion il comprend que tout en dépendant de son père, il jouissait, pendant la vie de celui-ci, d'une liberté sans responsabilité à tout jamais perdue:

> Un autre était chargé de l'empire du monde;
> Maître de mon destin, libre dans mes soupirs,
> Je ne rendais qu'à moi compte de mes désirs.
> (II.ii.456-58)

[10] C'est ce que ne considèrent pas Ch. Mauron et R. Barthes, qui le suit de près en ceci. Pour lui "Rome est un pur fantasme" et la loi une "légalité mystique" (*Sur Racine*, pp. 19, 17). Pour Ch. Mauron Titus "sacrifie l'amour non pas au devoir mais au préjugé sans valeur intime" (*L'Inconscient*, p. 86). L. Goldmann est éloquent dans le sens contraire (*Le Dieu caché*, p. 377).

[11] Le passé maintenu donne seul aussi accès à l'avenir, car Rome "ne reconnaît pas les fruits illégitimes / Qui naissent d'un hymen contraire à ses maximes" (II.ii.377-79).

[12] Racine, *Oeuvres complètes*, I, 457.

Pour l'enfant, le jeune homme, la vision du monde adulte et le rêve de la liberté se confondent. Mais chez Racine la vraie liberté, l'affranchissement total sont impossibles. Titus en fait l'expérience quand il accède au monde entrevu dans ses rêves.

Mais lui qui ne s'était pas révolté contre son père, ne se révolte pas non plus contre l'ordre nouveau qui impose des limites à ses actions. Après avoir conçu Néron dont la révolte contre une autorité parentale échoue (thème repris plus tard avec Bajazet), Racine crée Titus et enfin Xipharès qui, nous le verrons, présente un exemple encore plus extrême du jeune homme grandissant sans révolte. Tous deux intériorisent les lois qui leur sont imposées (et qui, dans les deux cas, les séparent d'abord de celle qu'ils aiment). Xipharès reste à l'ombre de son père. Titus, nouvellement né à l'empire, accepte une autre tutelle. On notera la personnification, et l'image de l'enfance quand il constate:

> Rome observe aujourd'hui ma conduite nouvelle.
> Quelle honte pour moi, quel présage pour elle,
> Si dès le premier pas, renversant tous ses droits,
> Je fondais mon bonheur sur le débris des lois!
>
> (II.ii.467-70)

Cependant la soumission de Titus n'est pas simple passivité. Elle est le gage qui doit protéger son indépendance à venir. On se souvient que Néron, pour avoir au contraire refusé de se soumettre à l'ordre social, allait être acculé, dans les termes de Burrhus, à "courir de crime en crime, / Soutenir [ses] rigueurs par d'autres cruautés, / Et laver dans le sang [ses] bras ensanglantés" (*Britannicus* IV.iii.1344-46). Titus veut se soustraire à un tel esclavage pour régner librement sans devenir ni tyran ni complaisant.

En effet, contrairement à Néron là encore, Titus ne renie pas son passé; il veut être fidèle aux promesses qui y étaient implicites (IV.iv.1032). Mais comme il n'a pas créé seul son passé, il ne réussira pas non plus à le prolonger par lui-même. C'est pour plaire à Bérénice qu'il s'était jadis détourné de sa jeunesse où il "suivait du plaisir la pente trop aisée" (II.ii.508), c'est elle qui lui enseigna les principes par lesquels il se voit maintenant forcé à la répudier. Mais rompre avec elle risque d'entraîner une rupture avec ce passé auquel elle est si intimement mêlée—les "cinq ans" de leur amour sont mentionnés huit fois dans la pièce, dont cinq fois par les deux amants, ponctuant leurs lamentations[13].

Racine nous fait sentir combien ce passé est menacé par un parallè-

---

[13] Cf. S. Soares et C. Abraham, "Time in *Bérénice*".

lisme qui n'était peut-être d'abord qu'une exigence de la rime. Jadis, la récompense suprême reposait pour Titus dans les yeux de Bérénice ("Heureux! et plus heureux que tu ne peux comprendre, / Quand je pouvais paraître à ses yeux satisfaits / Chargé de mille cœurs conquis par mes bienfaits!" [II.ii.516-18]). Dans une perspective nouvelle, ceux qui n'étaient que des objets à apporter à Bérénice comptent désormais pour eux-mêmes, et Titus veut trouver sa récompense en eux ("Dans quels yeux satisfaits / Ai-je déjà goûté le fruit de mes bienfaits?" [IV.iv.1033-34])[14].

Bérénice ayant ainsi perdu son rôle dans la vie de Titus, elle ne lui apparaît plus, l'espace d'un moment, qu'un lien à rompre:

> Ne tardons plus: faisons ce que l'honneur exige:
> Rompons le seul lien...
>
> (IV.v.1039-40)

dit-il à la fin du long monologue où l'on peut suivre ses vains efforts pour consommer la séparation. Mais les liens ont une valeur positive chez Racine. La rupture avec le passé est toujours destructrice. Aussi la séparation qui doit servir au maintien de l'ordre et du passé ne peut-elle s'accomplir au prix de ces liens.

Titus lui-même en a conscience: c'est ce que révèle le langage de son discours à Bérénice, quelques vers seulement plus tard. Il implore son aide, puis dépassant le "moi" et le "vous" qui les sépare, il est prodigue du "nous" qui les lie et où réside leur force:

> Rappelez bien plutôt ce cœur, qui tant de fois
> M'a fait de mon devoir reconnaître la voix.
> ....
> Vous-même, contre vous, fortifiez mon cœur:
> Aidez-moi...
>
> Ou, si nous ne pouvons commander à nos pleurs,
> Que la gloire du moins soutienne nos douleurs,
> ....
> Car enfin, ma Princesse, il faut nous séparer.
>
> (IV.v.1049-61)

Titus avait avoué à Paulin "Je lui dois tout" (II.ii.519) à propos de Bérénice. Il croit devoir "renoncer à [soi]-même" (*ibid.*, 464) tant que

---

[14] On peut remarquer aussi que dans ces derniers vers les yeux ne semblent servir que de miroir à Titus. Bérénice s'identifiant à lui, leurs visions coïncidaient, et il n'avait pas besoin de cette réflexion. Ch. Mauron appuie sur des vers de cet ordre sa thèse sur le narcissisme de Titus (*L'Inconscient*, p. 88 *et seqq.*) thèse à laquelle s'attaque M. Gutwirth (*Jean Racine*, p. 101). J.-D. Hubert a aussi rapproché les deux passages pour illustrer sa thèse du mariage de Titus et de Rome, consommé dans l'apothéose de Vespasien (*Essai d'exégèse racinienne*, pp. 122-24).

Bérénice, limitée à sa présence physique, lui paraît ce "moi" dont il faut se séparer. Dans son désespoir il sent son coeur amoureux "hors de lui-même" (IV.v.1135) alors qu'il est sur le point de "s'égarer" (IV.viii.1245-46), avançant "sans savoir [son] dessein" (V.vi.1382). Mais il ne se range pas parmi les mal-aimés du théâtre de Racine qui sont condamnés au désarroi pour avoir perdu l'âme qu'ils ont donnée à l'autre. Il vient trouver Bérénice pour "[se] chercher [lui]-même et pour se reconnaître" (*ibid.*, 1384). Bérénice, refusant de l'entraîner dans la destruction, le rend à lui-même quand, dans sa dernière ti-rade, elle le rend à l'univers (V.vii.1485-88). Ainsi, par son entremise, la vision qu'elle avait eue de lui, maître du monde, au moment de l'apothéose de son père (I.v) est confirmée. Mais elle ne renonce pas à leur union en rendant Titus à son rôle. Il a empêché son suicide, elle nie leur séparation. Certes, elle partira: elle qui limitait sa vie à deman-der "quelque heure à… voir" Titus (II.ii.536) accepte le "je ne vous verrai plus" (V.vii.1494) qui avait semblé impensable à tous les deux (II.ii.522; IV.v.1116-17). Mais en acceptant cette séparation physique elle transformera la nature de leurs liens. Titus lui avait demandé:

> Madame… me croyez-vous indigne
> De laisser un exemple à la postérité,
> Qui sans de grands efforts ne puisse être imité?
> (IV.v.1172-74)

Bérénice conclut la pièce par les mots

> Servons tous trois d'exemple à l'univers
> De l'amour la plus tendre et la plus malheureuse
> Dont il puisse garder l'histoire douloureuse.

Titus ne sera plus seul devant la postérité. Bérénice s'est rangée à ses côtés.

Elle a aussi inclus Antiochus, le double de Titus, en lui demandant le même sacrifice qu'elle va elle-même fournir ("Vivez… / Portez loin de mes yeux vos soupirs et vos fers" [1498-1501]). La présence d'An-tiochus ne s'explique pas seulement par le fait que Racine croit qu'une "action n'est point finie que l'on ne sache en quelle situation elle laisse" tous les personnages (première Préface à *Britannicus*). Elle sert à souli-gner que les liens entre les protagonistes ne sont pas nécessairement des chaînes qu'il faille rompre, mais qu'ils peuvent donner des forces ("faites-vous un effort généreux" [1498]) et même le courage de regar-der au delà des préoccupations personnelles. Antiochus avait annoncé qu'il mourrait pour "détruire… les noeuds" (1458-59) de son amour. Tout comme Titus est rendu à l'univers, Antiochus, le bien-aimé ami, que Bérénice avait repoussé brutalement au moment où il lui annonçait qu'elle devrait se séparer de Titus (III.iii), est inclus dans le tissu de liens d'amour et d'amitié qui s'est formé parmi ces trois personnages.

Ainsi, au moment de conclure, cette pièce dont le personnage central fait tout pour "maintenir" les lois de Rome (IV.v.1146; 1157; 1158), loin de se limiter au passé et à un seul pays, s'ouvre largement sur l'avenir et sur l'univers. Les lois que défend Titus font partie d'un ordre auquel tous acceptent de se soumettre quand ils comprennent qu'il est indivisible, et qu'on ne peut en rejeter une fraction, parce qu'elle semble injuste ou illogique, sans compromettre le tout. S'y soustraire peut sembler un acte de liberté, mais en fait met la liberté en danger. Les liens qui paraissent la limiter n'enchaînent pas, dans le contexte de la pièce, mais permettent aux personnages, perdus sans eux, de reconnaître leur rôle et de se définir.

4. *Andromaque*

L'esprit d'*Andromaque*, la première des grandes tragédies de Racine— elle fut jouée en 1667—n'est pas étranger à celui de *Bérénice*: celle qui représente la fidélité au passé, Andromaque[15], est la seule à survivre quand finit la pièce, à entrer, en quelque sorte, dans l'avenir—on rapporte qu'elle commande en reine de faire punir les meurtriers du roi d'Epire—alors que Pyrrhus, Hermione et Oreste, qui ont écarté leur passé pour ne vivre que dans le présent de leur passion, meurent ou sombrent dans la folie. Le thème de la liberté, de l'importance des liens avec le passé, ne sont néanmoins présents qu'implicitement; ils ne se dégagent pas encore du thème de l'amour, le grand sujet de la pièce, qui les doublera d'ailleurs presque toujours. Les personnages qui se détournent de leur passé dans *Andromaque* ne le font pas pour atteindre à la liberté, mais seulement pour se rapprocher de celui ou de celle qu'ils aiment, et c'est l'amour aussi qui donne sa force aux liens rattachant Andromaque à Troie.

Le passé se présente comme un obstacle à la passion de façon particulièrement nette chez Pyrrhus: reconnaître ses liens avec le passé équivaudrait pour lui à renoncer à son amour. C'est ce qui devient apparent dès le discours que lui tient Oreste, ambassadeur des Grecs, quand Pyrrhus paraît pour la première fois devant nous. Oreste évoque dès le quatrième vers le passé personnel de Pyrrhus et son père, se disant heureux "de voir le fils d'Achille et le vainqueur de Troie" (I.ii.146). Achille est encore mentionné quelques vers plus tard, au

---

[15] Elle est doublée de l'enfant absent que Pyrrhus vient de reconnaître pour roi avant que ne tombe le rideau. Voir à ce sujet L. Bersani, *A Future for Astyanax*.

moment où Oreste introduit sa requête que "le fils d'Hector" soit livré aux Grecs. Pyrrhus reçoit en roi l'envoyé des Grecs, et c'est en roi, sûr de son rang, de sa place, de ses devoirs et de ses responsabilités qu'il répond, point par point, en beaux alexandrins mesurés, à la tirade d'Oreste qui implique la condamnation de son amour pour la veuve d'Hector. Cette sûreté de soi va de pair, dans son discours, avec l'acceptation de son passé et de sa descendance. Se reconnaître fils d'Achille n'est d'ailleurs pas accepter l'image qu'Oreste présente de lui: c'est aussi proclamer son indépendance. A l'instar de son père, Pyrrhus refuse d'être moins que l'égal des autres rois grecs, il rappelle même, par allusion, la querelle qui opposa Achille et Agamemnon (I.ii.233-35).

Souverain, guerrier, fils d'Achille, Pyrrhus fait montre d'une noblesse correspondant à son rang: il ne livrera pas à la mort un enfant innocent placé sous sa protection. Son refus se teinte d'une indignation vertueuse:

> ...que ma cruauté survive à ma colère?
> Que, malgré la pitié dont je me sens saisir,
> Dans le sang d'un enfant je me baigne à loisir?
> Non, Seigneur.

> (I.ii.214-17)

C'est cette grandeur d'âme qu'Andromaque voudrait à son tour éveiller quand, à quelques vers de là, Pyrrhus la menace de livrer son fils aux Grecs si elle s'obstine à refuser sa main. Rappelant que "Jadis Priam soumis fut respecté d'Achille" (III.vi.938), elle évoque le souvenir de celui-ci:

> d'un ennemi respecter la misère,
> Sauver des malheureux, rendre un fils à sa mère,
> De cent peuples pour lui combattre la rigueur,
> Sans me faire payer son salut de mon coeur,
> ....
> Seigneur, voilà des soins dignes du fils d'Achille.

> (I.iv.305-10)

Mais Pyrrhus l'amoureux n'est pas prêt à reprendre le rôle de vainqueur généreux et de fils d'Achille: refusant de répondre à ce chantage de noblesse, il repousse au contraire son passé avec une violence qui peut étonner (I.iv.311 *et seqq.*). Il ne s'en revêtira à nouveau que lorsque, lassé de sa "rigueur", il voudra se détourner d'Andromaque. Il a compris, explique-t-il à Oreste, que par son obstination à défendre Astyanax

> à la Grèce, à mon père
> A moi-même, en un mot, je devenais contraire;

> Que je relevais Troie, et rendais imparfait
> Tout ce qu'a fait Achille et tout ce que j'ai fait.
>   (II.iv.609-12)

Phoenix, son gouverneur, pense encourager Pyrrhus à renoncer à un amour sans issue, en le félicitant en des termes comparables; Pyrrhus, selon lui, est redevenu le roi que connaissait l'Epire:

> ce juste courroux,
> Ainsi qu'à tous les Grecs, Seigneur, vous rend à vous.
> Ce n'est plus le jouet d'une flamme servile:
> C'est Pyrrhus, c'est le fils et le rival d'Achille,
> Que la gloire à la fin ramène sous ses lois.
>   (II.v.627-31)

Mais Pyrrhus, tout à sa passion, ne se soucie de ces lois que dans la mesure où elles peuvent la servir, et Phoenix doit reconnaître bientôt que ce retour sur soi n'était qu'un leurre. Pyrrhus amoureux "ne se souvient plus qu'Achille était son père" (III.viii.990). Il est prêt, pour prendre la place de cet Hector qu'Andromaque interpose toujours entre eux, à abolir son passé. Si elle accepte son amour, lui avait-il dit,

> Je vous rends votre fils, et je lui sers de père:
> Je l'instruirai moi-même à venger les Troyens;
> J'irai punir les Grecs de vos maux et des miens.
>   ....
> Votre Ilion encor peut sortir de sa cendre;
> Je puis, en moins de temps que les Grecs ne l'ont pris,
> Dans ses murs relevés couronner votre fils.
>   (I.iv.326-32)

Il ne saurait y avoir de rupture plus catégorique de toute continuité avec le passé.

Pyrrhus, souverain absolu en Epire, jouit d'une liberté d'autant plus totale qu'il se dégage aussi des obligations que pourrait lui imposer son passé. Pourtant il n'est pas vraiment libre: il troque sa liberté contre une dépendance entière d'Andromaque qu'il est incapable, malgré des efforts réitérés, de secouer. Sans autre point d'attache qu'elle, qui ne veut pas de lui, il erre à travers toute la pièce, donnant des ordres changeants et contradictoires, incertain du chemin à suivre, incertain même qui il veut être, fils d'Achille ou ennemi des Grecs, se livrant finalement à la mort par ses indécisions[16].

---

[16] L'étrange scène 5 de l'acte IV, la rencontre de Pyrrhus et d'Hermione, nous invite peut-être à conclure que Pyrrhus, du moment où Andromaque, en consentant à l'épouser, le libère de son obsession, retrouve son rôle et ses responsabilités. Il s'était contenté de souhaiter le départ d'Hermione ("Qu'elle m'épargnerait de contrainte et d'ennui!" [I.iii.256]) ou d'envoyer Oreste lui faire part de ses décisions (II.iv). Cette fois-ci il vient

Hermione tranche tout aussi brutalement que Pyrrhus les liens qui pourraient entraver sa liberté d'action. Si elle mentionne son père, c'est avec une mauvaise foi flagrante, en caricaturant le rôle qu'il devrait jouer dans sa vie, afin qu'un devoir filial imaginaire lui serve de prétexte à agir selon sa passion: elle l'invoque quand, incapable d'abandonner l'espoir d'être aimée de Pyrrhus, elle refuse de quitter l'Epire malgré les dédains évidents qu'elle y essuie (II.ii.523, 582-84; III.ii.824), et à nouveau quand elle pense se venger d'Andromaque en refusant d'intervenir en faveur d'Astyanax auprès de Pyrrhus revenu à elle, parce qu'un "devoir austère" l'empêcherait de s'opposer à la volonté paternelle (III.iv.881-82). Elle n'évoque jamais son rang de fille de roi pour rappeler sa dignité, mettre fin à sa situation humiliante et trouver un prétexte pour se séparer de Pyrrhus. Hélène, sa mère, n'est mentionnée que comme une femme dont elle envie la puissance personnelle, le charme qui fit naître la guerre et la destruction (V.ii.1477-80).

Seule en Epire, se voulant coupée de tous, Hermione est mille fois plus orpheline que Junie chez Néron. Son désarroi est annoncé dès son entrée en scène: "Je crains de me connaître en l'état où je suis" (II.i.427) avoue-t-elle à sa confidente. Elle s'est donnée entièrement à Pyrrhus. Quand celui-ci se détourne définitivement d'elle et lui annonce qu'il épouse Andromaque, son désarroi s'accroît encore: elle perd tout sens de la réalité à laquelle plus rien ne l'attache, commande à Oreste de tuer Pyrrhus sans comprendre les conséquences de son ordre, l'entrevoit par moment, l'oublie de nouveau. Avec la mort de Pyrrhus elle perd celui qui, dans son imagination, remplaçait tous ses autres points d'attache. Elle rompt avec ceux-ci de façon définitive en un dernier éclat, tout en renvoyant Oreste qui l'aime et qui représente sa famille (I.ii.246):

> Adieu. Tu peux partir. Je demeure en Epire:
> Je renonce à la Grèce, à Sparte, à son empire,
> A toute ma famille.
>
> (V.iii.1561-63)

la trouver lui-même pour lui annoncer son mariage. Il est prêt à prendre sur soi la responsabilité des promesses rompues, faites par leurs pères devant Troie (IV.v.1283-84). Quand Hermione lui rappelle amèrement son propre passé, son rôle dans la chute de cette ville, rôle qu'il semble renier en épousant une Troyenne, il reconnaît sa cruauté d'alors, en fait partager la responsabilité à Hélène, mère d'Hermione, et conclut: "Mais enfin je consens d'oublier le passé" (1344). Pyrrhus semble donc désormais pouvoir accepter le passé sans se laisser déterminer par lui. Peut-être le voit-il à travers les yeux d'Andromaque, qui est bien celle qui doit "consentir d'oublier le passé" et dont le consentement au mariage peut faire penser qu'elle lui a pardonné.

Son suicide suit de près cette déclaration d'indépendance complète, cette libération totale qui s'avère toujours impossible chez Racine.

Oreste constitue le dernier chaînon dans la longue chaîne des dépendances mutuelles d'*Andromaque*, celui qui reçoit le plus brutalement le contrecoup de toutes les actions et réactions des autres personnages. Il est le plus dépendant, il est aussi le plus déraciné, le plus tristement libre de tous liens, lui qui a longtemps "traîné de mer en mer [sa] chaîne et [ses] ennuis" (I.i.44). L'Oreste grec pourrait être considéré comme l'orphelin par excellence. Nous ne savons si Oreste d'*Andromaque* a tué sa mère, brisant plus férocement qu'aucun autre personnage de la pièce ses liens avec le passé; les noms de Clytemnestre, d'Electre et d'Iphigénie n'apparaissent jamais. Racine ne fait aucune allusion directe au mythe de l'*Orestie*; Agamemnon est le seul membre de cette famille qui soit mentionné. Pyrrhus, répondant en langage noble à l'ambassadeur qu'Oreste joue à être, évoque la guerre de Troie devant le fils d'Agamemnon. Oreste même ne parle de son père qu'une seule fois, quand il propose à Hermione de devenir l'Hélène d'une nouvelle guerre, cette fois contre Pyrrhus, alors que pareil à Agamemnon il dirigerait l'assaut, mettant "toute la Grèce en flamme" pour elle (IV.iii.1158-62). Hermione, loin d'accepter cette proposition qui donnerait un but à la vie d'Oreste et relierait pour lui l'avenir au passé, lui fera briser le dernier lien qui lui assignait une place dans un monde ordonné: elle le force d'abord à violer son mandat d'ambassadeur, son respect pour un roi et pour un homme, en lui commandant de l'assassiner (IV.iii), puis elle se soustrait totalement à lui, lui retirant même les ordres qu'elle lui avait donnés (V.iii) et qui auraient pu le rattacher à elle par un lien de fidélité et d'obéissance. Le meurtre entrepris par Oreste prend ainsi le sens d'un caprice, sans cause aucune, puisqu'il n'était pas même poussé par un mobile passionnel, haine ou jalousie. Totalement libéré de toute attache quand Hermione le repousse elle aussi, Oreste sombre dans la folie.

Andromaque, contrairement à tous les autres personnages, vit entièrement dans le passé, entourée de sa famille, se sentant, au delà de la mort, en communication avec Hector (IV.i.1098). Au centre de la pièce elle présente l'image du sac de Troie, mais aussi de son amour, des liens qui unissaient entre eux son mari, son fils et elle. Ils apparaissent à travers le récit des adieux d'Hector:

> Je te laisse mon fils pour gage de ma foi:
> S'il me perd, je prétends qu'il me retrouve en toi.
> Si d'un heureux hymen la mémoire t'est chère,
> Montre au fils à quel point tu chérissais le père.
> (III.viii.1023-26)

Son lien avec Hector est aussi un lien d'amour, mais d'un amour réciproque, que la mort n'a pas brisé. Ce lien comprend tout un monde perdu, et c'est dans sa vision de Troie qu'elle trouve le principe de sa conduite et qu'elle puise sa force. Pyrrhus veut la tenter par un avenir qui l'entraîne loin du passé; le seul avenir qu'elle peut envisager est un avenir consacré à faire revivre le passé:

> Laissez-moi le [Astyanax] cacher en quelque île déserte.
> Sur les soins de sa mère on peut s'en assurer,
> Et mon fils avec moi n'apprendra qu'à pleurer.
> (III.iv.878-80)

Sa tirade sur le sac de Troie commence avec "Dois-je... oublier, s'il ne s'en souvient plus?" "Dois-je", non "puis-je": elle n'est pas tant obsédée par le souvenir d'Hector, de la destruction de sa famille et de sa patrie, qu'elle ne se veut gardienne de ce souvenir, garante de sa foi conjugale, du ressentiment nourri pendant dix ans par tout Troyen contre les Grecs. A travers ce souvenir elle s'intègre dans un "cosmos", dans un ordre dont elle tire sa dignité et la force de résister à tous les chantages[17].

Andromaque n'est esclave qu'en apparence et n'a rien de commun avec un Narcisse ou une Roxane. Dans son être profond elle est princesse de la maison de Priam, Troyenne, femme d'Hector, mère de l'héritier légitime d'un trône. Elle est plus libre, dans sa captivité, que le roi qu'elle enchaîne, comme Racine le répète à travers tant de métaphores galantes (Pyrrhus: "Je souffre tous les maux que j'ai faits devant Troie / Vaincu, chargé de fers, de regrets consumé" [I.iv.318-19; 348-52]; Hermione: "Que sur lui sa captive étende son pouvoir" [II.i.354]) parce que, contrairement à lui, elle a pu garder sa liberté et son indépendance intérieures.

On pourrait dire que si Pyrrhus aime une captive et une ennemie c'est justement dans le but de se débarrasser de son passé. Mais rien dans le texte ne dirige notre attention vers cette situation psychologique en puissance. Aucune allusion ne nous pousse à deviner en Pyrrhus une jalousie d'Achille qui l'amènerait à agir contrairement à son père. Il a lui-même conquis ses propres lauriers bien avant le début de la pièce et n'a pas besoin de s'affirmer en se distinguant. Il partage, en fait, un destin comparable à celui d'Hermione et d'Oreste, tous êtres passionnés qui, brisant avec la famille, la société, le passé, la patrie, se livrent totalement à l'être aimé. Racine les montre se berçant dans l'illusion qu'ils sont libres dans leurs actions: c'est Hermione prodigue

---

[17] Voir dans ce sens O. de Mourgues, *Autonomie de Racine*: "L'ordre moral n'est pas soutenu par une intervention divine: il réside dans l'attitude d'Andromaque", pp. 167-68.

en impératifs et verbes d'action ("Hé bien, rien ne m'arrête: / Allons" [II.i.433-34]), alors qu'elle ne peut trouver le courage de quitter l'Epire; c'est Pyrrhus affirmant que ses "yeux se sont ouverts" (II.vi.908) et qu'il a "en l'amour vaincu mille ennemis" (II.v.636), mais ne pouvant parler que d'Andromaque. Oreste seul a compris qu'il se trompait lui-même quand il pensait avoir oublié Hermione (I.i.37), et que désormais il se "livre en aveugle au transport qui [l']entraîne" selon la formulation initiale du vers 98.

Il n'y a pas, dans *Andromaque*, de recherche explicite de la liberté, et pas non plus de condamnation explicite des personnages qui voudraient abolir le passé. Le mal s'attache pourtant déjà à la libération du passé—Pyrrhus menace de faire tuer froidement un innocent, Oreste et Hermione sont responsables d'un régicide. Mais ce mal prend la forme d'un crime passionnel, unique, qui ne modifie pas la nature de celui qui le commet et que le spectateur, témoin des déchirements des personnages, est invité à excuser, même si son admiration ne peut être éveillée que par Andromaque. Le désarroi puis la mort atteignent en effet ces êtres déracinés qui sèment le désordre, et c'est Andromaque qui rétablit l'ordre en reine, après les bouleversements qu'a causés la passion. Ce faisant, elle passe d'un rôle passif à un rôle actif tout en continuant de vivre son personnage de veuve, et sans avoir dû être infidèle à son passé.

La pensée de R. Barthes le mène dans une tout autre direction et le fait aboutir à des conclusions très différentes de celles que l'on vient de lire. Sa thèse centrale reparaît dans presque tous ses commentaires de pièces individuelles. Comme *Sur Racine* a eu une si grande influence, il peut donc être utile d'exposer rapidement cette thèse ici et d'annoter en même temps quelques-uns des commentaires sur *Andromaque*. Je reprendrai ensuite les commentaires de Ch. Mauron.

R. Barthes voit chez Racine une opposition entre un ordre ancien, jaloux, qui "maintient": l'ordre de la fidélité (p. 78), un "ordre formaliste [qui] est un cercle... *ce dont on ne peut sortir*" (p. 79), et un ordre nouveau, une *"vita nuova* où toutes les valeurs du passé sont en bloc et allègrement refusées: patrie, serments, alliances, haines ancestrales, héroïsmes de jeunesse, tout est sacrifié à l'exercice d'une liberté, l'homme refuse ce qui s'est fait sans lui, la fidélité s'écroule, privée, soudain, d'évidence" (p. 84). On voit par la tonalité affective de ces citations la tendance de la thèse: le passé est prison, il est joug, il empêche le développement de la personnalité, il s'oppose à toute croissance. Mais une telle théorie, érigée en mode général d'interprétation, ne me semble pas éclairer le théâtre de Racine ni correspondre aux indications sur ses conceptions que nous pouvons glaner à suivre le destin des personnages. La révolte contre l'ordre (qui, dans la vie de Racine, s'est surtout manifestée dans son attitude envers Port Royal) me semble côtoyer chez le poète la crainte du désordre et du manque de direction et d'appui, peut-être même s'y subordonner. Je rappellerai brièvement en conclusion en quoi le climat social pouvait prédisposer l'homme du dix-septième siècle à s'inquiéter d'une liberté sans frein.

Si je souligne l'importance et la valeur du passé pour les personnages de Racine, je ne prétends pas, toutefois, que le dramaturge recommande un retour au passé. Dans presque chaque pièce un changement s'est produit au cours des cinq actes qui ont été présentés, et au dénouement un nouveau règne commence fréquemment dont on ne sait d'ailleurs en général rien: que ce soit celui d'Andromaque, de Xipharès et de Monime, ou d'un Néron désormais livré au mal, de Titus sans Bérénice, de Thésée ayant pardonné aux Pallantides, d'Assuérus accessible à la compassion avec Mardochée pour ministre. Seul l'ordre d'Amurat n'a pas changé, et ce manque d'évolution est certainement un mal, symbolisé par les portes du sérail qui se referment sur les morts. En insistant sur le rôle que joue le passé dans son oeuvre je ne veux donc pas avancer que Racine semble s'opposer à l'idée d'une évolution. Mais il me semble évident que, dans cette oeuvre, seuls les êtres liés au passé ou à une structure sociale stable échappent sinon à la mort, du moins au chaos qui nous guette.

Pour R. Barthes Andromaque incarne une "légalité plus fragile" (p. 81) que celle d'Hermione parce que Troie est détruite et Sparte demeure puissante. Nous avons dû constater qu'Hermione rejette son pays et ses attaches familiales alors qu'Andromaque ne cesse de les revendiquer, qu'Hermione est pleine de contradictions, en lutte constante avec son inconscient, incertaine même de son identité (V.i), alors qu'Andromaque a une vision très claire de sa place et de ses obligations. Utilisant le vocabulaire de R. Barthes, nous devrions donc en conclure qu'elle semble incarner, au contraire, une légalité plus forte qu'Hermione. R. Barthes voit en Pyrrhus le champion de la liberté, celui qui veut vivre et trancher la légalité, "la figure la plus émancipée de tout le théâtre racinien", personnage "de bonne foi" dont "la justesse vient de sa libération profonde... Il veut choisir en lui-même et pour lui-même entre le passé et l'avenir, le confort étouffé d'une Légalité ancienne et le risque d'une Légalité nouvelle" (p. 84). C'est pourquoi il refuserait Hermione, qui représente la légalité la plus forte, et s'attacherait à Andromaque, c'est-à-dire à la légalité la plus faible (p. 81). Le but de Pyrrhus serait de fonder une nouvelle loi, de donner à Astyanax un père d'adoption qui remplaçât le père de chair avec les liens que cette hérédité comporte, et de briser ainsi la loi vendettale. On sait que pour R. Barthes les rapports érotiques sont moins importants que les rapports de forces chez Racine, et cette thèse n'est pas sans intérêt. Elle ne me semble pas suffisante, cependant, pour permettre d'écarter tout ce qui indique que si Pyrrhus veut en effet séparer Astyanax d'Hector, c'est pour séparer Andromaque de cet époux mort qu'elle dresse toujours comme un mur infranchissable entre elle et lui, et qu'il songe moins à fonder une nouvelle loi qu'à posséder Andromaque à qui il est prêt à tout sacrifier. On peut se demander où se situe le "lui-même" de ce personnage qui selon R. Barthes "veut choisir en lui-même et pour lui-même", et que nous avons vu vaciller, incertain, perdu, renonçant tour à tour à son passé (I.iv) ou le revendiquant (II.v).

La discussion de la loi vendettale chez R. Barthes révèle une confusion dans les termes qui marquera aussi ses discussions ultérieures. Au début de la section sur *Andromaque* il est question de "l'ordre ancien" puis de la Fidélité, enfin de la Loi. Mais dans les pages qui suivent on remarque que la Loi est de plus en plus fréquemment assimilée à la loi vendettale. Par ce glissement dans le sens R. Barthes emporte plus facilement notre adhésion à sa thèse que la loi et l'ordre sont néfastes, et nous entraîne à désirer voir Racine les faire rejeter à ses héros, désirs que le critique comblera. L'exemple le plus extrême de l'emploi de "loi" dans ce sens se trouve dans les commentaires à *Athalie* où la reine est représentée comme voulant rompre la loi de la vendetta en adoptant un enfant de la branche ennemie de la famille (p. 131). Interpréter ainsi la situation c'est refuser d'accepter que Racine montre Athalie prête à adopter non Joas mais Eliacin, et que si "elle connaît l'inquiétude", c'est-à-dire, pour R. Barthes, "la bonne foi", cela ne garantit pas, comme il l'affirme, une forme de la "liberté de l'être" alors que Racine souligne sa sujétion à Dieu qui l'amène à s'égarer et à se détruire elle-même.

Notons pour conclure qu'Andromaque a renoncé dès longtemps à la loi de la vendetta (IV.i.1119 *et seqq.*; I.iv.330 *et seqq.*; III.iv.440), alors que Pyrrhus, loin de vouloir dépasser cette loi, propose à Andromaque d'instruire lui-même son fils à venger les Troyens en lui servant de père (I.iv.327), et de relever pour lui les murs de Troie ou, quand il veut punir Andromaque, de "livrer [leur] victime" aux Grecs pour couronner ses actions et celles de son père lors de la conquête et du sac de Troie (II.v.611-12). Le temps du *Cid* est passé, mais la loi de la vendetta ne suscite pas plus chez les contemporains de Racine qu'au vingtième siècle des réactions d'horreur que leur éducation chrétienne eût pu leur enseigner.

Les idées de R. Barthes sur le passé et la liberté s'apparentent à celles de Ch. Mauron (*L'Inconscient dans l'oeuvre et dans la vie de Racine*, pp. 55-61), et pourtant les mêmes critiques ne sauraient s'appliquer à cette interprétation de la tragédie parce que Ch. Mauron s'exprime de façon beaucoup plus nuancée. Chez R. Barthes les personnages représentent certaines idées (Hermione = ordre ancien; Andromaque = ordre nouveau), ce qui crée des équivalences contestables comme le découvre le lecteur qui retourne au texte après avoir lu le critique. Ch. Mauron, de son côté, s'intéresse aux rapports, d'ailleurs très complexes, qu'il établit entre les personnages. Ainsi, selon lui, Andromaque est une promesse de bonheur (pp. 55, 57, 61) pour Pyrrhus; Hermione représente pour lui la fidélité au passé; mais pour Andromaque la fidélité au passé réside en Hector. Ch. Mauron conclut que ces deux fidélités au passé, si elles étaient respectées (si Andromaque n'acceptait pas le compromis, si Pyrrhus retournait à Hermione), perpétueraient la guerre des Grecs contre les Troyens. Ainsi le critique peut-il parler d'une fidélité qui représente la mort.

Ch. Mauron propose une thèse difficile et fascinante, et dont la formulation a renouvelé profondément la critique en général et la critique racinienne en particulier. On ne saurait en détacher quelques pages pour les résumer: une oeuvre aussi dense et systématique ne peut être examinée que dans son ensemble, et ce n'est pas ici mon propos. Je me contenterai donc de quelques remarques qui expriment un point de vue différent sinon nécessairement irréconciliable avec le sien. Il se peut que Pyrrhus représente le *moi* et ce que Ch.

Mauron appelle la "pulsion vers la vie". Mais notons que Pyrrhus meurt quand il abandonne définitivement le monde grec auquel il appartient, que Hermione meurt de même et qu'Oreste perd la raison d'avoir coupé toutes les amarres qui le liaient à la société, alors qu'Andromaque se serait tuée si elle avait été forcée d'abandonner son passé troyen en devenant l'épouse d'un Grec et de son ennemi de jadis. Le mariage n'est pas consommé. Elle n'a pas dû trahir son passé et elle seule reste en vie à la fin de la tragédie. Or, du point de vue de l'inconscient, la mort est en général une punition. Il est donc évident qu'il y a en Racine une crainte de l'infidélité, de l'aventure qui brise les attaches. C'est ce que constate d'ailleurs Ch. Mauron lorsqu'il analyse la conduite du poète dans la querelle des *Visionnaires*. Ayant déclaré bien haut son indépendance de Port Royal, il se tait quand Lancelot menace de sévir. Ch. Mauron conclut: "Ivre de sa nouvelle foi, du succès pressenti, des paradis possibles, Racine ingrat, cruel, indélicat renie insolemment une ancienne fidélité, qui le hante pourtant, lui donne la semonce et le fait taire. Comme il ressemble à Pyrrhus, ou à Taxile!... Il attaque sa famille pour s'en libérer franchement, rompre de façon éclatante... enfin il recherche peut-être la sèche correction, qu'il reçoit en effet" (pp. 247-48).

5. *Mithridate*

La liberté passe au premier plan dans *Mithridate* (1673) en devenant un thème politique, l'enjeu du combat à mort que livrent les provinces d'Asie mineure contre Rome. Le héros de ce combat est celui sur qui "la liberté [du monde] seul se fonde" (V.v.1676), "ce roi qui seul a, durant quarante ans" (I.i.9) tenu l'envahisseur en échec.

Mais Mithridate n'est le champion de la liberté que dans son combat contre Rome. En tant que prince il exerce son autorité en tyran, disposant de la vie de chacun au gré de ses passions, selon des décrets sans réplique, comme le faisait Amurat dans *Bajazet*, la pièce précédente. La vie personnelle de Mithridate est à l'image de celle du royaume: vu de l'extérieur il est souverain absolu, jaloux du libre exercice de son pouvoir; mais, en même temps, "ce coeur nourri de sang et de guerre affamé / ... / Traîne partout l'amour qui l'attache à Monime" (II.iii.458-60) comme il nous l'apprend dès son entrée en scène. Cet amour devient une chaîne d'autant plus insupportable que Monime résiste à Mithridate comme Andromaque résistait à Pyrrhus, sans se laisser intimider par le pouvoir qu'il a sur elle. Le désarroi personnel, s'ajoutant au désordre dans le royaume qui en résulte, était annoncé dans *Andromaque*, mais Racine s'y arrête davantage ici et en souligne la valeur symbolique.

On se rappelle les circonstances: Mithridate, qu'on a cru tué dans une bataille, revient dans son royaume à Nymphée, où il trouve ses deux fils, Xipharès et Pharnace, tous deux amoureux de Monime, la fiancée de leur père. Elle-même déteste Pharnace, l'allié secret des

Romains, mais aime depuis longtemps Xipharès à son insu. Mithridate, rentrant après sa défaite, comprend qu'il n'est pas aimé. Racine a mêlé avec la plus grande subtilité les deux thèmes de guerrier et d'amoureux—quand il les rapprochait dans *Alexandre* cela ne dépassait pas le niveau du langage galant—et on a souvent noté comment ils s'entrelaçaient dans la double défaite de Mithridate. Mais tandis que celui-ci se remet facilement de sa défaite militaire et se lance dans de nouveaux et grandioses projets (il projette d'aller combattre Rome à Rome même), le soupçon même d'un rival en amour le prive de tous ses moyens. Ses questions angoissées font penser à Phèdre au moment de sa crise de jalousie qui la mènera à l'hallucination: "Qui m'en éclaircira? Quels témoins? Quel indice?" (III.iv.1023; *Phèdre* IV.vi). Quand ses soupçons sont confirmés et que Monime, qu'il a forcée d'avouer la vérité par un subterfuge, refuse d'épouser celui qui l'a trompée, ce guerrier hésite même sur son identité, sentant chanceler sa vision du monde, tel Hermione quand elle a compris que Pyrrhus est à tout jamais perdu pour elle: "Qui suis-je? Est-ce Monime? Et suis-je Mithridate?" (IV.v.1383; *Andromaque* V.i). Il constate en lui-même le combat qui oppose l'amoureux, jaloux de son fils préféré, de son allié indispensable dans sa lutte contre Rome, au conquérant plein de glorieux projets:

> O Monime! ô mon fils! inutile courroux!
> Et vous, heureux Romains, quel triomphe pour vous,
> Si vous saviez ma honte, et qu'un avis fidèle
> De mes lâches combats vous portât la nouvelle!
> (IV.v.1409-12)

Dans son monologue Mithridate révèle lui-même le lien entre le désordre dans ses sentiments et celui qui menace son royaume, mais il comprend aussi qu'il s'efforce en vain d'accepter les conséquences rationnelles qu'imposerait la situation:

> J'ai besoin d'un vengeur, et non d'une maîtresse.
> ....
> Cédons-la. Vains efforts qui ne font que m'instruire
> Des faiblesses d'un coeur qui cherche à se séduire!
> (IV.v.1400-04)

Loin de céder Monime, il décide de faire périr Xipharès.

Dans la scène qui suit cette abdication devant la passion, Mithridate reçoit la nouvelle que "le désordre est partout" (IV.vi.1430). La valeur symbolique d'une telle suite des événements ne saurait échapper au spectateur. Le désordre qui vient d'éclater à Nymphée ira en s'aggravant jusqu'à la fin de la pièce et entraînera la mort de Mithridate. C'est à l'instigation de Pharnace que les soldats se sont révoltés: Mithridate, en cédant à la jalousie et en sacrifiant Xipharès, qui représente le côté noble de son être, se livre à Pharnace, qui est le double sombre auquel il succombera[18].

En effet Mithridate est lui-même double, défenseur de la liberté d'une part, mais enchaîné intérieurement par sa passion. Ses deux fils incarnent chacun, mais avec une cohérence qui lui fait défaut, un des deux aspects contradictoires de sa nature. Leur position vis-à-vis de Rome en est la marque extérieure. Pharnace est prêt à accepter la "protection" de Rome. Rejetant la tradition transmise par son père, en révolte contre lui, il ne voit pas combien est illusoire la liberté qu'il se promet de cette "protection" qui, selon la prophétie de Mithridate, lui apportera finalement la mort ("Tôt ou tard il faudra que Pharnace périsse. / Fiez-vous aux Romains du soin de son supplice" [V.v.1691-92]). A ce signe extérieur de sa méchanceté, Pharnace joint la brutalité tyrannique qui caractérise la conduite de son père envers Monime: il veut, lui aussi, forcer la jeune femme à l'épouser. Racine a lié la révolte et le mal, ce qui ne surprendra pas le lecteur de *Britannicus*; Pharnace est, avec Narcisse, l'un des rares "méchants" de ce théâtre.

Xipharès, contrairement à Pharnace, partage avec son père son amour de l'indépendance politique, mais il garde aussi sa liberté intérieure. Il n'est pas réduit à l'impuissance par sa passion comme l'est son père: tout en aimant passionnément Monime—il pense à se suicider quand il la perd une seconde fois (II.vi.751)—il a la force de lui laisser la liberté de disposer d'elle-même (I.ii.179-90). D'autre part son amour ne l'empêche pas, comme c'est le cas pour Mithridate, de se jeter dans le combat contre les Romains. Ils ont été appelés par ces deux agents du désordre, sa mère (I.i.57-80) et Pharnace. Xipharès, libre pour le combat comme son père ne l'est pas, sera à même de les vaincre et de rétablir ainsi la liberté de l'état que Mithridate a mise en danger.

L'amour de la liberté politique va de pair, chez Xipharès, avec le respect de la liberté personnelle. Au moment de la mort présumée de Mithridate, il promet à Monime sa protection contre son frère et lui laisse le choix de le suivre ou de refuser sa main:

> Vous voulez être à vous, j'en ai donné ma foi,
> Et vous ne dépendrez ni de lui ni de moi.
> (I.ii.181-82)

---

[18] Selon Ch. Mauron (*L'Inconscient*, pp. 120-21) Mithridate se place "du côté des doubles". Mais les arguments et le développement qui suivent sont dans un esprit très différent de mon analyse.

Celui qui distingue liberté et tyrannie reconnaît aussi des limites à la liberté: la liberté personnelle de l'autre d'abord, un cadre d'ordre ensuite, qui est pour Xipharès l'ordre social établi, dominé par le respect du père. Quoiqu'il ait été le premier à aimer Monime, il la cède à son père quand celui-ci s'éprend d'elle (I.i) et quand il vient pour l'épouser après avoir été cru mort. "Quand mon père paraît, je ne sais qu'obéir" (I.v.366) explique Xipharès à Pharnace. Le droit d'aînesse fait aussi partie de l'ordre social, et Xipharès, qui ne reconnaît aucun droit sur Monime à son frère, ne lui disputera pas son héritage (I.i.17-22).

Cette soumission à un ordre exclut toute révolte. Sa mère livra aux Romains une place que lui avait confiée Mithridate; Xipharès se lance dans la bataille et "cherch[e], en mourant, à la désavouer" (I.i.74). La place forte reconquise, il la rend à son père, avec l'espoir d'effacer l'acte de trahison de sa mère. La crainte du désordre, la condamnation de la révolte prime tout, et il est significatif que dans l'ardeur du combat pour cette place, Xipharès vient à oublier son propre désespoir de voir Mithridate épouser Monime (*ibid.*, 67-68). Plus tard, quand il se sait poursuivi par la haine du roi jaloux, il ira jusqu'à pousser Monime à hâter son mariage (IV.ii).

Un étrange hémistiche conclut les arguments par lesquels il cherche à convaincre Monime d'épouser Mithridate: "Songez qu'il est mon père" (IV.ii.1212) dit-il à celle qu'il aime, ce qui semble révéler une identification secrète et profonde. Mithridate de son côté appelle Xipharès "un autre moi-même" (III.v.1067)[19]. Au moment de mourir, trois vers avant la fin de la pièce, il lui confie "l'âme de Mithridate". Xipharès incarne en effet la meilleure partie de son être. Mais, se confondant ainsi avec Mithridate, il manque aussi un peu de réalité. Il ne connaît pas la révolte du jeune homme en croissance, à la recherche d'une identité propre, il ignore l'impatience en face des limites mises à sa liberté. C'est à son frère et son double d'exprimer cette révolte, et il faut la fusion des deux pour créer un fils convaincant.

Cependant la soumission absolue de Xipharès à son père le rend aussi complice de celui-ci en permettant à l'ordre tyrannique qu'il représente de s'installer. Monime, qui partage le respect de l'ordre de son amant, ne partage pas la dangereuse et aveugle déférence qu'il y joint. Certes, c'est Mithridate qui est, à un certain niveau, le représentant de l'ordre. Ainsi, à la nouvelle de sa mort, au premier acte, tout menace de s'effondrer: les Romains sont aux portes, Pharnace s'apprête à les laisser entrer, Pharnace puis Xipharès déclarent leur

---

[19] Voir note 18.

amour à la fiancée de leur père et se préparent à un combat fratricide. Chez Monime même le vieil amour pour Xipharès qu'elle avait maîtrisé jusque là, renaît petit à petit. Le retour de Mithridate refoule toutes ces révoltes et rétablit l'ordre[20]. C'est seulement au cours de la pièce que cet ordre, tout extérieur, reposant sur la contrainte, se révèle dans son imperfection, et il échoit à Monime, représentant de l'ordre plus digne que Mithridate, de le démasquer.

Monime avait d'abord accepté de se soumettre à Mithridate, l'époux choisi par ses parents, qui de ce fait avait hérité de leurs droits naturels sur elle ("Ceux par qui je respire / Vous ont cédé sur moi leur souverain empire" [II.iv.547-48]). Quand elle l'a cru mort, elle s'est sentie dépourvue de soutien, "sans parents, sans amis, désolée et craintive, / ... Veuve maintenant sans avoir eu d'époux" (I.ii.135-37). Son sort, tel qu'elle le décrit, rappelle celui d'Andromaque.

Or, comme Andromaque, Monime n'est démunie qu'en apparence: elle sait aussi trouver dans un passé heureux la force spirituelle qui nourrit sa fierté et dicte sa conduite. Aussi évoque-t-elle d'abord ses origines quand elle se voit forcée de répondre à Pharnace qui la presse de le suivre:

> Ephèse est mon pays, mais je suis decendue
> D'aïeux, ou rois, Seigneur, ou héros, qu'autrefois
> Leur vertu chez les Grecs, mit au-dessus des rois.
>   (I.iii.248-50)

Elle parle ensuite longuement du sort de son père tué par les Romains. Ainsi soutenue par le passé, elle n'hésite plus à conclure; elle refuse résolument d'épouser l'allié des ennemis de sa famille:

> Je n'ai pour me venger ni sceptre ni soldats;
> Enfin, je n'ai qu'un coeur. Tout ce que je puis faire,
> C'est de garder la foi que je dois à mon père.
>   (I.iii.270-72)

Ce premier refus montre que Monime, si elle est soumise, est loin d'être passive, et nous prépare à sa résistance à Mithridate. Quand il se révèle trompeur, menteur, assassin même, peu supérieur à Pharnace enfin, et indigne de son rôle de garant de l'ordre, elle se refuse à lui. Fille de la Grèce, exilée chez les Barbares, elle conteste la valeur d'un ordre qui n'est que tyrannie. Elle qui tout à l'heure était prête "de [son] devoir esclave infortunée" à être enchaînée "à d'éternels

---

[20] Beaucoup de critiques ont souligné cet aspect de la pièce. J.-D. Hubert voit dans le récit de la bataille perdue la clef métaphorique de la tragédie (*Essai d'exégèse racinienne*, p. 162). R. Barthes écrit que "la tyrannie imposait un ordre sous lequel le mal se cachait; le Roi mort, le mal éclate" (*Sur Racine*, p. 105).

ennuis" (II.vi.643-44) par son mariage, choisit la mort plutôt que de se lier à celui dont elle connaît désormais "toute la barbarie" (IV.ii.1255-56). Au moment de prononcer le "non" définitif, elle se tourne de nouveau vers ses ancêtres, le passé idéal et inchangeable où les personnages de Racine trouvent si souvent les principes de leurs actions, puis vers son propre passé, où Xipharès et elle avaient accepté tous les sacrifices:

> Vous seul, Seigneur, vous seul, vous m'avez arrachée
> A cette obéissance où j'étais attachée;
> Et ce fatal amour dont j'avais triomphé,
> ....
> Je vous l'ai confessé, je le dois soutenir.
>
> (IV.iv.1339-45)

Son devoir prend désormais pour elle une autre forme que l'obéissance.

Monime évoque une dernière fois son passé avant d'avaler le poison que Mithridate lui a fait envoyer. Pensant devoir mourir pour avoir refusé le mensonge, elle veut arrêter les pleurs de sa confidente:

> Si tu m'aimais, Phoedime, il fallait me pleurer
> ....
> ...lorsque m'arrachant du doux sein de la Grèce,
> Dans ce climat barbare on traîna ta maîtresse.
> Retourne maintenant chez ces peuples heureux;
> Et si mon nom encore s'est conservé chez eux,
> Dis-leur ce que tu vois, et de toute ma gloire,
> Phoedime, conte-leur la malheureuse histoire.
>
> (V.ii.1525-32)

Monime rejoint Iphigénie et Bérénice lorsqu'elle conclut sa tirade avec un appel à l'avenir. Comme chez tous les personnages de Racine ancrés dans le passé plutôt que limités au présent de leur passion, il n'y a aucune discontinuité dans sa vie et sa mort. Le passé, la famille, lui ont donné la force nécessaire pour se comporter librement, sans hésitation sur la voie à suivre, affirmant un ordre moral supérieur auquel elle a donné son adhésion.

Mais Xipharès et Monime ne devront pas mourir. Mithridate seul succombera aux conséquences du désordre qu'il a lui-même introduit. Il est trahi, comme il a trahi, poursuivi par Pharnace et ses soldats. Il tournera enfin son épée contre lui-même, geste qui complète symboliquement sa destruction de soi. Xipharès qu'il avait condamné et que Pharnace faillit faire tuer, arrive trop tard. Quand, après avoir forcé l'ennemi à reculer, il délivre son père, la situation est désespérée: Mithridate, en mourant, prévoit la victoire prochaine des Romains. La liberté politique est donc compromise, et le royaume qu'hérite Xipharès devra bientôt subir le joug de Rome. Mithridate, l'un des personnages les plus vivants dans ses contradictions, des plus vrais sans doute de ce théâtre, meurt après avoir uni Xipharès, qui promet de rester fidèle à l'esprit de son père, et Monime. Ensemble, ils représentent un nouvel ordre moral reposant sur une liberté intérieure indépendante des circonstances, à laquelle Racine accorde un triomphe réél mais fragile en concluant sur ce bref moment, entre la tyrannie de Mithridate et la sujétion prochaine à Rome, où elle peut s'épanouir sans entraves[21].

6. *Iphigénie*

Avec *Iphigénie* (1674), représenté environ un an après *Mithridate*, Racine revient au théâtre antique où il n'avait puisé qu'une fois auparavant, lors de ses débuts avec *La Thébaïde*. Ce retour aux grands sujets de la mythologie grecque s'accompagne d'un changement fondamental dans la perspective comme dans la portée des pièces qui vont suivre. Le thème du destin, si central à la tragédie grecque, et qui forme le sujet de la deuxième partie de cette étude, occupera désormais une place croissante dans le théâtre de Racine. Alors que jusqu'ici l'action de ses pièces se déroulait dans un monde purement social, sans autre prolongement spirituel que celui de la morale personnelle, ce monde connaîtra maintenant une ouverture vers l'au delà, une transcendance. La liberté se définissait nécessairement elle aussi dans les limites d'un champ clos. Dans les dernières pièces la liberté doit s'exercer face aux dieux et au destin, elle relève du libre arbitre, et soulève les problèmes de la prédestination. Le centre de gravité a été déplacé et l'éclairage a changé.

Les questions qui ont retenu notre attention jusqu'ici perdent donc de leur importance et souvent ne se posent même plus après *Mithridate*. *Iphigénie* est une pièce de transition. Le rôle du destin y passe au premier plan et devra être étudié en détail plus bas; mais les deux concepts de la liberté, liberté laïque et, si l'on peut dire, liberté transcendante, y sont encore étroitement enlacés. En examinant d'abord

---

[21] Selon O. de Mourgues "le code moral si exigeant de Monime et de Xipharès... a provoqué la destruction de Mithridate" (*Autonomie de Racine*, p. 169). M. Gutwirth est bien dur pour ce guerrier amoureux (*Jean Racine*, p. 30 *et seqq*.) qu'il trouve psychologiquement invraisemblable. Il est pourtant de la lignée des vieillards amoureux: même le noble Sertorius de Corneille menace d'oublier un peu de sa noblesse quand il se croit préférer un rival. Racine va plus loin, mais le thème est fréquent chez Corneille (*Médée*, *Sophonisbe*), chez Molière, et allait être illustré de façon extrême par le Maréchal de Villars qui eut sans doute bien des prédécesseurs dans la vie, parmi lesquel il faut probablement compter Henri IV!

la première selon le point de vue établi dans les pages précédentes, on constate qu'elle garde, dans *Iphigénie*, l'aspect que nous lui connaissons.

Le mot "libre" est prononcé à peine le rideau levé. Agamemnon, dès la troisième réplique de la scène d'exposition explique qu'il envie le sort de celui qui vit humble et ignoré des dieux, "libre du joug superbe où [il est] attaché" (I.i.11). (Euripide avait écrit: "J'envie quiconque, parmi les hommes, mena jusqu'à terme une existence anonyme et obscure.") Cette plainte contraste avec la longue tirade d'Arcas, le "domestique" auquel s'adresse Agamemnon, qui énumère toutes les marques extérieures de la puissance de son maître. Comme Titus, Agamemnon a dû constater que la splendeur fascinante du pouvoir se doublait de responsabilités imprévues. Mais contrairement à lui, le père d'Iphigénie se trouve incapable de décider une fois pour toutes quelle attitude prendre envers elles. Son indécision n'a pas pour origine la passion, comme celle de Pyrrhus ou de Mithridate (l'ambition à laquelle il est fait allusion [I.i.80-82; IV.iv.1289-92] semble jouer un rôle secondaire); elle est déterminée par ses craintes, crainte d'une révolte de l'armée, crainte d'Ulysse, d'Achille, crainte même de Clytemnestre. Il accuse les dieux de le poursuivre, mais en fait ce sont ces craintes qui le tyrannisent et le projettent dans une direction, puis dans l'autre. Il a abdiqué son autorité en se livrant à elles comme Pyrrhus avait abdiqué la sienne; l'action d'*Iphigénie* comme celle d'*Andromaque* prolonge les hésitations et les repentirs d'un monarque en contradiction avec lui-même, dépendant, au lieu d'être souverain, et dont d'autres auront à résoudre le dilemme, à relever l'autorité morale.

La passion qui aveuglait la plupart des souverains de Racine s'est détachée, dans *Iphigénie*, du roi, pour adhérer à un personnage qui se trouve placé à l'autre bout de l'échelle sociale, Eriphile. Eriphile est esclave pendant la durée de l'action, et elle a vécu jusqu'ici sans attaches, sans patrie, sans tradition. Princesse de naissance, elle n'a pas eu à renier ses origines comme Hermione pour se livrer à sa passion: elle ignore tout de ses parents jusqu'à la dernière scène de la pièce. D'ailleurs ceux-ci, ayant eux-mêmes vécu en dehors de toute structure sociale, n'auraient pu lui communiquer ce sens des traditions si important pour la formation morale de l'être chez Racine; son père, le volage Thésée, "uni secrètement" à Hélène qu'il a enlevée, est à peine mentionné dans la pièce; sa mère est cette Hélène dont Racine nous rappelle par la voix de sa soeur et de son beau-frère qu'elle a brisé tous les liens et toutes les lois pour se livrer à son amour, plongeant par cet acte Troie et toutes les nations grecques dans la guerre, apportant le désordre et bientôt la mort. Son abandon de sa fille la montre aussi peu soucieuse des liens de la maternité que des liens conjugaux.

L'absence de tout lien familial, la rupture avec le passé rêvé par l'être en quête d'une vie nouvelle, n'apporte qu'une illusion de liberté chez Racine. Dans le cas d'Eriphile il a traduit cette vérité de son théâtre par la condition de celle-ci. Si Eriphile est orpheline, elle est aussi esclave, le plan social symbolisant le plan moral. Reconnue fille de Thésée et d'Hélène, elle deviendrait princesse et son esclavage prendrait fin. Mais il ne semble pas qu'il y ait de place, pour celle qui a grandi comme orpheline et comme esclave, dans la société où elle n'a pas été intégrée jusqu'à ce jour: l'oracle qui se réalisera à la fin de la pièce a décrété que le moment où elle apprendra son nom sera suivi de près de celui de sa mort.

Autant que l'oracle qui la retient prisonnière, son amour pour Achille, le vainqueur de sa patrie adoptive, lui apparaît comme une marque de la persécution des dieux. C'est naturellement dans ce sens que l'on a rapproché Eriphile de Phèdre. La formulation est nouvelle chez Racine, quelques personnages secondaires comme Oreste et Antiochus mis à part, et nous aurons à y revenir. Les rapports entre Eriphile et les dieux sont particulièrement complexes. Toutefois, qu'ils soient responsables de son amour ou non, Eriphile agit sans eux. Elle pense même agir contre eux. Persuadée qu'ils n'ont dicté l'oracle demandant le sacrifice d'Iphigénie "que pour croître à la fois sa gloire et mon tourment" (IV.i.1110-11), elle pense néanmoins pouvoir contribuer à la chute de sa rivale après avoir "consulté" "des fureurs qu'autorisent les Dieux" (1144), prétendant donc que ceux-là même qu'elle dit vouloir braver sanctionnent ses actions. En fait, même si les dieux lui ont inculqué son amour, Racine la dépeint libre de ne pas se livrer à sa jalousie, libre de cette liberté négative de choisir le bien en refusant le mal que Burrhus présente à Néron, possédant donc cette liberté ou même le pouvoir conféré par la société. Mais ayant savouré par avance le mal qu'elle pourrait faire à Iphigénie, le désordre qu'elle pourrait semer, ulcérée en outre de sa condition d'esclave ("Ah: Doris, quelle joie! / … / Si troublant tous les Grecs, et vengeant ma prison, / Je pouvais contre Achille armer Agamemnon" [IV.i.1133-36]), Eriphile ira dénoncer à Calchas le projet de fuite de celle qui s'est toujours montrée sa bienfaitrice, qui est même intervenue pour qu'Achille lui rende sa liberté. La trahison d'Eriphile, acte de vengeance personnelle et non de piété, précipite sa propre chute: Calchas précise le sens de l'oracle et explique enfin que l'Iphigénie qui doit être sacrifiée n'est pas la fille d'Agamemnon, mais Eriphile, la fille d'Hélène, dont le vrai nom est Iphigénie. Celle-ci comme Roxane a, pendant un temps, réussi à usurper le pouvoir du plus grand de tous les maîtres, du destin. Mais ivre de ce pouvoir, elle a rejeté la liberté qu'elle aurait pu exercer, pour se livrer aux passions qui la mènent à sa destruction[22].

Dans un dernier geste Eriphile saisit alors rageusement la seule liberté qui lui reste, celle de se tuer au lieu de se laisser tuer. Elle embrasse son sort et, refusant d'être la victime de Calchas, "furieuse", elle s'empare du couteau du sacrifice pour se tuer de sa propre main (V.vi.1775-76). On pourrait dire que de ce fait elle rejoint Achille et Iphigénie qui acceptent, eux aussi, leur sort. Mais chez eux il s'agit d'une soumission réfléchie et d'une indifférence au destin, chez elle d'un acte de révolte et de haine. Le "furieuse", gardant le sens étymologique de "furor"—l'adjectif et le nom correspondant reviennent souvent dans *Phèdre* pour caractériser les débordements de l'amour— souligne la nature passionnée, presque égarée du geste de ce double, de cette soeur ennemie d'Iphigénie, en qui se concentre tout le mal et que punissent la mort et la désapprobation du spectateur.

Achille, tout comme Eriphile, est prédestiné, et la mort le guette. Mais il n'attend pas comme son esclave que l'accomplissement de l'oracle qui la lui prédit lui confère son identité. Dès longtemps il a décidé du cours de sa vie: il a préféré à une "obscure vieillesse" la mort prématurée et une gloire immortelle (I.ii.249-56) et, ayant fait son choix, il avance librement dans la vie, demi-dieu par la naissance, rival des dieux par sa conduite (I.ii.258-62).

Dans sa liberté parfaite il refuse toute pensée métaphysique, tout regard inquiet vers l'au delà. Il est prêt à faire front au prêtre Calchas, qui se dit l'interprète des dieux, pour défendre la vie d'Iphigénie, et le proclamera hautement (III.vii.1081-84). Etrange figure que celle d'Achille, incarnation parfaite d'une liberté païenne pour laquelle "esclave du péché ou esclave de la justice; jamais sans être esclave ou de l'un ou de l'autre, et partant jamais libre de l'un et de l'autre"[23] n'a aucun sens. Libre en face des dieux, dépourvu de toute crainte, d'une parfaite sûreté de soi, il ne se soumet volontairement qu'à sa conception propre des lois de l'honneur ("L'honneur parle, il suffit: ce sont là nos oracles" [I.ii.258]). Même sa présence en Aulide est un acte de liberté qui le distingue de tous: aucun serment ne le lie, ne le force, comme les autres rois grecs, à combattre le ravisseur d'Hélène (II.iii.619-22; IV.vi.1383). Il ne connaît pas même l'obsession de la

---

[22] R. Barthes voit en elle "peut-être... le seul être libre du théâtre racinien: elle meurt pour rien, sans alibi d'aucune sorte" (*Sur Racine*, p. 110). C'est là une vision très moderne du sens de la liberté.

[23] Voir la conclusion de cette première partie, p. 47 et note 27.

gloire qui enchaîne plus d'un héros cornélien: il est prêt à la sacrifier, à renoncer à la conquête de Troie, pour sauver Iphigénie. Quand Agamemnon lui reproche d'avoir contribué à la condamnation d'Iphigénie par son impatience à partir pour la guerre, son indignation ne connaît plus de bornes (IV.vi.1371-1400). La gloire du vainqueur est subordonnée, chez lui, à la gloire d'un nom intègre (1422). A Iphigénie qui veut mourir pour lui ouvrir le chemin de Troie, il répond qu'il trouverait, à la défendre "ces moissons de lauriers, ces honneurs, ces conquêtes" (V.ii.1569) pour lesquels elle pense devoir se livrer au couteau de Calchas.

On s'est indigné de ce que Racine eût ainsi "transformé" Achille en héros galant, comme si Achille était un personnage historique dont on connaîtrait la biographie. Il semble pourtant évident que si l'on se place au point de vue d'une psychologie réaliste, ce qu'il serait naturellement absurde de faire, un Achille parfaitement insensible à l'amour et à l'injustice serait bien plus invraisemblable et certainement moins sympathique qu'un Achille qui refuse de s'incliner quand l'irrationnel attaque ce qu'il aime. L'Achille de Racine n'est d'ailleurs pas un héros de salon. Il revient d'une victoire rapide et complète à Lesbos, il est impatient de partir à la conquête de Troie et ne songe à l'amour que lorsqu'on vient lui annoncer l'arrivée d'Iphigénie. Nous voyons trembler devant lui Agamemnon puis toute l'armée amassée devant l'autel où doit se consommer le sacrifice d'Iphigénie. Il est en fait le seul homme d'action de la pièce; aussi son rôle est-il déterminant pour l'intrigue. Et pourtant il paraît moins souvent devant nous que les autres personnages, de sorte que Racine ne réussit pas entièrement à imposer un Achille racinien qui nous ferait oublier l'Achille homérique, l'archétype Achille. De là les reproches et les critiques.

Mais Racine échoue peut-être à nous imposer son personnage pour une autre raison encore: c'est que cet Achille demeure un être mal adapté, mal intégré au monde psychologique racinien. Il est plus païen, plus antique qu'aucun autre héros de ce théâtre, plus détaché des conflits de la réalité quotidienne, et pourtant plus entièrement attaché à l'immédiat. Sa liberté absolue est choquante, incompréhensible dans le contexte qui est le sien. Elle est *sui generis* et ne repose sur rien, ni sur la famille, ni sur la tradition qui aide tant d'autres personnages à définir leur liberté intérieure. Le nom de sa mère, déesse, est mentionné, sans que Thétis lui serve d'exemple à suivre ou lui transmette ses valeurs, selon la fonction habituelle des parents et des ancêtres invoqués dans ce théâtre. Et pourtant sa liberté n'est ni celle de Néron déraciné, ni celle de Pyrrhus reniant ses origines, toutes deux, nous l'avons vu, libertés illusoires. Ce n'est pas non plus une liberté née de la soumission au passé et aux lois comme celle de Titus ou de Monime, libertés dont on pourrait dire qu'elles ne se définissent que par la lutte contre les passions. Achille est passionné et s'abandonne impunément à ses passions. Elles ne le détruisent pas. Ce sont celles d'un dieu, créant ses propres lois et sa propre justice, en toute indépendance. Et Racine nous le montre comme un dieu: peu avant la fin de la pièce, à la scène quatre de l'acte cinq, Clytemnestre imagine l'immolation de sa fille sous le couteau de Calchas:

> Calchas va dans son sang... Barbares, arrêtez.
> C'est le pur sang du Dieu qui lance le tonnerre...
> J'entends gronder la foudre, et sens trembler la terre.
> Un Dieu vengeur, un Dieu fait retentir ces coups.

Arcas qui entre à ce moment complète le distique:

> N'en doutez point, Madame, un Dieu combat pour vous.
> Achille en ce moment exauce vos prières.
>   (V.iv-v.1696-1701)

C'est notre dernière impression d'Achille, apparition unique, étrange, et profondément étrangère dans le théâtre racinien.

Iphigénie, par contre, dont la présence domine toute la pièce, est bien de la lignée des autres jeunes filles raciniennes, de Junie, et surtout de Monime, ce qui apparaît clairement si l'on omet les trois dernières scènes. Son histoire se termine en fait du moment où elle accepte sa mort.

Son sort forme le noeud de l'intrigue et pose au centre de la pièce le problème de la prédestination et de la justice des dieux. Mais alors que ceux qui l'entourent sur scène ou dans la salle en sont tourmentés, elle-même ne s'y intéresse guère. Racine ouvre son monde dramatique vers le ciel; Iphigénie, l'amante d'Achille, ne songe pas plus à le scruter que Monime ou Junie, qui vivaient dans un univers encore clos.

Comme Monime, Iphigénie accepte son destin, non à cause d'une contrainte extérieure, mais par son adhésion intérieure à un certain ordre. Céder à la passion, que ce soit pour Achille ou pour la vie, serait dans cette pièce encore inviter le désordre. Or, justement, Iphigénie est sensible à ce danger autour d'elle, dans l'armée (V.i.1498-1501), dans sa famille (V.iii.1654). Quand Achille veut la forcer à le suivre, elle interprète son offre non comme une promesse de liberté, mais comme une invitation à se rendre complice, responsable du désordre (V.ii). Aussi l'idée de désobéir à son père ne l'effleure-t-elle même pas. Il a réglé jusqu'ici sa vie, elle trouve normal qu'il continue de le faire (IV.iv.1174-84). Il est son lien avec sa famille et sa patrie, l'interprète naturel de la volonté des dieux dans une hiérarchie nécessaire (V.ii.1545; V.iii.1658). L'obéissance aux dieux et aux lois se résume dans l'obéissance au père et maintient un passé dont elle est fière. Son obéissance est sa "gloire", et cette gloire compte plus que la vie (V.ii.1586-89).

Titus avait vu sa conduite s'imposer à lui, mais de longs et doulou-reux combats avaient suivi. Iphigénie accepte d'emblée et une fois pour toutes un sort irrationnel, et par sa soumission aux lois elle affirme et maintient l'ordre de l'univers dans lequel elle vit, comme Titus, mais surtout comme Monime et Xipharès qui doivent aussi prendre la place du défenseur attitré de l'ordre quand celui-ci abdi-que devant ses responsabilités.

Mais même si elle n'a pas dû subir de longs combats, sa confronta-tion avec son destin opère un changement profond dans la nature d'Iphigénie. De petite fille ravie qu'elle était lors de sa première appa-rition, elle devient héroïne de tragédie et, incontestablement, l'Hé-roïne de cette tragédie. Racine la fait d'abord paraître sous cette forme nouvelle dans une belle image qui n'est pas sans rappeler la fin de *Bérénice*, mais avec des couleurs moins tristes, plus jeunes, plus optimistes: la jeune fille trace un grand panorama de la guerre de Troie, de la gloire qui attend Achille, et conclut en s'y plaçant à ses côtés ("J'espère que du moins un heureux avenir / A vos faits immor-tels joindra mon souvenir" [V.ii.1559-60]). Elle avait cru que son amour "[l']élevait au-dessus du sort d'une mortelle" (1046). Elle conquerra son immortalité plus durement, en acceptant une mort absurde et en lui donnant un sens. Par sa mort elle justifie en effet Agamemnon qui a consenti à la sacrifier, le confirmant ainsi dans son règne; elle assigne aussi son rôle à Achille, comme Bérénice assignait son rôle à Titus: il doit vivre en guerrier, se couvrir de cette gloire qui rejaillira sur elle. Iphigénie ne se replie pas sur son propre sort, et sa vision prophétique de l'avenir s'oppose, tel l'appel à l'éter-nité de Bérénice, à la destruction qui marque la fin de *Bajazet*, de *Britannicus*, et même d'*Andromaque*. Par sa victoire sur elle-même, par sa soumission aux lois, elle devient un chaînon du déroulement or-donné de l'Histoire.

Racine n'a pas eu le courage de la laisser mourir. Au delà du triom-phe de la liberté d'Iphigénie, reposant sur la soumission, il présente le triomphe de la liberté d'Achille, ni soumission ni révolte, affirmant ses propres lois. Nous devrons y revenir plus en détail dans les pages qui suivent. Toutefois, avant d'aborder la question du destin dont l'exa-men doit compléter ces réflexions sur la liberté et l'ordre, je voudrais m'arrêter un instant pour rappeler brièvement, et de façon nécessairement schématique et incomplète, le contexte théologique dans lequel s'insère l'oeuvre de Racine.

* * *

On sait que la question de la liberté de l'homme, du libre arbitre et de la grâce a animé toutes les querelles théologiques du dix-septième siècle. Racine, quand il voulut se séparer de Port-Royal pour embrasser sa propre liberté, celle de se consacrer au théâtre, écrit avec une cruauté où l'exaspération a sa place, au sujet de ses anciens maîtres: "Que l'on regarde tout ce que vous avez fait depuis dix ans, vos Disquisitions, vos Dissertations, vos Réflexions, vos Considérations, vos Observations, on n'y trouvera autre chose, sinon que les Propositions ne sont pas dans Jansénius. Hé! Messieurs, demeurez-en là, ne le dites plus"[24]. Or, malgré ces Disquisitions, Dissertations, Réflexions, Considérations, Observations, ces *facta* et ces libelles, attaques et contre-attaques, les opinions sur la grâce ne différaient pas profondément[25]. En fait, au dix-septième siècle plus personne ne défend aucune des positions extrêmes, et la doctrine de Pélage—que l'homme peut s'élever par ses propres moyens—doctrine que St. Augustin avait combattu avec tant de vigueur, ne connaît pas plus d'adhérents que la position contraire selon laquelle l'homme serait entièrement dépourvu de libre arbitre, ce qui implique qu'il n'a aucune responsabilité propre pour son péché. Les controverses sur le libre arbitre visent

---

[24] Racine, *Oeuvres complètes*, II, 24, lettre de 1667 "à l'auteur des *Hérésies imaginaires* et des deux *Visionnaires*".

[25] Henri Bremond, dans sa monumentale *Histoire littéraire du sentiment religieux en France* et les critiques qui se sont le plus penchés sur les problèmes religieux comme J. Orcibal (*Saint-Cyran et le jansénisme*, pp. 166-67) sont d'accord pour insister sur l'unité derrière les différences de la pensée religieuse au dix-septième siècle en France. On sait que les religieuses de la première génération de Port Royal auraient voulu qu'on arrête les controverses. Lancelot et Barcos partageaient leur point de vue (voir L. Cognet, *Claude Lancelot*, p. 124). Nicole affirme dans son *Traité de la grâce générale* que dès 1656 il lui parut, comme à Pascal "que beaucoup [de théologiens] étaient choqués plus par certains termes, qu'ils expliquaient de manière odieuse, que des opinions mêmes". Il ajoute que, voulant contribuer à "éteindre un feu qui causait dans l'Eglise de si grands ravages" il chercherait, comme Pascal aurait aussi voulu le faire, de "dépouiller tellement... la grâce efficace... d'un certain air farouche qu'on lui donne, qu'elle serait proportionnée au goût de toutes sortes d'esprits" (I, 1-3). C'est dans cet esprit qu'il reconnaîtra que la grâce générale des thomistes n'est ni moliniste ni pélagienne (II, 380) et que, d'autre part, elle n'est pas contraire à Jansenius (I, 302 *et seqq.*). Dans une "Lettre" de 1674 il écrit, après avoir cité l'Evangile, St. Augustin et St. Thomas: "il y a très peu de différence entre [l'opinion qu'ont les Molinistes] et celle qu'on peut avoir selon St. Augustin en ce qui regarde la disposition de Dieu à l'égard des réprouvés" (I, 33). Enfin notons que dans sa préface à l'édition de 1794 l'éditeur mentionne que ce traité avait d'abord été publié par un Jésuite des Pays-Bas en 1699.

donc essentiellement à établir quelles sont les limites de la liberté humaine et quel est le moment précis de l'intervention de la grâce.

Aussi, si nous laissons de côté le langage purement théologique pour nous contenter de formulations destinées à un public laïque, nous constatons que des théologiens aussi différents que St. François de Sales, les auteurs jansénistes, les auteurs jésuites, St. Augustin et St. Paul se rejoignent pour affirmer que Dieu nous a donné la liberté de choisir entre le bien et le mal. La vraie liberté, toutefois, consiste à s'abandonner à la volonté de Dieu. Dieu nous incline d'ailleurs vers cette voie, et il peut le faire sans attenter en rien à notre liberté. Selon St. François de Sales, dont le style et les images sont particulièrement attachants, Dieu nous attire par "délectation", sans forcer notre libre arbitre[26].

St. François de Sales avait embrassé le molinisme. Le plus lu des jansénistes, Pascal, s'explique ainsi dans son troisième *Ecrit sur la grâce*, paraphrasant St. Augustin qui cite lui-même St. Paul dans l'Epî- tre aux Romains (6-8):

> Maintenant [après la chute], dans la corruption qui a infecté l'âme et le corps, la concupiscence s'étant élevée a rendu l'homme esclave de sa délectation, de sorte qu'étant esclave du péché il ne peut être délivré de l'esclavage du péché que par une délectation plus puissante qui le rende esclave de la justice.
>
> Ainsi cet admirable enseignement de saint Paul devrait suffire pour nous en instruire, quand il dit que l'homme est ou esclave de la justice, et libre du péché; ou libre de la justice et esclave du péché; c'est-à-dire ou esclave du péché ou esclave de la justice; jamais sans être esclave ou de l'un ou de l'autre; et partant jamais libre de l'un et de l'autre.[27]

---

[26] On lit dans le *Traité de l'amour de Dieu*, p. 134: "Mais quels sont donc les cordages ordinaires par lesquels la Divine Providence a accoutumé de tirer nos coeurs à son amour… Sans doute, Theotime, nous ne sommes pas tirés à Dieu par des liens de fer, comme les taureaux et les buffles: ains par manière d'allèchement, d'attraits délicieux et de saintes inspirations, qui sont en somme les liens d'Adam et d'humanité: c'est-à-dire, proportionnés et convenables au coeur humain, auquel la liberté est naturelle… Voyez donc comme le Père éternel nous tire, en nous enseignant, il nous délecte, non pas en nous imposant aucune nécessité, il jette dedans nos coeurs des délectations et plaisirs spirituels comme des sacrées amorces, par lesquelles il nous attire suavement à recevoir et goûter la douceur de sa doctrine. En cette sorte donc, très cher Theotime, notre franc-arbitre n'est nullement forcé, ni nécessité par la grâce, ains nonobstant la vigueur toute puissante de la main miséricordieuse de Dieu qui touche, environne, et lie l'âme de tant et tant d'inspirations, de semonces et d'attraits, cette volonté humaine demeure parfaitement franche, et exempte de toute sorte de contrainte et de nécessité: La grâce est si gracieuse et saisit si gracieusement nos coeurs, pour les attirer, qu'elle ne gâte rien en la liberté de notre volonté, elle touche puissamment mais pourtant si délicatement, les ressorts de notre esprit, que notre franc-arbitre n'en reçoit aucun forcement: la grâce a des forces, non pour forcer, ains pour allécher le coeur: elle a une sainte violence, non pour violer, mais pour rendre amoureuse notre liberté".

[27] *Oeuvres complètes*, pp. 1002-03.

Dans la dix-huitième lettre des *Provinciales* nous lisons:

> Dieu dispose de la volonté libre de l'homme sans lui imposer de nécessité; et... le libre arbitre, qui peut toujours résister à la grâce, mais qui ne le veut pas toujours, se porte aussi librement qu'infailliblement à Dieu, lorsqu'il veut l'attirer par la douceur de ses inspirations efficaces.[28]

Ainsi la véritable liberté est liberté vis-à-vis du mal, mais "esclavage du bien" selon St. Augustin lui-même. Touché par la grâce, l'homme "se laisse élever, en quelque sorte, de son niveau propre, à celui de la liberté véritable" qui consiste "dans le service du Christ: *libertas vera est Christo servire*[29].

Chez Descartes, qui tient pourtant beaucoup à ne pas empiéter sur le terrain de la théologie, on trouve des notions comparables[30]. Dans un passage célèbre de la quatrième *Méditation* il écrit:

> Afin que je sois libre, il n'est pas nécessaire que je sois indifférent à choisir l'un ou l'autre des deux contraires; mais plutôt, d'autant plus que je penche vers l'un, soit que je connaisse évidemment que le bien et le vrai s'y rencontrent, soit que Dieu dispose ainsi l'intérieur de ma pensée, d'autant plus librement j'en fais choix et je l'embrasse. Et certes la grâce divine et la connaissance naturelle, bien loin de diminuer ma liberté, l'augmentent plutôt, et la fortifient... Car si je connaissais toujours clairement ce qui est vrai et ce qui est bon, je ne serais jamais en peine de délibérer quel jugement et quel choix je devrais faire; et ainsi je serais entièrement libre, sans être jamais indifférent.[31]

Ainsi selon Descartes la vraie liberté est de se porter vers la vérité, et quand nous la voyons clairement nous le faisons inévitablement. Il ne peut en effet y avoir de choix de mal, car "personne ne peut désirer le mal en tant que mal"[32].

La notion selon laquelle la vraie liberté est de vouloir la volonté de Dieu est une notion courante dans tous les milieux théologiques de

---

[28] *Ibid.*, p. 887.

[29] Cité dans H. Daudin, *La Liberté de la volonté*, p. 36. Cet enseignement fait écho à celui du Christ lui-même selon l'Evangile de Jean (8:34-35): "Quiconque se livre au péché est esclave du péché. Or l'esclave ne demeure pas toujours dans la maison, le fils y demeure toujours. Si donc le Fils vous affranchit, vous serez réellement libres".

[30] *Oeuvres complètes*, p. 1343. Il était lié avec de nombreux théologiens, avec Bérulle, avec Gibieuf; Arnaud l'admirait. Il avait été formé chez les jésuites dont l'enseignement avait sûrement laissé des traces quoiqu'il voulût rejeter tout son passé pour chercher des certitudes selon des voies nouvelles. Aussi a-t-on pu le proclamer augustinien aussi bien que thomiste (cf. notamment E. Gilson, dans *Etudes sur le rôle de la pensée médiévale dans la formation du système cartésien*, le compte rendu du livre de H. Gouhier, *La Pensée religieuse de Descartes* p. 287 *et seqq.*).

[31] *Oeuvres complètes*, p. 305.

[32] *Ibid.*, "Entretien avec Borman", p. 1373.

l'époque, et elle a son équivalent dans la philosophie laïque. Il n'est donc pas surprenant que nous la retrouvions dans le théâtre de Racine où "la volonté de Dieu" est remplacé par des formulations différentes, mais où l'idée principale demeure reconnaissable: la liberté de choisir le mal est une fausse liberté; le choix d'accepter l'ordre établi peut se faire sans perte de liberté. Aussi ceux qui se soumettent à cet ordre ne se plaignent-ils jamais d'être "enchaînés" comme le font Pyrrhus ou Néron, alors que ceux-ci, en choisissant la liberté contre l'ordre—ici social plutôt que divin—refusent la liberté véritable selon les conceptions de l'époque, se rangeant du côté du mal et appelant leur punition.

La position fondamentale de Racine est donc claire. Nous avons vu qu'elle devient néanmoins problématique dans quelques-unes des tragédies, d'abord parce que l'ordre contre lequel s'insurgent certains de ses héros est parfois un ordre mauvais, mais surtout parce que Racine a bien vu que le désir de se libérer correspond, surtout chez l'être jeune, à un désir de se définir, d'entrer dans le monde adulte, et qu'il hésite à le condamner. Ainsi il donne son approbation secrète à Bajazet puis, comme s'il s'en repentait, crée un être jeune qui grandit sans révolte en Xipharès. Mais Xipharès n'a pas de réalité et sa soumission sanctionne la tyrannie qui crée le désordre. Achille vient alors incarner une liberté parfaite. Mais elle ne s'intègre plus dans le cadre de la vision du monde établi au cours des pièces précédentes et dont on retrouve l'écho dans *Iphigénie* même. La lutte qui oppose ordre et liberté va entrer dans une phase nouvelle.

DEUXIÈME
PARTIE

I
DE *LA THÉBAÏDE* A *MITHRIDATE*

1. *La Thébaïde*

Dans *Iphigénie* le problème de la liberté de l'homme face à son destin vient s'ajouter à la notion de la liberté de l'homme dans la société. L'au delà fait irruption dans le monde racinien par la voix brutale des oracles. Désormais les hommes ne seront plus jamais seuls entre eux. La tragédie ne se déroule plus dans le champ clos d'une société mais dans un univers plus vaste et plus incompréhensible.

La notion du destin n'était pas, jusqu'alors, totalement absente du théâtre de Racine. Nous la trouvons au premier plan dans *La Thébaïde*; elle devient ensuite secondaire, mais se définit aussi plus clairement. On ne saurait examiner le sens qu'elle obtient dans les dernières pièces avant de s'être arrêté à celles qui les précédèrent.

Il est intéressant de constater que pour la première pièce qui nous ait été conservée, Racine ait choisi son sujet dans le cycle de légendes qui, de tous ceux que nous a légués la Grèce, pose le problème de la prédestination dans les termes les plus douloureux, les plus atroces même. Il nous dira plus tard, et une lettre de l'époque tend à le confirmer, que l'histoire de *La Thébaïde* lui aurait été proposée par "quelques personnes d'esprit"[1]. Mais on a sans doute suggéré bien des sujets au jeune poète aspirant à devenir dramaturge. En choisissant de retenir celui-ci, se contenta-t-il de suivre une mode de retour à l'antiquité qui se manifestait depuis quelque temps, ou un intérêt pour le problème de la prédestination, souvenir de son éducation janséniste, le poussait-il vers ce sujet? Nous ne le saurons jamais, et les

---

[1] Préface de 1676. Toutes les citations de *La Thébaïde* sont basées sur l'édition de Michael Edwards (Nizet, 1965), en gardant la ponctuation et les majuscules qu'il propose, mais en modernisant l'orthographe pour la commodité de la lecture. Une version modifiée de cette étude a paru sous le titre "La Tragédie de Jocaste (Le Problème du destin dans *La Thébaïde* de Racine)" dans *French Review*, février 1972.

spéculations semblent futiles. R.C. Knight a montré clairement que la matière grecque devait être familière au jeune Racine autant et plus que les spéculations théologiques des Solitaires qui mêlaient les deux dans leur éducation comme on ne le faisait alors nulle part ailleurs en France². Les allusions à *La Thébaïde* dans la *Correspondance*, la préface de 1676, ne touchent qu'à des problèmes de forme, de structure et d'effet dramatique, comme presque tous les commentaires que nous avons de la plume de Racine dans ses lettres ou en marge des textes grecs qu'il possédait.

La lecture de la pièce ne nous éclaire pas beaucoup davantage sur ce qui avait pu séduire Racine dans cette sequelle sanglante aux malheurs d'Oedipe. Quoiqu'on puisse dire sur l'intérêt de *La Thébaïde* en tant que première manifestation du génie racinien, il est incontestable que c'est une pièce pleine de contradictions et qui n'a pas de centre ferme.

Les personnages mêmes sont mal définis. Ils ont en effet tous quelque chose de flottant, et de ce fait la signification de leurs actions dans la pièce est, elle aussi, entachée d'ambiguïté. Etéocle, le jumeau aîné qui ne veut pas céder le trône de Thèbes à son frère quand le tour de celui-ci est venu de régner, s'il paraît dur et ambitieux, se montre presque plus doux que son frère et son rival Polynice, puisqu'il accepte le voeu de sa mère de revoir celui-ci et semble prêt à abdiquer quand elle le presse (I.iii). Mais il dit aussi que le désir du trône prime tout et excuse tout. Polynice, qui a mobilisé toute une armée pour reconquérir son trône, abhorrerait la guerre selon Hémon (II.i.427); mais il se montre intraitable et violent sur scène. Créon, le frère de Jocaste, l'oncle des jumeaux et celui qui hériterait du trône à leur mort, manifeste comme chez Stace (livre X et XI) une douleur véritable quand son fils Ménécée se tue, croyant accomplir un oracle et sauver Thèbes de la destruction. Puis, il l'oublie. Pour expliquer son désir de faire durer la guerre il donne trois raisons au lieu d'une (III.vi), ce qui trouble davantage encore l'image que l'on peut se faire de lui. Il prétend vouloir venger la mort de Ménécée, il avoue qu'il brigue le pouvoir par ambition, mais il veut aussi éblouir Antigone et remplacer son fils Hémon dans le coeur de sa nièce.

Jocaste est le seul des personnages principaux à être entièrement cohérent. Aussi Racine lui a-t-il accordé un rôle dominant. La tragédie commence avec son réveil, réveil à la réalité inéluctable de la haine mutuelle de ses fils. Ce réveil, début traditionnel de la pièce depuis Euripide, assume toute la signification symbolique de celui de Néron

---

² *Racine et la Grèce*, ch. 2 *et passim*.

au début de *Britannicus* où Racine l'exploitera peut-être plus consciemment. Désormais Jocaste quittera rarement la scène. La lutte des deux
frères les pousse toujours en dehors des murs de Thèbes, dans les
coulisses. La sienne nous touche de façon plus immédiate comme elle
se déroule tout entière à nos yeux: "Chère Antigone allez, courez à ce
Barbare / ... / Le courage me manque et je n'y puis courir / Tout ce
que je puis faire, hélas! c'est de mourir" (fin du second acte). Après ce
cri de désespoir qui annonce sa mort réelle, seule, au début du troisième acte, comme immobile, en dehors de la course générale où
chaque frère poursuit l'autre, alors que plusieurs personnages secondaires courent en vain après eux, elle s'interroge sur la signification
des événements présents et passés. C'est, presque au centre de la
pièce, un moment de contemplation unique et d'autant plus frappant.
Nous aurons à y revenir plus bas. Sa mort, après le quatrième acte,
scelle le dénouement et souligne le sens du conflit entre les frères, tel
que devait le comprendre un théâtre classique: qu'importe que les
deux frères se tuent physiquement ou non? Leur déclaration irréversible de haine forme la conclusion à la tragédie de la maison d'Oedipe[3].

Les critiques ont proposé des thèmes divers comme élément unifica-
teur de la pièce. On a écrit que c'était la haine, puisque Racine avait
choisi pour sous-titre "Les Frères ennemis", appellation qu'il préfère
aussi dans ses lettres. Mais la pièce ne présente pas une analyse de la
haine, ni même un commentaire systématique de son effet. Il en est
de même pour l'ambition, qui pourrait sembler une des causes de la
haine. Aussi d'aucuns ont-ils proclamé le désaccord, d'autres le sang
mots-clefs ou thèmes de la tragédie[4].

Toutefois le rôle important accordé à Jocaste nous montre que
Racine ne s'intéressait pas seulement au conflit entre Etéocle et Polynice. Sauf chez Eschyle et chez Rotrou (dont la pièce est une *Antigone*
et continue pendant deux actes et demi après la mort des deux frères), Oedipe est vivant dans toutes les grandes pièces sur le sujet de *La
Thébaïde*. La dispute puis la mort de ses fils représentent le dernier acte
de sa tragédie personnelle et prolongent le thème de son innocence

---

[3] Euripide, et Stace après lui, avaient fait mourir Jocaste sur le corps de son fils. Chez
Garnier elle se tuait en apprenant l'issue de leur duel. En introduisant son suicide avant
la bataille décisive entre les frères, Racine suit Rotrou. Mais alors que ce dernier esca-
mote la nouvelle de la mort de Jocaste que le spectateur apprend plus ou moins par
hasard quatre scènes après qu'elle a eu lieu, Racine exploite cet événement: Jocaste
l'annonce et l'explique à la fin de l'acte IV tandis que les frères courent, tout joyeux, au
combat; Antigone s'en lamente au début du dernier acte, avant même d'avoir reçu de
nouvelles de ses frères.
[4] Voir J. Brody, "Racine's *Thébaïde*: An Analysis"; R. Picard, introduction à la pièce
dans Racine, *Oeuvres complètes*; M. Edwards dans l'introduction à son édition.

coupable dans la version où c'est lui qui les a maudits parce qu'ils l'avaient maltraité comme dans celle où c'est pour les protéger qu'il a divisé le royaume entre eux. Chez Racine Oedipe est mort et c'est à Jocaste, cette autre grande innocente coupable, qu'il incombe de représenter le passé qui se continue devant nos yeux par la lutte à mort de ses fils. Lucide et aveugle comme le seront toutes les grandes héroïnes de Racine, elle assiste au développement qu'a fait naître ce passé. Elle est la grande victime de l'archarnement des dieux et pose, au centre de la pièce, le problème de la signification de son destin, du destin; elle confère à la pièce sa transcendance et son mystère.

Mais d'autres conceptions que la sienne sont énoncées et s'affrontent dans *La Thébaïde*, alors que tous les grands dramaturges qui avaient traité ce sujet avant Racine avaient essayé de donner un sens unique, saisissable, au rôle du destin.

Chez Sénèque le thème du destin est moins central que chez les autres. Il insiste cependant sur le fait qu'Oedipe était innocent, la Fortune coupable, et que les frères criminels pourraient éviter le crime. Il n'y a pas non plus beaucoup de transcendance dans l'*Antigone* de Garnier (Jocaste méchante a fait des méchants) qui suit Sénèque de très près et assez lourdement, ne s'écartant de son modèle que pour ajouter une série de traités contre le suicide. Mais chez les Grecs, chez Euripide comme déjà chez Eschyle, le problème est nettement posé. Il l'est dans le contexte bien plus large du crime de la famille de Laïus. H.D.F. Kitto pense que si Euripide a choisi les Phéniciennes pour son choeur (et pour son titre), c'est qu'il voulait nettement rappeler les origines de la famille[5]. Venu de Phénicie à la suite d'Europe, sa soeur que Jupiter avait ravie, Cadmus, le père de Laïus obéit à un oracle et s'installe près du fleuve Dircé. Pour avoir tué le dragon, cher à Mars, qui le gardait, et fait s'entretuer les guerriers nés de ses dents, Cadmus dut servir Mars pendant huit ans. L'invocation au soleil qui ouvre la pièce d'Euripide sert sans doute d'allusion à l'oracle d'Apollon qui commanda à Cadmus d'arrêter la poursuite de sa soeur et de fonder une ville qui sera Thèbes. Dès le vers 17 le crime de Laïus, fils de Cadmus et père d'Oedipe est mentionné: Apollon lui avait interdit par un oracle d'avoir des enfants, mais lui, un soir d'ivresse, oublia l'ordre du dieu, et, ne suivant que son désir, conçut Oedipe. C'est donc l'incontinence et la désobéissance de Laïus que les dieux ont puni, chez Euripide comme d'ailleurs déjà chez Eschyle, en lui donnant un fils qui apportera la destruction à sa famille. Etéocle et Polynice, fils nés de l'inceste, ne sont pas non plus les victimes d'une haine

---

[5] H.D.F. Kitto, *Greek Tragedy*, pp. 356-57.

aveugle et inassouvissable des dieux,chez Euripide. Ils ont eu honte de leur père quand ses crimes ont paru au jour, et l'ont emprisonné. C'est alors qu'il les a maudits. Leur lutte est la suite de cette malédiction, peut-être excessive mais non imméritée. Enfin Euripide essaye de justifier l'oracle qui condamne explicitement (et non par un malentendu comme chez Racine) Ménécée, le fils cadet de Créon, à mort. Tirésias donne des raisons qui remontent à l'histoire des dents du dragon. Mais selon Jocaste c'est parce que son frère Créon l'a amenée à épouser Oedipe ou a profité du mariage qu'il doit être puni (1202-06). Quant à Eschyle, il mentionne aussi la malédiction d'Oedipe contre ses fils, mais il fait dire au choeur (697-701) que c'est en s'abandonnant à ses passions qu'Etéocle justifiera cette malédiction.

Les possibilités de l'injustice de la Providence ne semblent pas avoir préoccupé Rotrou quand il a repris le vieux sujet mythologique. Dans son *Antigone* le thème principal est l'anti-naturel: le mariage d'Oedipe et de Jocaste violait les lois de la Nature, la haine des frères est aussi un crime contre la nature qui doit être puni.

Racine, lui, rejette toutes ces explications du sens de la tragédie ou peut-être plus exactement il les accepte toutes. Le destin dans *La Thébaïde* est moins dénué de sens que revêtu tour à tour de significations diverses et peu compatibles.

Dès le vers 22 Jocaste introduit le thème du "courroux du sort". Elle prévoit déjà l'issue du conflit, le meurtre mutuel des deux frères, non parce que, comme Rotrou et Garnier, Racine ménage mal ses effets, mais parce qu'il utilise sa lucidité de mère qui craint le pire sans y croire, pour rappeler au spectateur la fin connue de la tragédie, dont le déroulement paraîtra d'autant plus inéluctable.

Mais l'invocation de Jocaste au soleil, une constante de toutes les pièces sur ce sujet depuis Euripide, et que l'auteur de *Phèdre* renforcera quand il révisera la pièce en 1676 (voir les variantes au vers 23), ne s'adresse qu'au témoin, non au dieu lié au passé de la famille ni même au sort, comme c'est le cas chez Euripide ou dans *Phèdre*. Si Jocaste parle du courroux du sort au début de la tirade, dans les vers suivants, en effet, l'homme semble indépendant d'une volonté supérieure:

> Ni prières, ni pleurs ne m'ont de rien servi,
> Et le courroux du sort voulait être assouvi.
> O toi, qui que tu sois qui rends le jour au monde,
> 24 Que ne l'as-tu laissé dans une nuit profonde?
> A de si noirs forfaits, prêtes-tu tes rayons,
> Et peux-tu sans horreur voir ce que nous voyons?
> Mais ces Monstres, hélas! ne t'épouvantent guères,

28 Le seul sang de Laïus les a rendus vulgaires;
   Tu peux voir sans frayeur les crimes de mes Fils,
   Après ceux que le Père et la Mère ont commis:
   Tu ne t'étonnes pas si mes fils sont perfides,
32 S'ils sont tous deux méchants, et s'ils sont parricides,
   Tu sais qu'ils sont sortis d'un sang incestueux,
   Et tu t'étonnerais s'ils étaient vertueux.
   Ce sang en leur donnant la lumière céleste,
36 Leur donna pour le crime une pente funeste,
   Et leur coeurs infectés de ce fatal poison,
   S'ouvrirent à la haine avant qu'à la raison.

Sans remonter à Laïus, et encore moins à Cadmus, Jocaste souligne que le crime le plus affreux a été commis par le père et la mère, qu'Etéocle et Polynice, donc, sont chargés d'une hérédité criminelle dont la manifestation est leur haine fratricide. Mais il n'y a là aucune allusion à une punition céleste ni des fils, ni de Jocaste même. Il semble s'agir seulement d'une sorte de péché originel.

Deux scènes plus loin (I.iii) Jocaste introduit un tout autre thème, celui de l'ambition ("La Couronne pour vous a-t-elle tant de charmes?" [92]; "Auprès du Diadème il n'est rien qui vous touche" [148]). Rotrou le mentionne en passant. Euripide a une longue tirade contre l'ambition que Racine relève dans ses notes[6]. L'accusation de Jocaste contre Etéocle est passagère—les vers suivants sont: "Mais je me trompe encor ce rang ne vous plaît pas, / Et le crime tout seul a pour vous des appas" (149-50)—mais le thème sera repris à la fin de la pièce, quand Antigone pleure ses deux frères: "Fatale ambition, aveuglement funeste" (V.iii1525). Il n'est pas développé là non plus. Le vers qui suit, "D'un oracle cruel suite trop manifeste", enlève à l'ambition son existence indépendante. Ces deux allusions rapides, et quelques autres à l'ambition de Créon ne me semblent pas suffisamment importantes pour permettre la conclusion que Racine, à ce stade du développement de sa pensée, voyait déjà le sort comme une manifestation de la passion.

Une autre interprétation du rôle du destin vient s'ajouter aux précédentes: la destruction finale de la famille d'Oedipe n'est pas un acte de justice des dieux, mais le résultat des machinations de Créon. Antigone le dit explicitement en parlant à celui-ci:

> N'imputez qu'à vous seul la mort du Roi mon Frère,
> Et n'en accusez point la céleste colère,
> A ce combat fatal vous seul l'avez conduit,
> Il a cru vos conseils, sa mort en est le fruit.
>   (V.iii.1425-28)

---

[6] *Oeuvres complètes*, II, 878.

Dans cette tirade elle développe un thème auquel elle avait déjà fait plusieurs fois allusion (V.ii.1415), reprenant les accusations de Jocaste contre Créon (I.v.259 *et seqq.*). Créon, selon elles, est ambitieux et hypocrite (*ibid.*, 316; I.vi.330).

C'est d'ailleurs la vision qu'il a de lui-même, ce qui semblerait indiquer que Racine a voulu que nous le comprenions dans ce sens (III.vi.948-54; V.iii.1564). Mais en même temps on peut se demander s'il ne se voit pas comme l'instrument du sort:

> Plus qu'à mes Ennemis la Guerre m'est mortelle,
> Et le courroux du Ciel me la rend trop cruelle;
> Il s'arme contre moi de mon propre dessein,
> Il se sert de mon bras pour me percer le sein.
> (III.vi.959-62)

> Je demandais au Ciel la Princesse et le Trône,
> Il me donne le Sceptre, et m'accorde Antigone,
> Pour couronner ma tête et ma flamme en ce jour
> Il arme en ma faveur et la haine et l'amour.
> (V.iii.1566-68)

Or, si le ciel détermine la haine des frères indépendamment de Créon, si celui-ci ne fait que servir le destin, il ne peut être considéré responsable des événements, et l'interprétation qu'Antigone donne de son rôle est remise en question. Elle-même, d'ailleurs, tend à se contredire. Même après avoir prononcé la dure accusation contre Créon que l'on vient de lire, quand le malheur devient excessif, quand elle apprend qu'en plus de ses frères son fiancé est mort, elle se retourne contre la Fortune ("Rigoureuse Fortune, achève ton courroux" [V.iii.1447]) ou accuse les dieux de ses malheurs:

> O Dieux! que vous a fait ce sang infortuné,
> Et pourquoi tout entier l'avez-vous condamné!
> N'êtes-vous pas contents de la mort de mon Père,
> Tout notre sang doit-il subir votre colère?
> (II.ii.449-52)

On retrouve tous ces thèmes côte à côte dans le dernier discours de Créon:

> Amour, rage, transports venez à mon secours,
> 1636 Venez et terminez mes détestables jours,
> De ces cruels amis trompez tous les obstacles.
> Toi justifie, ô Ciel, la foi de tes Oracles,
> Je suis le dernier sang du malheureux Laïus,
> 1640 Perdez-moi, Dieux cruels, ou vous serez déçus.
> Reprenez, reprenez cet Empire funeste,
>
> ....

1644 Un coup de foudre est tout ce que je veux de vous.
     Accordez-le à mes voeux, accordez-le à mes crimes,
     Ajoutez mon supplice à tant d'autres Victimes,
     Mais en vain je vous presse, et mes propres forfaits,
1648 Me font déjà sentir tous les maux que j'ai faits.
     Polynice, Etéocle, Iocaste, Antigone,
     Mes fils, que j'ai perdus pour m'élever au Trône,
     Tant d'autres malheureux dont j'ai causé les maux,
1652 Font déjà dans mon coeur l'office de Bourreaux.
     Arrêtez, mon trépas va venger votre perte,
     La foudre va tomber, la Terre est entr'ouverte,
     Je ressens à la fois mille tourments divers,
1656 Et je m'en vais chercher du repos aux Enfers.

Peu avant Créon pensait que les dieux avaient ouvré pour lui; maintenant il leur demande de le tuer (1644). Mais il s'était trompé en s'imaginant que les événements avaient été conduits pour le favoriser. Son voeu actuel ne se réalisera pas non plus: il périra non par la foudre, mais par sa propre vilenie. Le destin, selon ces derniers vers de la pièce, pourrait bien être indépendant de l'intervention des dieux et lié aux passions des hommes. Mais il pourrait tout aussi bien être l'effet d'une certaine justice divine puisque le Mal ne triomphe pas: Créon meurt à la fin de la pièce. Les interprétations diverses du rôle des dieux proposées par les personnages font que les rapports entre l'efficacité de l'oracle, la cruauté, la justice des dieux et les passions des hommes demeurent confus: il n'apparaît pas clairement si les dieux interviennent dans la vie des hommes ou non, s'ils se contentent d'observer les mortels ou s'ils les condamnent, et dans ce cas si, pour exécuter leur jugement, ils laissent les hommes se détruire eux-mêmes par leurs passions, s'ils les chargent d'une hérédité mauvaise, ou s'il y a intervention au sens propre du mot par l'apparition soudaine d'une sorte d'esprit malin destructeur.

L'impression produite par les invocations diverses des personnages de la tragédie est celle de dieux tout-puissants, cruels par leur activité ou par leur indifférence, quoique peut-être justes au fond. Leur intervention présumée est toujours évoquée en terme de "vengeance". Certes, le mot signifie surtout châtiment, punition au dix-septième siècle. Mais cette vengeance est implacable: l'inceste doit être vengé par la haine (IV.i.1024), par la mort et les tourments (II.ii.456; III.ii.676; V.vi.1653).

Le beau monologue de Jocaste au centre de la tragédie nous fournit l'image la plus frappante du destin dans *La Thébaïde*[7].

---

[7] C'est l'un des rares morceaux de la tragédie qui présente une valeur lyrique indépendante de son contexte. Goethe reproduit ces mêmes pensées dans des vers célèbres du joueur de harpe de *Wilhelm Meisters Lehrjahre*, "Wer nie sein Brot mit Tränen ass...":

Dureront-ils toujours ces ennuis si funestes?
676 N'épuiseront-ils point les vengeances célestes?
Me feront-ils souffrir tant de cruels trépas,
Sans jamais au tombeau précipiter mes pas?
O Ciel! que tes rigueurs seraient peu redoutables,
680 Si la foudre d'abord accablait les coupables,
Et que tes châtiments paraissent infinis,
Quand tu laisses la vie à ceux que tu punis!
Tu ne l'ignores pas, depuis le jour infâme,
684 Où de mon propre Fils je me trouvai la Femme,
Le moindre des tourments que mon coeur a soufferts,
Egale tous les maux que l'on souffre aux Enfers.
Et toutefois, ô Dieux, un crime involontaire,
688 Devait-il attirer toute votre colère?
Le connaissais-je, hélas! ce Fils infortuné,
Lorsque dedans mes bras vous l'avez amené?
C'est vous dont la rigueur m'ouvrit le précipice.
692 Voilà de ces grands Dieux la suprême justice,
Jusques au bord du crime ils conduisent nos pas,
Ils nous le font commettre, et ne l'excusent pas.
Prennent-ils donc plaisir à faire des coupables,
696 Afin d'en faire après d'illustres misérables,
Et ne peuvent-ils point quand ils sont en courroux,
Chercher des criminels à qui le crime est doux?

Les dieux exercent une justice presque ironique, en tous les cas excessive, contre ceux qui, dans leur culpabilité, sont des victimes. Antigone, quoique soumise comme Jocaste d'Euripide, les accuse d'être insatiables. Les questions que pose sa mère sur le rôle du destin sont plus valables, parce qu'esthétiquement plus convaincantes, que les solutions disparates proposées au cours de la pièce, que les réponses plus contradictoires que dialectiquement synthétiques du dernier discours de Créon. Racine n'a pas su choisir entre les interprétations multiples de la signification du destin qui se sont présentées à lui, mais l'impression dominante est créée par les questions accusatrices, méfiantes, ironiques de Jocaste.

2. *Alexandre* et *Andromaque*

Dans *Alexandre* Racine semble vouloir prendre en tout le contrepied de *La Thébaïde*: son sujet n'est plus mythologique, l'amour, plus ou moins banni de la première pièce, y passe au premier plan, les personnages, au lieu d'être presque tous méchants, sont presque tous bons.

"Ihr führt ins Leber uns hinein, / Ihr lasst den Armen schuldig werden, / Dann überlasst Ihr ihn der Pein, / Denn jede Schuld rächt sich auf Erden"; prononcés par cette figure oedipienne, ils traduisent peut-être le souvenir de ce passage de *La Thébaïde*.

Rien d'étonnant à ce que le thème des dieux et du destin, si importants dans la pièce précédente, n'y joue aucun rôle.

Andromaque y touche à peine davantage. Certes, dans un dernier effort pour sauver son fils, Andromaque dit à Pyrrhus: "je me suis quelquefois consolée / Qu'ici, plutôt qu'ailleurs, le sort m'eût exilée" (III.vi.933-34). Mais tout obsédée qu'elle est de la mort d'Hector et du sac de Troie, elle ne soulève jamais la question—si importante chez Homère—du rôle des dieux dans ces événements. Quand les Grecs viennent demander la mort de son fils, elle ne se plaint pas d'un sort qui la poursuivrait; c'est Pyrrhus qu'elle accuse de la persécuter ("Mais il me faut tout perdre, et toujours par vos coups" [I.iv.280]). Hermione, de son côté, ne se lamente jamais que Pyrrhus ait vu, et ainsi aimé, Andromaque avant de la rencontrer elle-même. Tout demeure sur le niveau d'une psychologie très humaine dans cette pièce; toute transcendance, toute question métaphysique est exclue comme systématiquement.

Un seul personnage tient parfois un autre langage: Oreste conserve quelque chose de son origine antique. Quoique Racine ne fasse guère allusion au passé du fils de Clytemnestre, le mot "destin" revient fréquemment dans sa bouche. Dès le vers 2 il loue la Fortune de lui avoir fait retrouver Pylade. Il s'interroge sur ce que lui réserve le destin, il accuse le destin de l'avoir fait courir vers ce qu'il évitait, la rencontre avec Hermione (I.i.66). Le vers célèbre "Je me livre en aveugle au destin qui m'entraîne" (*ibid*., 98), s'il nous apprend beaucoup sur la lucidité d'Oreste, nous informe moins sur la conception du destin chez Racine en 1667 puisqu'on lisait jusqu'en 1687: "Je me livre en aveugle au transport qui m'entraîne." Le rôle essentiel du mot "destin" chez lui semble être de colorer de sérieux le langage galant ("Le destin d'Oreste / Est de venir sans cesse adorer vos attraits, / Et de jurer toujours qu'il n'y viendra jamais" [II.ii.482-84]; "Sur mon propre destin je viens vous consulter" [517]). Il est vrai que, si Hermione, exaspérée, rejette d'abord ses grands mots où elle ne voit qu'une excuse à sa passivité, et engage Oreste à se tourner vers l'avenir et à prendre sa vie en main (II.ii.505 *et seqq*.) ce "destin" qui marquerait Oreste lui revient à l'esprit quand, dans son égarement à la fin de la pièce, elle s'évertue pour trouver un objet à sa haine:

> Voilà de ton amour le détestable fruit:
> Tu m'apportais, cruel, le malheur qui te suit.
> (V.iii.1555-56)

Mais cette injure reste isolée. Au fond, personne, dans *Andromaque*, n'accepte le "destin" d'Oreste, ni Hermione, ni même Pylade, qui préfère parler de la "mélancolie" de son ami (I.i.17).

Pour Oreste lui-même, Hermione l'a bien vu, son "destin" est essentiellement un prétexte à la plainte et à la passivité (IV.iv.1236). Une fois seulement il l'utilise pour se pousser à l'action. C'est quand, désespéré du revirement de Pyrrhus—qui ayant d'abord refusé avec hauteur l'ultimatum grec, vient de lui annoncer qu'il l'accepte au contraire, qu'il livre Astyanax et épouse Hermione le lendemain—Oreste décide d'enlever la fille d'Hélène et d'empêcher à tout prix ce mariage qu'elle désire. Aux diverses mauvaises raisons qu'il énumère pour justifier son action il ajoute celle-ci:

> Mon innocence enfin commence à me peser.
> Je ne sais de tout temps quelle injuste puissance
> Laisse le crime en paix et poursuit l'innocence.
> De quelque part sur moi que je tourne les yeux,
> Je ne vois que malheurs qui condamnent les Dieux.
> Méritons leur courroux, justifions leur haine,
> Et que le fruit du crime en précède la peine.
> (III.i.772-78)

Le spectateur ne s'arrêtera pas à cette accusation contre le destin dans la bouche d'un homme poussé à la limite de sa patience. S'il le faisait, il se trouverait dans un labyrinthe de contradictions. Il devrait d'abord poser que le passé d'Oreste dans *Andromaque* est celui de l'*Orestie* à laquelle, nous l'avons vu, Racine ne fait jamais allusion. Mais nous ne lui en connaissons pas d'autre. Dans le contexte de ce mythe, Oreste était bien innocent quand sa mère voulut le faire mourir de peur qu'il ne venge un jour le meurtre de son père. Mais après avoir tué sa mère, l'était-il encore? Certes, il avait agi sur l'ordre d'Apollon; mais les Furies le trouvaient néanmoins coupable, et il faudra l'intervention d'Athènes pour leur faire lâcher leur proie. L'Oreste de Racine, s'il a le passé de celui des Grecs, avait donc déjà "mérité la haine" des dieux par un meurtre quand il devint l'amant d'Hermione. Si au contraire il ne s'agit que de l'Oreste d'*Andromaque*, sans passé autre qu'amoureux, nous ne voyons guère qu'il ait tant souffert de persécutions divines[8]. En fait Racine ne nous laisse pas le temps de méditer sur le sens des paroles d'Oreste: nous sommes en pleine action, à un point tournant du drame dont Oreste peut faire dévier le cours. Son discours ne sert qu'à éclairer son état psychologique, à exposer un désespoir si profond qu'il mène à la folie et change entièrement le caractère d'un homme essentiellement passif, pour le projeter dans le monde des décisions. Le problème du destin ne se pose pas pour le spectateur qui plaindra Oreste et, sans examiner davantage, le trouvera injuste dans ses accusations contre les dieux, de l'injustice

---

[8] Voir à ce propos, R.C. Knight, "Les Dieux païens dans la tragédie française".

compréhensible des malheureux. Racine s'est contenté d'emprunter un peu de couleur mythologique pour donner du relief à son personnage, mais ne va pas au delà.

C'est cette couleur mythologique qui donnera encore leur force aux derniers vers d'Oreste, et aidera le spectateur à accepter sa folie et la forme qu'elle prendra.

> Grâce aux Dieux! Mon malheur passe mon espérance:
> Oui, je te loue, ô Ciel, de ta persévérance.
> Appliqué sans relâche au soin de me punir,
> Au comble des douleurs tu m'as fait parvenir.
> Ta haine a pris plaisir à former ma misère;
> J'étais né pour servir d'exemple à ta colère,
> Pour être du malheur un modèle accompli.
> Hé bien, je meurs content, et mon sort est rempli.
>
> (V.v.1613-20)

Un amant rejeté de façon si brutale et si injuste peut exciter notre pitié; il s'y mêlera davantage de terreur si nous pensons être les témoins non des conséquences d'un amour contrarié, mais de la conclusion d'une longue série de malheurs extraordinaires aux dimensions légendaires. Oreste ne s'est guère imposé au spectateur comme personnage héroïque jusqu'ici. Pour donner tout son poids dramatique à la fin de la tragédie, pour nous émouvoir en faveur d'un personnage qui nous intéressait assez peu auparavant, Racine joue sur les souvenirs littéraires du spectateur et jette négligemment sur les épaules d'Oreste le majestueux manteau d'Eschyle. Et quand Oreste, dans sa folie, verra les Furies s'avancer vers lui, le spectateur pensera que le fils d'Agamemnon et de Clytemnestre connaît déjà les cruelles "filles d'enfer", et il acceptera de voir en effet, comme l'objet choisi de la colère des dieux, celui qui jamais ne trouvera ni paix ni bonheur.

L'emploi décoratif et presque un peu malhonnête que Racine, si authentique en général, fait du destin dans *Andromaque*, révèle le souci du jeune auteur d'éviter les difficultés qui l'avaient tant embarassé lors de *La Thébaïde*. Par le lien étroit qui les rattache les uns aux autres, les personnages d'*Andromaque* ont tissé leur propre destin. Leur regard ne quitte pas un instant celui ou celle dont ils dépendent et il ne reste aucune place dans le déroulement frénétique de l'action pour une intervention venue de l'extérieur.

3. *Britannicus*

Britannicus reprend pour la première fois depuis *La Thébaïde* un thème qui, à partir de *Phèdre*, s'associera à celui du destin, le thème de l'hérédité, de la tare héréditaire. Dans *La Thébaïde* Jocaste voyait une "pente funeste" au crime chez ses deux fils, la conséquence de leur naissance d'un "sang incestueux". Dans *Britannicus* il s'agit plus simplement de prédispositions du caractère de Néron. Agrippine dit de lui dans la première grande tirade de la pièce:

> Il se déguise en vain: je lis sur son visage
> Des fiers Domitius l'humeur triste et sauvage.
> Il mêle avec l'orgueil qu'il a pris dans leur sang
> La fierté des Nérons qu'il puisa dans mon flanc.
> (I.i.35-38)

Dans ces traits elle voit le danger que "l'avenir détruisant le passé, / Il ne finisse ainsi qu'Auguste a commencé".

On pourrait, à lire ces vers, croire que la prédestination va être l'un des thèmes majeurs de la pièce, d'autant plus qu'Agrippine avait déjà parlé de prédiction réalisée à son arrivée sur scène, proclamant: "Tout ce que j'ai prédit n'est que trop assuré" (I.i.9). En fait, le thème de l'hérédité n'est jamais repris explicitement et aucun lien n'est établi avec le destin ou la volonté des dieux. Les remarques d'Agrippine sur le caractère de son fils préparent seulement le spectateur à accepter l'influence néfaste de Narcisse comme flattant un penchant naturel chez Néron, penchant au mal dont parle aussi Burrhus sans l'attribuer à l'effet de l'hérédité:

> Enfin, Burrhus, Néron découvre son génie.
> Cette férocité que tu croyais fléchir
> De tes faibles liens est prête à s'affranchir.
> En quels excès peut-être elle va se répandre!
> (III.ii.800-03)

Mais un peu plus tard ses convictions morales effacent ses craintes et il proclame hautement que Néron est libre de choisir:

> C'est à vous à choisir, vous êtes encor maître.
> Vertueux jusqu'ici, vous pouvez toujours l'être.
> (IV.iii.1339-40)

Et en effet, Néron choisit d'abord la voie de Burrhus.

S'il y a une prédétermination dans *Britannicus* elle ne provient pas d'un passé lointain en dehors de notre contrôle, mais du passé immédiat que nous créons à chaque instant. Néron se sent d'abord enchaîné par trois ans de vertu (*ibid.*, 1332; II.ii.462) que tout le monde lui rappelle en effet dans l'attente qu'ils déterminent ses actions futures. En reniant ce passé, en faisant assassiner Britannicus, il s'en crée un autre, dont Burrhus et Agrippine entrevoient clairement le prolongement fatal dans un avenir criminel qui, les spectateurs le savent, se réalisera en effet.

> Mais si de vos flatteurs vous suivez la maxime,
> Il vous faudra, Seigneur, courir de crime en crime,
> Soutenir vos rigueurs par d'autres cruautés,
> Et laver dans le sang vos bras ensanglantés.
> (IV.iii.1343-46)

> Je prévois que tes coups viendront jusqu'à ta mère.
> (V.vi.1676)

A un niveau plus profond c'est, bien entendu—nous en avons parlé plus haut—le désir de liberté, de se libérer de sa mère en particulier, qui détermine la conduite de Néron. Il n'y a, dans *Britannicus*, de fatalité qu'intérieure.

Il se peut que le spectateur quitte son fauteuil avec le sentiment que la chute de Néron était inévitable, parce que ses connaissances historiques la lui faisaient anticiper. Il se peut même que les paroles prophétiques d'Agrippine, dûment soulignées par une grande actrice, lui en paraîtront l'explication, et qu'il voie en Néron un homme condamné par une lourde hérédité dont les enseignements de Burrhus n'avaient aucune chance d'enrayer l'effet. Mais cette hérédité n'est pas ressentie comme une fatalité par celui qui en serait la victime—Néron n'en parle jamais. Il ne voit pas se dresser en face de lui un destin étranger auquel il doit se plier[9]. Dans *Britannicus* Racine ne s'intéresse pas, comme dans *La Thébaïde* ou les dernières pièces, au rôle du destin, à la conduite de l'homme face à des décrets absolus qui s'imposent à lui de l'extérieur.

4. *Bérénice*

La situation, dans *Bérénice*, est totalement renversée. Dans cette pièce où le souvenir du règne de Néron, encore tout récent, est plusieurs fois évoqué, le climat moral, la conduite des personnages sont d'un ordre entièrement différent. Nous voyons un empereur romain accepter les conseils d'un Burrhus, d'un Paulin, se conformer à la loi du Sénat au lieu de ne viser qu'à humilier Rome pour satisfaire à ses propres passions. Enfin on voit les protagonistes se mesurer, justement, à un destin.

Il est vrai que le mot "destin" ou ses équivalents chez Racine, s'il apparaît dans *Bérénice*, ne conduit jamais à des réflexions approfondies; le rôle du destin n'est pas examiné et les intentions des dieux ne sont pas mises en cause[10]. Pourtant, si l'on excepte les plaintes amou-

---

[9] Britannicus mentionne le destin, mais il s'agit de vers galants dans le style d'Oreste: "De mes persécuteurs j'ai vu le ciel complice. / Tant d'horreurs n'avaient point épuisé son courroux, / Madame: il me restait d'être oublié de vous" (III.vii.980-82).

[10] Antiochus parle souvent de sa fortune ou de son sort contraires (I.iv.241; V.iv.1296-97). Mais cet emploi des mots reste sans prolongement.

reuses d'Antiochus, le mot est presque toujours prononcé dans le même contexte, à propos de la séparation des amants qu'exige la loi romaine. Titus se plaint que "Telle est ma destinée. / Pour [Bérénice] et pour Titus il n'est plus d'hyménée" (III.i.715-16), et il constate que "le choix des Dieux, contraire à [ses] amours, / Livrait à l'univers le reste de [ses] jours" (II.ii.465-66). Quand une délégation le fait demander au nom de l'Etat alors qu'il était sur le point de courir au chevet de Bérénice, il s'écrie: "Je vous entends, grands Dieux. Vous voulez rassurer / Ce coeur que vous voyez tout prêt à s'égarer" (IV.viii.1245-46).

En fait, s'il n'y a pas d'intervention divine manifeste, la loi romaine qui interdit à un empereur d'épouser une reine a tout le caractère d'un décret des dieux. Toute l'action de la pièce en dépend. Elle remplit la fonction réservée, chez les Grecs comme dans les dernières pièces de Racine, à un destin, manifestation d'une volonté née dans l'au delà. En effet, sauf parfois chez Euripide, la nature de ces décrets divins, de ces oracles si souvent arbitraires, incompréhensibles à la raison jusqu'à paraître absurdes, importe moins que leur caractère absolu et leur rôle d'obstacles au déroulement paisible et sans histoire de la vie des héros. Les protagonistes grecs, comme Titus, font de ces décrets divins une loi intérieure et, abandonnant leur intérêt personnel, borné et égoïste, pour des préoccupations d'un ordre universel ou cosmique, les Oedipe, les Oreste, les Antigone se haussent, croissent au delà des limites de l'individu jusqu'à acquérir une stature héroïque, exemplaire.

Comme les oracles chez les Grecs, la loi qui sépare les amants dans *Bérénice* vient du dehors. Totalement étrangère à la volonté de ceux qui doivent s'y conformer, elle est absolue, tryannique, arbitraire. Elle fait soudain son apparition, obstacle insurmontable au bonheur, à la passion. Ainsi la loi de l'honneur exigeant qu'un soufflet se lave dans le sang, se dressait-elle devant Rodrigue alors qu'il ne rêvait que d'un mariage prochain avec Chimène; ainsi le choix, pour défendre Rome et Albe, de trois frères dans deux familles alliées venait-il séparer brutalement Curiace de Camille. Racine, qu'il ait su ou non que Corneille travaillait sur le même sujet, utilise la convention sociale comme un destin antique d'une manière qui rappelle son aîné: elle vient soudain s'imposer aux héros et change radicalement le cours de leur vie; à travers la lutte intérieure qu'elle provoque, par la victoire difficile où elle aboutit, les protagonistes deviennent héros tragiques.

Toutefois le chemin parcouru par les personnages de Racine ne se confond pas avec celui des héros cornéliens. Rodrigue se reprochait un instant d'hésitation avant de courir venger son père conformément aux décrets de la loi sociale. Les hésitations que se reproche Titus sont longues et douloureuses:

> Sont-ce là ces projets de grandeur et de gloire
> Qui devaient dans les coeurs consacrer ma mémoire?
> Depuis huit jours je règne; et jusques à ce jour,
> Qu'ai-je fait pour l'honneur? J'ai tout fait pour l'amour.
> (IV.iv.1027-30)

En fait, même s'il se veut décidé dès son entrée en scène, Titus ne sait pas jusqu'au dernier acte s'il aura la force d'agir comme il a résolu de le faire. Ces hésitations n'entraînent pas, chez Racine, le déshonneur, elles n'amoindrissent pas le héros. Titus et Bérénice sont plus conscients que les personnages de Corneille de l'absurdité des lois auxquelles ils doivent obéir, anticipant par là les objections apitoyées des spectateurs. Ils s'arrêtent à la pensée de cette absurdité, à la tentation de circonvenir des coutumes arbitraires. La pièce est faite de ces tentations ("Quoi? pour d'injustes lois que vous pouvez changer, / En d'éternels chagrins vous-même vous plonger?" [IV.iv.1148-50]; "Rome peut par son choix justifier le mien" [IV.iv.1009]). Mais ils doivent reconnaître que ces lois sont en dehors de leur contrôle, au delà du règne de la raison, qu'il est des lois absolues que nul ne peut ébranler ("N'en doutez point, Seigneur. Soit raison, soit caprice, / Rome ne l'attend point pour son impératrice" [II.ii.371-72]; "Rome, par une loi qui ne se peut changer, / N'admet avec son sang aucun sang étranger" [*ibid.*, 377-78]; "Titus, ouvre les yeux! / … N'es-tu pas dans ces lieux / Où la haine des rois, avec le lait sucée, / Par crainte ou par amour ne peut être effacée?" [IV.iv.1013-16]). D'autre part, pour le héros qui l'a reconnu, refuser le destin qui s'est manifesté, c'est vider la vie de son sens comme le fait Néron lorsqu'il croit trouver la liberté et s'enfonce dans le désarroi. Les alternatives à la soumission sont la perte de soi dans une vie d'esclave (V.vi.1000-06; IV.iv.1024-26) ou le suicide (V.v.6).

Aussi la décision de Titus naît-elle du moment qu'il se reconnaît Romain et empereur (II.ii.459-61; IV.iv; IV.v.1156-68; V.vi). Dès lors, la loi de Rome ne lui est plus extérieure. Intériorisée, elle constitue son destin. Bérénice, non Romaine, dépendant de Titus, reconnaît son destin moins dans la loi de Rome que dans la décision de celui qu'elle aime. Mais tout en faisant triompher le devoir dans la vie des deux protagonistes, Racine s'efforce de ne pas laisser annihiler tout sentiment humain. Il rejoint le Corneille des débuts chez qui Chimène pouvait revendiquer à la fois son amour et exiger la mort de son amant, et Curiace pouvait refuser d'oublier son amitié pour Horace en acceptant de chercher à le tuer[11].

---

[11] Tout autre est le Corneille de *Tite et Bérénice* qui fait exiger de Domitian par Domitie qu'il lui prouve son amour en la cédant à Tite, en s'employant même pour que se fasse

Dans *Bérénice* Racine permet aux personnages de gagner leur dignité et leur grandeur à travers l'amour, alors que pour Pyrrhus, Néron, Mithridate, Eriphile, les mal aimés qu'obsède seule leur passion, l'amour n'apporte que le désespoir, les entraînant dans un monde de duperie, de mensonge et de crime. Titus et Bérénice ne posséderont pas, eux non plus, l'être aimé. Mais leur renoncement est précédé d'une assurance d'amour qui précise les limites de ce renoncement: ce n'est pas l'amour mais la présence physique qui est sacrifiée:

> J'aimais, Seigneur, j'aimais: je voulais être aimée.
> Ce jour, je l'avoûrai, je me suis alarmée:
> J'ai cru que votre amour allait finir son cours.
> Je connais mon erreur, et vous m'aimez toujours.
> Votre coeur s'est troublé, j'ai vu couler vos larmes;
> Bérénice, Seigneur, ne vaut point tant d'alarmes,
> Ni que par votre amour l'univers malheureux,
> Dans le temps que Titus attire tous ses voeux
> Et que de vos vertus il goûte les prémices,
> Se voie en un moment enlever ses délices.
>   (V.vii.1479-88)

Le premier de ces vers, dans son langage presque bégayant, si proche de la prose, montre dans leur simplicité initiale les rapports des amants avant l'intervention du destin. Ayant constaté la permanence de cet amour, Bérénice s'efface devant l'univers pour que, dans un langage qui continue d'être celui de l'amour, Titus puisse en former "les délices". Les derniers vers de la pièce qui, dans leur générosité, incluent Antiochus, ne proclament pas tant la force de la volonté comme ce serait le cas chez Corneille, que celle de l'amour, un amour projeté hors de ses limites corporelles:

> Adieu: servons tous trois d'exemple à l'univers
> De l'amour la plus tendre et la plus malheureuse
> Dont il puisse garder l'histoire douloureuse.

L'amour a ainsi acquis une nouvelle dimension spatiale et temporelle. L'intervention du destin, accepté par tous les personnages, l'a arraché à l'histoire intime pour le transposer dans l'histoire exemplaire.

Le rôle que joue ici le destin diffère de celui de *La Thébaïde* où il écrase les protagonistes comme il écrase Oreste. Dans *Bérénice*, pour la première fois chez Racine, il y a une participation active de la volonté des personnages avec les décrets du destin.

L'accent, dans la conclusion de la pièce, est mis sur le renoncement

ce mariage indispensable à sa conception de la gloire. Il faudra attendre *Pulchérie* pour que le vieil auteur retrouve un accent moins strident.

à l'être aimé et la survie de l'amour. Toutefois, en sacrifiant ses intérêts personnels à l'ordre social Titus se dresse aussi contre le désordre. Il refuse de "fonder [son bonheur] sur le débris des lois" (II.ii.470). Si les Romains se révoltent comme l'entrevoit Bérénice ("Ne l'entendez-vous pas, cette cruelle joie?" [V.iv.1315]), il prévoit qu'il "faudra... par le sang justifier [son] choix" ou acheter leur indulgence, ce qui l'empêchera de maintenir d'autres lois nécessaires à l'ordre de l'empire (IV.v.1139). A la fin de la pièce, par le départ de Bérénice, l'ordre est affermi. C'est un ordre sans joie—le vers claudiquant de Titus l'exprime parfaitement: "Mais il ne s'agit plus de vivre, il faut régner" (IV.v.1102)—comme c'est souvent le cas dans les pièces de Racine où le destin s'est dressé contre les passions porteuses de désordre, mais un ordre néanmoins tel que Racine semble en avoir ressenti la nécessité.

Bérénice tient une place à part dans l'oeuvre de Racine relativement à la question du destin comme à tant d'autres égards. C'est la seule des pièces de cette époque, se situant entre *La Thébaïde* et *Iphigénie*, où les actions des personnages sont déterminées par une intervention de l'extérieur à caractère de destin plutôt que par l'amour exclusif ou l'ambition de l'individu. Lorsque le destin à proprement parler fait son apparition dans ce théâtre, dans *La Thébaïde* ou les dernières pièces, il est la manifestation d'une puissance divine connue des personnages et réelle, dieux ou Dieu, non, comme dans *Bérénice*, d'une loi abstraite et désincarnée. Mais constater que le destin ne revêt jamais, chez le Racine de cette époque, tout à fait la forme qu'il assume dans *Bérénice*, ce n'est pas dire que le poète s'y écarte de ses convictions. En effet, dans *Phèdre* en particulier, où l'acceptation d'une loi extérieure intériorisée joue aussi un rôle important, nous verrons qu'un lien étroit existe entre la loi sociale et le destin, qui peut sembler y exprimer la volonté des dieux. D'autre part on trouve dans les pièces sans destin qui précèdent ou qui suivent *Bérénice* des personnages— que ce soit Andromaque, Junie ou Monime—dont l'adhésion à une loi intérieure révèle qu'ils sont de la famille de Titus et de Bérénice, et qui, comme ceux-ci, acquièrent par cette adhésion une stature les séparant de ceux qu'aveuglent leurs intérêts égoïstes[12].

Malgré ses différences *Bérénice* rejoint donc les pièces sans destin et

---

[12] On peut naturellement dire que du point de vue psychanalytique le renoncement comme l'action héroïque est une exaltation du moi qui comporte sa propre satisfaction, soit masochiste, soit sadique. Pour l'homme qui a besoin de l'illusion de liberté pour vivre, il n'en est pas moins vrai que le renoncement à la satisfaction immédiate de ses désirs semble la voie la plus difficile; c'est à ce niveau de conscience que se placent ces réflexions.

annonce les pièces avec destin manifeste. Elle se distingue toutefois de celles-ci par un certain optimisme ou, plus précisément, par une ouverture sur l'avenir. Certes les personnages, Bérénice, Titus, Antiochus, se dirigent, à la fin de la tragédie, vers un avenir qu'ils envisagent avec désespoir—le "Hélas" qui conclut la pièce, s'il est prononcé par Antiochus, n'est étranger aux sentiments de Titus et de Bérénice que dans la mesure où ils ont renoncé à leur passivité pour reprendre leur vie en main. Néanmoins, nous l'avons vu, par le "Servons tous trois d'exemple à l'univers" Racine admet l'avenir. Les dernières paroles de Bérénice deviennent l'art qui fixe et immortalise les rapports des trois amis. Dans une belle tirade Iphigénie projetait elle aussi son destin vers Homère avant que Racine ne le lui soutire pour le remplacer par une fausse justice. Il n'y a aucune trace d'une telle ouverture vers l'avenir, réconciliation et rédemption, dans la première ni les dernières pièces de Racine.

5. *Bajazet*

Dans *Bajazet* comme dans *Bérénice* une vieille coutume qui s'oppose au mariage du souverain joue un rôle déterminant. Elle n'y joue pas le rôle du destin. *Bérénice* se déroule sous le signe de la loi. Dans *Bajazet* toutes les barrières physiques et morales, déclarées ou implicites, ont été brisées avant même le lever du rideau. On entre dans le "sérail" défendu aux hommes, ceux qui ne devaient jamais se rencontrer se voient, s'entretiennent, complottent. La crainte est le mot-clef de ce royaume, ce qui ouvre le champ au règne du mensonge et des intrigues. Ainsi même la loi contre le mariage des sultans qu'invoque Bajazet pour ne pas épouser Roxane, perd sa valeur tragique. Au lieu d'être le barème d'une conduite morale, comme dans *Bérénice*, elle n'est que subterfuge, le prétexte qui permet à Bajazet de résister aux insistances de Roxane et de protéger son amour pour Atalide.

Certes, Bajazet se soumet à une loi personnelle, celle de ne pas trahir Atalide. Une loi de cette nature peut donner quelque dignité aux personnages, mais justement parce qu'elle est personnelle, non extérieure, universelle, difficile à accepter puis intériorisée, parce qu'elle est en outre entachée de déception, elle ne mène ni au tragique ni à la vraie grandeur. Son caractère privé est souligné par Acomat, le mentor de Bajazet qui le pousse à se révolter contre le sultan son frère:

> La plus sainte des lois, ah! c'est de vous sauver.
>
> (II.iii.580)

La fidélité aux promesses qui fait aussi partie du code privé de Bajazet n'a pas davantage de valeur selon le vizir:

> Le sang des Ottomas
> Ne doit pas en esclave obéir aux serments.
>   (II.iii.643-44)

L'invocation au destin et aux dieux est presque toujours mise dans la bouche d'Atalide, le personnage le plus passif de la tragédie. Les dieux tels qu'elle les conçoit sont justes, et leur univers est à l'opposé de celui de la pièce. Aussi Atalide parle-t-elle surtout de la feinte à leur propos. Elle s'attend à ce que les dieux la punissent, elle les prie de ne pas le faire (I.iv.418-20), elle reconnaît qu'il l'ont fait avec justice (II.v.665). Mais s'il est un au delà dans *Bajazet*, un monde moins tortueux, aux lois plus stables et aux dieux justes, rien n'indique que ceux-ci agissent sur les hommes ou sur les événements. Atalide peut penser un instant que le ciel a sauvé Bajazet innocent (V.ix); elle est détrompée dès la scène suivante.

Le mot "destin" revient plus souvent dans *Bajazet* que dans les pièces précédentes, mais c'est, la plupart du temps, une exclamation sans prolongement, soit que Acomat, avant de passer à l'action, s'écrie: "Ah! destins ennemis, où me réduisez-vous?" (V.xi), soit que, tout en évoquant la "cruelle destinée", Atalide s'accuse elle-même longuement d'avoir causé la mort de son amant (V.ii.1721-32).

Il s'agit dans *Bajazet* d'un monde atrocement humain, où les lois divines n'ont pas de place. Le rôle du destin a été usurpé par les hommes. Roxane, usurpatrice au degré second puisqu'elle n'a reçu elle-même le pouvoir que d'Amurat, tient néanmoins entre ses mains le sort des autres pendant près de cinq actes.

> Maîtresse du Sérail, arbitre de ta vie,
> Et même de l'Etat, qu'Amurat me confie.
>   (V.iv.1529-30)

> Songez-vous que je tiens les portes du Palais,
> Que je puis vous l'ouvrir ou fermer pour jamais,
> Que j'ai sur votre vie un empire suprême,
> Que vous ne respirez qu'autant que je vous aime?
>   (II.i.507-10)

"Rentre dans le néant dont je t'ai fait sortir" (II.i.525) s'écrie-t-elle un peu plus loin, s'appropriant le privilège de Dieu même. Mais, elle ne l'ignore pas, ce pouvoir est en fait d'une extrême fragilité. A peine a-t-elle condamné Bajazet à mort qu'elle succombe à son tour à la vengeance d'Amurat.

Amurat nous est d'abord apparu un instant dépendant de la fortune des armes qui seules lui permettront de continuer son règne ou le forceront à fuir (I.i). Quand il fait de nouveau sentir sa présence c'est, avec un pouvoir absolu, comme justicier, sous la forme du noir

Orcan qui punira les feintes et les mensonges. Il semble le destin que craignait Atalide, comme si les dieux empruntaient le visage du diable pour rétablir, par la destruction, l'ordre dans le sérail. Mais il ne s'agit que d'une apparence d'ordre, dénué de stabilité, d'universalité: Amurat, pas plus que Roxane, ne connaît de lois que ses caprices, tuant ses frères ou exterminant les janissaires (I.i), tout au rythme de ses craintes, de ses amours et de ses haines. A son retour de la guerre l'enfer refermera ses portes; derrière elles les passions continueront sans aucun doute à s'entredévorer, dans un monde sans liberté où la Providence ne pourrait pénétrer[13].

6. *Mithridate*

Les dieux sont souvent invoqués en passant mais avec beaucoup de naturel dans *Mithridate*. Il s'agit surtout de courtes prières ou de cris de douleurs dans les moments de péril. C'est le langage de ceux qui croient en eux. Monime en particulier pense que les dieux l'ont secourue en l'aidant à ne pas avouer son amour à Xipharès (II.i.409); ils ont cherché à l'avertir par un pressentiment de ne pas dévoiler cet amour à Mithridate (IV.ii.1237); ils lui inspireront la conduite à tenir quand Mithridate a condamné à mort celui qu'elle aime (*ibid.*, 1263). Mithridate, de son côté les implore pour qu'il ne trouve pas Monime infidèle (II.iii.524). Sa conception des dieux reflète d'ailleurs son naturel: il les voit comme aussi cruels que lui. Ayant décidé de mettre à mort ses deux fils et Monime, il cherche à se justifier en se disant:

> Je vais à Rome, et c'est par de tels sacrifices
> Qu'il faut à ma fureur rendre les Dieux propices.
> (IV.v.1387-88)

Mais ni Monime, ni lui, ni Xipharès, tous pourtant frustrés dans leurs désirs, ne s'en prennent longuement au destin. Monime dit bien une fois "sous quel astre cruel faut-il que je sois née" (I.ii.147), mais elle a accepté sans révolte la décision de sa famille de la marier à un vieillard qu'elle n'aime pas, et elle ne pose pas en martyr. Elle plaindra de même le destin de Xipharès qui ne peut épouser celle qu'il aime (V.ii.1534) et, à la fin de la tragédie, celui de Mithridate si longtemps victorieux, maintenant accablé sous des défaites inaccoutumées (V.v.1647). Mais, comme Atalide, plutôt que d'accuser le sort, elle s'accuse elle-même d'avoir contribué au malheur de Xipharès en avouant à Mithridate l'amour qu'elle porte à son fils. Mithridate, Xipharès ne parleront qu'en passant de la fortune ennemie (III.i.759), du destin qui les poursuit (IV.ii.1218) ou les "outrage" (II.iv.576).

---

[13] Voir O. de Mourgues, *Autonomie de Racine*, p. 133.

Le spectateur est-il plus conscient qu'eux d'une intervention du destin? Il voit déferler sur la tête de Mithridate guerrier une grande vague historique qui devra inévitablement l'écraser, l'expansion de l'Empire romain. Mais de ce fait même, le sort de Mithridate n'éveille pas l'horreur et la pitié du sort d'un Oedipe, d'un Oreste antiques; il n'est pas unique, choisi entre tous par un destin qui l'arrache, innocent, à une vie qui se déroulait normale et paisible. Enfin son énergie empêche qu'il ne fasse figure de victime avant la fin de la tragédie.

D'autre part Racine partage notre attention: sans doute Mithridate, comme guerrier vaincu, est-il l'objet sur lequel s'acharnent des forces historiques, mais il est davantage encore le principe agissant de la pièce en tant que roi féroce et amant jaloux. Rentré à Nymphée, il exerce son autorité tyrannique, absolue, sur tous ceux qui l'entourent. Comme Amurat quoiqu'il ne soit pas un dieu lointain et caché, il va jouer au destin et condamner tour à tour chacun à mort. Son comportement rappelle celui du maître du sérail à d'autres égards encore: il est vindicatif et sans merci; avant de prendre ou de donner la vie, il dupe, il tend des pièges.

Pourtant, si l'on peut dire que Mithridate est le destin de Xipharès et de Monime, c'est moins parce qu'il dispose de leur vie, que dans un sens plus profond, voisin du sens que prend le destin pour Titus et Bérénice: il incarne une loi ennemie de leurs désirs devant laquelle ils s'inclinent. Les deux amants ont en effet choisi de voir Mithridate non comme un personnage soupçonneux, cruel et jaloux, mais dans son rôle social, comme père, comme mari élu par la famille, donc investi d'une autorité légitime. La décision prise par Mithridate d'épouser Monime, le consentement qu'y apporta la famille de celle-ci, étaient jadis venus mettre fin à la croissance paisible de l'amour entre les jeunes gens (I.i.57-60). Ils ont, chacun de son côté, accepté la séparation que ce mariage leur imposait, et la loyauté envers le père et le futur mari, implicite dans cette acceptation, est devenue la loi qui régit leur vie personnelle, une affirmation de l'ordre du royaume et de la famille. Mithridate est l'obstacle qui, empêchant que ne se réalise le bonheur facile des jeunes amants, les force à se définir autrement que l'un par rapport à l'autre. Renonçant à la liberté de la révolte, ils choisissent de vivre sans tricher une vie contraire à leurs désirs.

Mais il vient un moment où la personnalité de Mithridate empiète si largement sur son rôle, que son incapacité de servir d'axe à ce monde de l'ordre devient évidente. En exposant traîtreusement l'amour refoulé de Monime pour Xipharès il rend vain l'effort qu'elle faisait pour vivre selon les normes de conduite qu'elle s'était imposées. Lorsqu'il décide, en outre, de la forcer à l'épouser malgré tout, et de faire mettre à mort Xipharès, Mithridate, nous l'avons vu, perd pour Monime son masque de représentant de l'autorité légitime. Loin de servir l'ordre, il vit dans le monde incertain de la duperie et de la feinte où il veut entraîner Monime en lui imposant un mariage dont tous les deux savent qu'il repose sur le mensonge. Monime alors se révolte et refuse l'obéissance. Elle se libère intérieurement et, n'acceptant plus pour sienne la loi extérieure telle que Mithridate la représentait, proclame sa propre loi, le refus de vivre dans le mensonge. Ainsi, après avoir été selon toute apparence une petite fille sage qui se soumettait sans poser de questions à l'autorité imposée, Monime devient adulte, indépendante d'une autorité extérieure, consciente de ses propres convictions, semblable à Junie face à Néron. Elle en est récompensée puisque Racine a donné une fin heureuse à la pièce dont il est l'ultime destin: Mithridate meurt alors que Xipharès et Monime, ayant tous deux échappé de justesse à la mort, sont réunis par lui.

Il n'y a donc pas, dans *Mithridate*, de destin explicite, lié à une intervention des dieux ou à une conscience de leur volonté. L'ordre y est primordial, mais il n'est lié ni à un dieu, ni à une loi absolue ayant fonction de destin. Il est intérieur, propre à la volonté de Monime et de Xipharès. Mithridate, menteur, passionné, sur qui ces vrais représentants de l'ordre le projettent d'abord, ne saurait l'incarner. Aussi aucune pièce ne montrera-t-elle de façon aussi évidente que le sens de l'ordre peut survivre, indépendamment de toute incarnation extérieure à l'individu. Quant aux questions qui sont soulevées à partir d'*Iphigénie* relativement au destin ou aux dieux, questions sur leur justice, mais plus encore sur la responsabilité des hommes, elles ne se présentent pas ici.

II

RETOUR AUX SUJETS GRECS

1. *Iphigénie*

Le destin, muet depuis *La Thébaïde*, se manifeste à nouveau dans *Iphigénie* par la voix des oracles. Les dieux-destin ont mis en branle l'action. La situation paraît sans issue, les Grecs assemblés en Aulide ne peuvent avancer contre Troie parce que le vent est refusé à leurs voiles. Alors l'oracle se prononce et "Iphigénie" est désignée explicitement comme victime et condition de la faveur météorologique céleste. Quand le sacrifice aura été consommé, les dieux tiendront leur promesse. La pièce se déroule dans le cadre de deux images, celle de l'immobilité des eaux à la première scène, et celle de la tempête à la dernière.

Le surnaturel est donc presenté comme une force réelle et agissante, face à laquelle les hommes doivent prendre position, et toutes les questions que peut soulever une telle présence sont posées: quelle est la nature, le pouvoir des dieux? sont-ils justes ou injustes? Quel est le sens de leur intervention?

Tel qu'il se manifeste à travers l'oracle dans *Iphigénie*, le destin requiert un choix de la part des uns, un simple assentiment des autres. Agamemnon est d'abord libre ou d'abandonner la guerre ou de sacrifier sa fille. L'oracle même ne privilégie pas une solution par rapport à l'autre, et si Agamemnon attribue aux dieux ses rêves qui lui reprochent sa "pitié sacrilège", ce n'est qu'après avoir reconnu qu'il s'était senti "charmé de [son] pouvoir" et "de [sa] grandeur" (I.i.80). Les termes ne changent que du moment où Agamemnon a promis de livrer Iphigénie: dès lors ils sont l'obéissance contre la désobéissance aux dieux. Iphigénie a un choix beaucoup plus circonscrit qu'Agamemnon, semblable au choix de Titus, au choix de Phèdre: elle peut accepter intérieurement un destin qui s'impose à elle de l'extérieur, ou elle peut se révolter; elle ne peut y échapper. Son destin repose sur la décision de son père, non sur la déclaration de l'oracle dont la seule menace concerne le refus de vents favorables à l'expédition contre Troie.

Les dieux de l'oracle n'imposent pas le sacrifice humain, mais ils en présentent la possibilité, bien plus, la tentation:

> Pour obtenir les vents que le ciel vous dénie
> Sacrifiez Iphigénie.
>
> (I.i.61-62)

La formule contient une promesse dont le volet sanglant mène les personnages concernés à s'interroger sur la nature des dieux. Agamemnon pense un instant qu'il s'agit peut-être d'une épreuve (I.i.123) et hésite à accepter l'idée que "la justice [du ciel] / Approuve la fureur de ce noir sacrifice" (*ibid*., 121-22). Clytemnestre ne veut pas non plus croire à la cruauté des dieux. Pour elle ils sont justes ("Les Dieux ordonneraient un meurtre abominable?" [III.v.921]), et elle maintient cette position dans l'amère tirade d'accusation qu'elle prononce contre son mari:

> Un oracle fatal ordonne qu'elle expire.
> Un oracle dit-il tout ce qu'il semble dire?
> Le ciel, le juste ciel, par le meurtre honoré,
> Du sang de l'innocence est-il donc altéré?
>
> (IV.iv.1265-68)

Pour elle, la cruauté et l'injustice sont l'apanage d'Agamemnon, non des dieux. Pourtant elle s'en remet à Achille et non aux dieux pour défendre sa fille contre l'arrêt du sacrifice (II.v.937-40).

C'est Eriphile qui a les paroles les plus dures à l'endroit des dieux qu'elle voit acharnés à la tourmenter (II.i; IV.i). Puisqu'Iphigénie, innocente, sera finalement épargnée, que l'oracle exigeant un sacrifice humain vise en fait la fille d'Hélène, la question de la justice ou de l'injustice des dieux dans *Iphigénie* doit être posée à son propos.

Eriphile est un personnage que Racine s'est employé à rendre peu sympathique. Eprise d'Achille, et honteuse de l'être, elle est néanmoins si jalouse d'Iphigénie qu'elle fait tout pour la perdre. Alors qu'Iphigénie se montre pleine de gentillesse et de compassion pour la belle prisonnière d'Achille, qu'elle intervient auprès de son fiancé pour qu'il lui rende sa liberté, refusant de parler de son propre mariage avant qu'il ne se soit prononcé, Eriphile ne songe qu'à nuire à sa rivale et, en trahissant le projet de fuite qui pourrait encore la sauver, fait en sorte que Calchas retrouve la victime qu'il réclame. Aussi lorsqu'à la dernière scène le spectateur apprend que l'oracle sanguinaire désignait Eriphile et non Iphigénie, que la brebis sans tache sera remplacée à l'autel du sacrifice par le bouc émissaire, il pousse un soupir de soulagement: les dieux ne sont pas cruels, assoiffés de sang innocent; ils sont justes et punissent les coupables.

Mais à la réflexion, la mort d'Eriphile est-elle vraiment un signe de la justice des dieux? L'oracle qui demandait son sacrifice a été prononcé bien avant qu'elle ait pu mériter d'être punie pour avoir livré Iphigénie à la mort, quoiqu'on puisse peut-être trouver une culpabilité d'intention chez celle qui "n'accepte la main qu'[Iphigénie lui] a présentée / Que pour [s']armer contre elle" et "traverser son bonheur" qu'elle ne "[pouvait] souffrir" (II.i.506).

Mais la culpabilité d'intention mérite-t-elle la mort? L'oracle qui condamne Eriphile a été prononcé plus d'un mois avant le début de la journée où elle essaye de livrer Iphigénie à Calchas[1]. S'il s'agissait d'un drame chrétien, on pourrait dire que son destin est déterminé par un Dieu qui sait tout, même que l'homme péchera, et qui peut donc projeter une punition avant que la faute ait été commise. Mais rien n'indique que de telles réflexions dussent nous fournir la clef de ce drame païen. Eriphile est-elle donc punie pour le crime d'Hélène? Clytemnestre, reprenant un argument qui se trouve déjà chez Euripide et chez Rotrou a bien suggéré qu'une fille de cette Hélène responsable de la guerre serait une victime plus appropriée que la sienne. Mais la fille d'Hélène qu'invente Racine a été reniée par sa mère, et il n'y a aucune raison de croire que celle-ci puisse être touchée à travers la mort d'une enfant abandonnée.

En fait l'ultime substitution d'Eriphile pour Iphigénie masque l'injustice du sort plus qu'elle ne proclame la justice des dieux, et si on devait leur en attribuer la responsabilité, Eriphile serait bien un être maudit comme Athalie seule nous en fournit peut-être un autre exemple chez Racine.

Mais en fait Eriphile se range parmi les personnages raciniens qui se détruisent par leurs propres passions, et elle est sans doute être maudit en tant qu'être passionné. La langue de Racine nous révèle à quel point passion et destin se confondent chez elle.

Ainsi selon Calchas Eriphile a été amenée jusqu'à l'autel où doit se consommer le sacrifice par "sa noire destinée / Et ses propres fureurs"

[1] L'amour d'Eriphile pour Achille est plus ancien puisque, selon une note manuscrite de Racine (*Oeuvres complètes*, "Les Grands Ecrivains", v. 3, p. 187, n. 1). Achille a conquis Lesbos six mois avant les événements de la pièce. Mais si cet amour est "fatal" aux yeux d'Eriphile, si elle en a honte, il n'est pas coupable et elle y voit non une faute que puniraient les dieux mais, déjà, un signe de leur haine (II.i.486).

(V.vi.1757-58). Dans ses "fureurs" on reconnaît sa passion jalouse alors que "sa noire destinée" a été prédite par deux oracles: elle mourra quand elle apprendra son vrai nom, et elle est l'Iphigénie dont la mort doit faire souffler les vents attendus. Quelques vers plus loin on trouve une juxtaposition semblable; le "furieux" des passions s'empare du "sacré" du destin: "Furieuse elle vole, et sur l'autel prochain / Prend le sacré couteau, le plonge dans son sein" (1775). Le voyage en Aulide où l'attendait la mort s'était fait sur l'insistance d'une "secrète voix", mais cette voix dont on penserait qu'elle se réduit à une impulsion irrésistible du destin, a tout le langage de la passion. Elle suggère à la jeune femme qu'en imposant sa "présence importune" elle pourrait empêcher le mariage projeté entre Iphigénie et Achille (II.i.516-20). Les thèmes du destin ("Au sort qui me traînait il fallut consentir" [515]) et des "fureurs dont [elle est] tourmentée" (505) se mêlent à nouveau. La mort même, décrétée à deux reprises par le destin, n'est pas étrangère aux désirs de l'amour: dès son entrée en scène, Eriphile avait exprimé sa détermination de se suicider si le mariage d'Achille et d'Iphigénie venait à s'achever (II.i.523-28).

Ce que nous avons constaté chez Eriphile se retrouve chez Agamemnon: là aussi le décret des dieux et les passions se mêlent et se confondent. L'aveu à Arcas sur lequel s'ouvre la pièce est révélateur à cet égard du moment que l'on suit de près l'ordre du récit. Les mobiles personnels qui poussent Agamemnon à consentir au sacrifice d'Iphigénie viennent d'abord; les rêves menaçants, massagers de dieux, ne sont présentés qu'ensuite:

> Charmé de mon pouvoir, et plein de ma grandeur,
> Ces noms de roi des rois et de chef de la Grèce
> Chatouillaient de mon coeur l'orgueilleuse faiblesse.
> Pour comble de malheur, les Dieux toutes les nuits,
> Dès qu'un léger sommeil suspendait mes ennuis,
> Vengeant de leurs autels le sanglant privilège,
> Me venaient reprocher ma pitié sacrilège,
> Et présentant la foudre à mon esprit confus,
> Le bras déjà levé, menaçaient mes refus.
> Je me rendis, Arcas.
>
> (I.i.80-89)

Aussi pour Clytemnestre les dieux sont-ils hors de cause:

> Cette soif de régner, que rien ne peut éteindre,
> L'orgueil de voir vingt rois vous servir et vous craindre,
> Tous les droits de l'empire en vos mains confiés,
> Cruel, c'est à ces Dieux que vous sacrifiez.
>
> (IV.iv.1289-92)

En effet, l'oracle ne demandait d'abord à Agamemnon que de choisir entre son amour paternel, réel, Racine sait nous en convaincre, et son amour de la gloire. Faux Abraham, Agamemnon n'est pas mu par une piété aveugle et soumise envers les dieux quand il décide de sacrifier Iphigénie, mais par son ambition et sa vanité qu'ils ont promis de récompenser. N'ayant pas su résister à la tentation de la gloire, il est ensuite pris dans un dilemme plus grave puisqu'en changeant d'avis il manque à la promesse faite aux dieux. Cependant Ulysse ne le menace pas de la colère des dieux bafoués, mais de celle du prêtre Calchas qui a promis le vent au peuple et tient à soutenir sa réputation (I.v). Les décisions d'Agamemnon seront à nouveau dictées par des mobiles personnels, par la crainte d'Ulysse, de Calchas, de Clytemnestre, par le sentiment de rivalité avec Achille et, il faut l'ajouter, par son amour pour sa fille (I.iii; IV.v; IV.vii).

Mais en fait le dilemme d'Agamemnon est un faux dilemme puisque le destin est un faux destin, et l'angoisse qu'a provoquée l'oracle tournait à vide pour lui comme pour tous les autres personnages. La substitution d'Eriphile à Iphigénie comme victime expiatoire pour un crime inconnu jette l'ombre de son ambiguïté sur la pièce entière. Tout y prend un double, un triple sens: nous sommes plongés en plein théâtre de l'illusion, où tout se dérobe, où tout est jeu, un théâtre baroque par excellence. Il est significatif à cet égard qu'*Iphigénie* ait d'abord été un divertissement de cour. Les personnages se débattent dans une nuit pareille à celle qui couvre l'Aulide à la première scène, mal guidés par un "faible jour". Ils se perdent, ils s'égarent comme Clytemnestre et Iphigénie à l'entrée du camp qu'elles cherchent dans l'obscurité (I.iv.341-44), qu'elles se croient heureuses d'avoir trouvé alors qu'elles auraient pu être sauvées en ne le trouvant pas. Ou n'est-ce qu'une illusion de plus? A l'autel où l'hyménée et une nouvelle vie devaient se préparer pour Iphigénie elle se voit attendue par la mort. Mais c'est une fausse alerte: l'Hyménée reparaît et l'ironie tragique atteint Eriphile qui, cherchant en ce lieu la gloire et la satisfaction à sa haine, y rencontre sa fin. Les contradictions, les retours en arrière abondent: à l'incertitude sur la signification de l'oracle ("Un oracle dit-il tout ce qu'il semble dire?" [IV.iv.1266; II.i.432]) correspond l'instabilité des décisions, des sentiments humains. L'armée, d'abord charmée par Iphigénie (I.iv.350), réclame peu après son sang. Achille apprend qu'Iphigénie vient en Aulide et pense qu'il va lui être permis de l'épouser; Ulysse et Agamemnon le lui refusent (I.ii); mais Agamemnon le lui accorde ensuite (III.iii), le lui refuse à nouveau (IV.viii), enfin le lui accorde définitivement selon le récit qui termine la pièce. Les entrées et les sorties se multiplient dans une agitation croissante, ballottant Iphigénie entre espoir et désespoir[2]. Elles ne sont que va-et-vient: les personnages ne vont nulle part, puisqu'à la fin le dénouement se dérobe et qu'on se trouve réellement dans la situation inventée par Agamemnon avant le début de la pièce pour tromper Clytemnestre et faire venir Iphigénie: celle-ci épouse Achille.

Les hommes ajoutent à la confusion en s'arrogeant le pouvoir des dieux qui, jusqu'à la fin, n'interviennent manifestement que par l'oracle. L'auteur nous accorde l'omniscience nécessaire pour observer et juger de leurs manèges. Nous comprenons celui d'Agamemnon lorsque, ayant essayé d'empêcher l'arrivée de sa fille en Aulide, il cherche à convaincre Ulysse qu'un dieu la protège peut-être et la retiendra loin du lieu de son sacrifice (I.iii). Quand Agamemnon, de trompeur qu'il était, devient trompé et, forcé d'accepter son propre prétexte, finit par le croire et déclare que ce sont les dieux qui ont conduit Iphigénie vers la mort (I.v), nous sommes les témoins avertis de la façon dont l'homme attribue aux dieux une volonté qu'il ne peut pas connaître. Ainsi Iphigénie croit que les dieux, pour s'opposer à sa fuite, ont fait naître une révolte populaire, alors que nous venons d'entendre Eriphile comploter pour retenir Iphigénie en découvrant ses projets de fuite à Calchas (IV.xi).

Mais peut-être les dieux empruntent-ils justement ces voies détournées pour arriver à leurs buts? Le dénouement devrait résoudre la question. Or justement il remet tout en question: l'oracle, la seule donnée fixe de la pièce jusqu'ici, n'était qu'un mirage, une erreur d'interprétation. Le spectateur n'était pas omniscient, il n'était pas plus que les personnages sur scène en mesure de comprendre la volonté divine, il errait comme eux dans le monde de l'illusion. Racine a joué avec le spectateur comme il a joué avec les personnages de la pièce. C'est uniquement parce que la fin correspond à l'"accomplissement de désir", "Wunscherfüllung" selon le terme de Freud, qu'ils ne poseront pas de questions sur le sens du caprice des dieux ni sur leur existence.

Du moins est-ce là ce que Racine semble espérer. Il a ouvert son univers théâtral sur l'au delà, mais ne veut ou ne peut encore répondre aux questions sur la nature du destin et des dieux que cela entraîne. D'autre part, il ne sait pas encore contourner la difficulté et éviter de répondre sans qu'il ne soit évident à tous qu'il se dérobe. La solution qu'il a retenue menace d'aliéner le spectateur parce que Ra-

---

[2] R. Picard note qu'*Iphigénie* comporte trente-sept scènes, bien plus que *Bérénice* ou *Andromaque* (Racine, *Oeuvres complètes*, I, 663).

cine donne l'impression de jouer, de se jouer de lui, de diriger capricieusement les événements sans égards pour leur logique interne. Si toute la tragédie n'est qu'un jeu, la lutte même des personnages perd son caractère exemplaire, et la victoire d'Iphigénie n'a pas plus de signification que les sombres allusions, traditionnelles depuis l'antiquité, à l'avenir des Atrides, conséquence du meurtre de la jeune femme (V.iii.1654; 1661-62).

Ce que Racine n'a pas su faire dans *Iphigénie*, il l'accomplira dans *Phèdre*: sans se prononcer là non plus sur l'existence des dieux ou sur leur morale, il laissera deviner la présence d'un destin impénétrable aussi, mais dont le caractère incompréhensible fait conclure non à un jeu arbitraire et capricieux qui éveille la méfiance et l'hostilité du spectateur, mais à un mystère qu'il accepte et qui l'ébranle.

Cependant même si Racine dans *Iphigénie* élude les questions sur la nature du destin, le rôle qu'il lui fait jouer est le même que dans ses autres pièces et déjà dans *Bérénice*: le destin est essentiellement pierre de touche dont le contact amène les personnages à se révéler, à se découvrir.

Ainsi l'oracle expose chez Agamemnon ce que cache son masque de roi des rois, l'incapacité de s'affirmer, de trancher, d'arriver à une décision ferme, de s'y tenir et d'en prendre la responsabilité. Titus savait que renvoyer Bérénice équivaudrait à une sentence de mort pour elle. Mais il avait décidé une fois pour toutes de la sacrifier à l'Etat, et il en acceptait la responsabilité et les conséquences ("Et c'est moi seul aussi qui pouvais me détruire" [IV.v.1087]). Tout autre est Agamemnon: il revient au dernier moment sur sa décision de faire venir Iphigénie en Aulide pour la livrer à Calchas et, lorsque son geste n'a pas d'effet (Arcas n'a pas trouvé la reine pour lui remettre la lettre qui l'arrêterait), il n'hésite pas à accuser les dieux et à rejeter sur eux seuls la responsabilité de la mort d'Iphigénie à laquelle il avait pourtant d'abord consenti:

> Juste ciel, c'est ainsi qu'assurant ta vengeance,
> Tu romps tous les ressorts de ma vaine prudence!
> (I.v.361-62)

s'écrie-t-il à la nouvelle de l'arrivée d'Iphigénie dans le camp[3].

---

[3] Dans *Iphigénie* de Leclerc et Coras (Paris: Varennes, 1676, écrit vraisemblablement pour rivaliser avec *Iphigénie* de Racine, et que ce dernier aurait tout fait pour supprimer à la représentation) Iphigénie vient en Aulide à l'insu d'Agamemnon, par la traîtrise d'Ulysse. On voit mieux dans ces circonstances comment Agamemnon, rencontrant subitement sa femme qu'il croyait en Argos, pense qu'elle a répondu à l'appel des dieux. Il peut aussi lui reprocher avec moins d'invraisemblance d'avoir abandonné son

Dans son apitoiement sur lui-même, il présentera les dieux comme cruels et sourds (II.ii.572; 574). Il est prêt à nier totalement son rôle dans cette affaire:

> Je cède, et laisse aux Dieux opprimer l'innocence.
>
> (I.v.390)

Aussi, quand les circonstances le forceront à avouer la situation à Iphigénie, il lui présentera sa mort comme le résultat d'un arrêt sans recours des dieux:

> Ma fille, il faut céder. Votre heure est arrivée.
> Songez bien dans quel rang vous êtes élevée.
> Je vous donne un conseil qu'à peine je reçoi.
> Du coup qui vous attend vous mourrez moins que moi.
> Montrez, en expirant, de qui vous êtes née:
> Faites rougir ces Dieux qui vous ont condamnée.
> Allez; et que les Grecs, qui vont vous immoler,
> Reconnaissent mon sang en le voyant couler.
>
> (IV.iv.1241-49)

Iphigénie ne trouve pas, comme peut le faire le spectateur, que ces paroles sont révoltantes de vanité. Déjà elle lui avait promis:

> Ne craignez rien. Mon coeur, de votre honneur jaloux,
> Ne fera pas rougir un père tel que vous.
>
> (IV.iv.1207-08)[4]

La jeune fille accepte l'interprétation des événements que lui propose son père. Elle s'était montrée fille affectueuse à son arrivée au camp, dans la jolie scène reprise d'Euripide où elle voit d'abord son père; elle le reste face à l'arrêt du destin, quand tous accusent son père de l'avoir condamnée à la mort. Elle sait dépouiller les sentiments d'Agamemnon de toute faiblesse, de toute ambiguïté, pour ne laisser qu'un noyau sincère, son amour paternel qui a lutté pour elle mais n'a pu la défendre contre les décrets du sort. Elle a pour lui des paroles qui rappellent la soumission du chrétien à Dieu:

---

poste de reine et d'avoir ainsi mis l'état en danger. Mais d'autre part on voit presque moins encore que chez Racine pourquoi Agamemnon, quand il a compris le stratagème d'Ulysse, persiste à croire que les dieux sont responsables de l'arrivée d'Iphigénie sur les lieux de son sacrifice.

[4] La comparaison avec la pièce de Rotrou (*Iphigénie en Aulide*, tragi-comédie, 1640) est révélatrice. Son Iphigénie est pleine de piété, et accepte le verdict des dieux. Mais elle a pour Agamemnon des paroles aussi dures que celles que Racine a mises dans la bouche d'Achille. Après cette "inhumanité" elle ne l'appellera plus père: "Je me plains bien moins en mon mauvais destin / D'un tel assassinat que d'un tel assassin" (IV.iii). Elle est prête à mourir, mais c'est pour sa patrie et sa gloire personnelle.

> Mon père,
> Cessez de vous troubler, vous n'êtes point trahi.
> Quand vous commanderez, vous serez obéi.
> Ma vie est votre bien. Vous voulez la reprendre:
> Vos ordres sans détour pouvaient se faire entendre.
> D'un oeil aussi content, d'un coeur aussi soumis
> Que j'acceptais l'époux que vous m'aviez promis,
> Je saurai, s'il le faut, victime obéissante,
> Tendre au fer de Chalcas une tête innocente,
> Et respectant le coup par vous-même ordonné,
> Vous rendre tout le sang que vous m'avez donné.
>
> (IV.iv.1174-84)

C'est de tout coeur, par amour et non par contrainte, qu'Iphigénie se soumettra à l'arrêt de son père et du destin. Sa première exclamation en apprenant son sort avait été: "Ciel! pour tant de rigueur de quoi suis-je coupable?" (III.v.922). Elle ne posera jamais plus d'autres questions, elle ne s'attardera pas à sonder le secret des dieux, à se plaindre, à les accuser de cruauté. Le destin a fait obstacle à son bonheur. Elle accepte spontanément de subordonner sa vie à un but plus vaste qui se présente à elle, le maintien de l'ordre et la gloire à venir.

Mais comme Bérénice ne renonçait pas à son amour en se séparant de Titus, Iphigénie quittera la vie sans prétendre la haïr (IV.iv.1185-92), sans sacrifier son amour pour Achille. Comme Bérénice encore, elle remplace une union temporelle sur terre par une union éternelle qui obtient de belles résonances homériques. S'adressant à Achille, elle l'exhorte:

> Songez, Seigneur, songez à ces moissons de gloire
> Qu'à vos vaillantes mains présente la victoire.
> Ce champ si glorieux où vous aspirez tous,
> Si mon sang ne l'arrose, est stérile pour vous.
> ....
> Si je n'ai pas vécu la compagne d'Achille,
> J'espère que du moins un heureux avenir
> A vos faits immortels joindra mon souvenir;
> Et qu'un jour mon trépas, source de votre gloire,
> Ouvrira le récit d'une si belle histoire.
>
> (V.ii.1541-62) [5]

[5]   Dans une pièce qui connut sa première représentation au cours des fêtes destinées à célébrer la conquête de la Franche Comté, on ne peut s'attendre à une indignation morale de la part du public à la cour contre le projet de détruire une nation et de mettre à sac une ville. Aussi les contemporains durent-ils écouter sans étonnement le chant de guerre de la douce Iphigénie, si émue pourtant par les malheurs d'Eriphile, et personne ne semble avoir été surpris de ce qu'il provienne de la plume même de celui qui avait fait compatir les spectateurs aux malheurs d'Andromaque, victime de cette fureur guerrière qui couvrira de gloire Achille et Pyrrhus.

Nous avons vu plus haut à quel point ce héros auquel Iphigénie tient à joindre son souvenir pour la postérité est unique dans le théâtre de Racine. Il est unique dans sa liberté absolue. Il l'est dans son attitude, face au destin et aux dieux, aux sombres menaces de l'oracle concernant Iphigénie.

Fils de déesse comme chez Homère, il n'est cependant pas homme à prendre conseil auprès de sa mère et à lui demander de plaider en sa faveur auprès de Jupiter. Achille de Racine ne nie pas l'existence des dieux ni leur pouvoir, mais ils ne l'intéressent pas. Il connaît dès longtemps l'intervention des oracles dans la vie des hommes mais, malgré la prédiction qui pèse sur lui personnellement, il vivra sa vie indépendamment des dieux. Jamais il ne permettra à leurs "vaines menaces" (I.ii.245) de l'arrêter dans cette course qui le caractérise, différent en cela d'Agamemnon, qu'il accuse de chercher à "[lire] de trop loin dans le secret des Dieux" (I.ii.244). Les lois qui déterminent sa conduite sont ses propres lois, indépendantes de celles des dieux, lois de l'honneur, de la gloire, de la fidélité:

> Ah! ne nous formons point ces indignes obstacles;
> L'honneur parle, il suffit: ce sont là nos oracles.
> Les Dieux sont de nos jours les maîtres souverains;
> Mais, Seigneur, notre gloire est dans nos propres mains.
> Pourquoi nous tourmenter de leurs ordres suprêmes?
> Ne songeons qu'à nous rendre immortels comme eux-mêmes,
> Et laissant faire au sort, courons où la valeur
> Nous promet un destin aussi grand que le leur.
> (I.iii.257-64)

Les deux derniers vers sont difficiles à interpréter à cause de l'opposition apparente entre "sort" et "destin" que Racine utilise souvent de façon interchangeable, donnant cependant la préférence à "sort" quand il s'agit du passé, à "destin" quand il est question de l'avenir. Mais ici "sort" doit sans doute reprendre le vers 259, "Les Dieux sont de nos jours les maîtres souverains", et son sens se rapprocherait alors de celui de "moira", la part de chacun, et en particulier, pour l'homme, la mort. Or on sait que même les Dieux doivent s'incliner devant la "moira", ce qui pourrait ouvrir la carrière à une émulation telle que ces vers la font entrevoir. Quoiqu'il en soit, il est clair qu'Achille se sent indépendant d'un décret des dieux qui limiterait son champ d'action: il n'accorde qu'un hémistiche de ce distique à leur pouvoir et s'élance—"court" comme si souvent dans *Iphigénie*— pendant trois hémistiches, avec un grand enjambement du premier vers au second, à l'encontre d'un destin qu'il se forgera lui-même. Les "tourments" (261) lui sont étrangers et sa confiance en soi lui fait entrevoir, abolissant les bornes de la mort, la possibilité de rejoindre les dieux dans l'immortalité.

Achille refuse donc limites et obstacles. Cependant il n'incarne pas la révolte contre l'ordre établi, ni contre les dieux, ni contre Agamemnon, quoiqu'en pense celui-ci qui l'observe avec inquiétude rongeant son frein. Achille semble même avoir foi en une certaine hiérarchie sociale, puisqu'il s'incline devant Agamemnon à qui, dit-il, le "destin" doit livrer Troie (I.ii.269), qu'il a lui-même contribué à le faire élire roi des rois (IV.vi.1384). Mais sa soumission à l'ordre est aussi libre que sa décision de se joindre, contre Troie, à tous les rois grecs qu'un serment lie à la cause de Ménélas (*ibid.*, 1396): du moment que les dieux ou Agamemnon n'agissent pas conformément aux lois qu'il tient lui-même pour suprêmes, il n'hésite pas à s'élever contre eux. Quand Iphigénie lui oppose son devoir envers son père et, implicitement, envers les dieux et que, refusant de s'en libérer, elle propose au contraire de "s'affranchir" "du secours dangereux" qu'Achille veut lui prêter, en se tuant elle-même (V.iii.1586-96), il répond avec une violence où l'on reconnaît les "fureurs d'Achille":

> Si de sang et de morts le ciel est affamé,
> Jamais de plus de sang ses autels n'ont fumé.
> A mon aveugle amour tout sera légitime.
> Le prêtre deviendra la première victime;
> Le bûcher, par mes mains détruit et renversé,
> Dans le sang des bourreaux nagera dispersé;
> Et si dans les horreurs de ce désordre extrême
> Votre père frappé tombe et périt lui-même,
> Alors, de vos respects voyant les tristes fruits,
> Reconnaissez les coups que vous aurez conduits.
> (V.ii.1603-13)

Cette violence, prête à s'exercer contre une autorité qu'il ne reconnaît plus pour légitime, se distingue nettement de la révolte d'un Néron voulant conquérir son indépendance contre des lois qui l'entravent. La révolte d'Achille au contraire veut affirmer la valeur absolue des lois et, parfaitement sûr de lui, il s'estime en droit de substituer les valeurs qu'il défend à celles qu'on attribue aux dieux. Aussi peut-il rassurer Clytemnestre:

> Votre fille vivra, je puis vous le prédire.
> Croyez du moins, croyez que tant que je respire,
> Les dieux auront en vain ordonné son trépas:
> Cet oracle est plus sûr que celui de Calchas.
> (III.vii.1081-84)

Achille, dans sa liberté absolue, peut faire penser à Oreste de Sartre. On pourrait même voir dans la dernière scène une capitulation des dieux devant son assaut. L'ordre du récit d'Ulysse est significatif: la nouvelle interprétation que propose Calchas de l'oracle suit de bien près l'explosion de colère d'Achille:

> Mais, quoique seul pour elle, Achille furieux
> Epouvantait l'armée et partageait les Dieux.
> Déjà de traits en l'air s'élevait un nuage.
> Déjà coulait le sang, prémices du carnage.
> Entre les deux partis Calchas s'est avancé,
> L'oeil farouche, l'air sombre, et le poil hérissé,
> Terrible, et plein du Dieu qui l'agitait sans doute:
> "Vous, Achille, a-t-il dit, et vous, Grecs, qu'on m'écoute.
> Le Dieu qui maintenant vous parle par ma voix
> M'explique son oracle, et m'instruit de son choix.
> Un autre sang d'Hélène, une autre Iphigénie
> Sur ce bord immolée y doit laisser sa vie."
>
> (V.vi.1739-50)

Iphigénie est sauve. L'intervention d'Achille n'y est sans doute pas étrangère. On se souvient comment les paroles de Clytemnestre "J'entends gronder la foudre, et sens trembler la terre. / Un Dieu vengeur, un Dieu fait retentir ces coups" (V.iv) sont complétées par la remarque ambiguë d'Arcas: "N'en doutez point, Madame, un Dieu combat pour vous. / Achille en ce moment exauce vos prières" (V.v). Les deux vers de Clytemnestre qui concluent la pièce présentent la même ambiguïté:

> Par quel prix, quel encens, ô Ciel, puis-je jamais
> Récompenser Achille, et payer tes bienfaits!

Un Achille encensé, entouré d'allusions au ciel, semble bien y rejoindre les dieux.

Le dénouement d'*Iphigénie* qui est entièrement personnel à Racine, est aussi le seul de son théâtre où l'on n'assiste pas au triomphe d'un ordre triste et ennemi des passions. Certes, il ne fait pas non plus triompher le désordre: Agamemnon reste roi des rois et se réconcilie avec Achille; l'ordre revient dans l'armée, Clytemnestre n'a plus de raisons de se révolter contre son mari et rend grâces aux dieux. Mais la passion d'Achille, passion pour Iphigénie, pour la justice, pour la gloire, survit, entière, victorieuse et sans entorse. Racine était-il prêt à accepter, cette seule fois dans sa carrière théâtrale, la possibilité d'un destin qui n'exige pas la soumission complète et l'abnégation, lorsqu'il mit en oeuvre une telle liberté, passionnée et absolue?

Nous avons déjà constaté qu'il l'a fait d'une façon qui demeure incomplète et contradictoire. Iphigénie, non Achille, est le personnage central d'*Iphigénie*, et elle est bien la soeur des héroïnes innocentes que menace la mort dès qu'elles quittent le sein maternel, capables, d'autre part, de se dépasser en acceptant leur destin[6]. La plupart des autres victimes innocentes sont poursuivies par la haine ou l'amour d'un homme ou d'une femme. Iphigénie est poursuivie par le destin même ("Il faut des Dieux apaiser la colère" [V.i.1494-96; V.ii.1537-40]), et c'est ce que Racine n'a pas osé montrer. On se souvient de sa préface à la pièce: "Quelle apparence que j'eusse souillé la scène par le meurtre horrible d'une personne aussi vertueuse et aussi aimable qu'il fallait représenter Iphigénie...?"; il ajoute quelques lignes plus bas, après s'être félicité de l'invention du personnage d'Eriphile: "Il ne faut que... avoir vu représenter [la pièce] pour comprendre quel plaisir j'ai fait au spectateur... en sauvant à la fin une princesse vertueuse pour qui il s'est fort intéressé dans le cours de la tragédie"[7].

En sauvant Iphigénie, Racine a sacrifié la cohérence de sa tragédie. Celle qui a su transformer son destin redevient une petite fille qui se distingue par son bon coeur—elle seule pleure Eriphile—et qui sera bientôt une épouse sage et oubliée. La soumission au destin n'est plus la valeur ultime: à la dernière heure Racine donne à un Achille passionné et rebelle la gloire qu'on croyait destinée à une Iphigénie obéissante. Peut-être Racine n'a-t-il pas, d'autre part, eu le courage d'exposer jusqu'au bout la cruauté insupportable du destin, mitigée même dans *Phèdre*, mais que rien ici n'aurait déguisée. Peut-être la création d'Achille représente-t-elle son propre mouvement de révolte contre la tyrannie du sort, un "accomplissement de désir" pour son auteur, le rêve de triompher de ce destin, rêve où la passion obtient droit de vie. Racine ne se laisse pas entièrement aller à ce rêve, et deux héroïnes se conforment aux conceptions dominantes dans son théâtre; face à un Achille qui valorise la passion, Iphigénie représente l'ordre et la soumission et Eriphile, sa soeur ennemie, incarne une passion incontrôlée et incontrôlable, destructrice de soi, qui, en s'éliminant, permet à l'ordre qu'elle a dérangé de reprendre ses droits.

2. *Phèdre*

Les dieux qui, dans *La Thébaïde* et dans *Iphigénie*, s'étaient manifestés explicitement par la voix des oracles, annonçant aux protagonistes leur destin et contribuant à le déterminer, ne s'imposent pas, dans

---

[6] Voir mon article sur "L'Innocence et la tragédie chez Racine", Appendice II.
[7] Racine, *Oeuvres complètes*, I, 670.

Phèdre, d'une façon aussi évidente comme destin. Ni oracle ni vision ne traduit leur volonté. Néanmoins le monde de la dernière tragédie païenne (1677) de Racine est tout pénétré de leur présence: ils vivent dans la conscience des personnages et ceux-ci ne doutent pas que les dieux n'interviennent dans leur vie.

Pour préciser la portée de cette intervention aussi bien que la nature des dieux dans *Phèdre* il me semble avant tout essentiel de distinguer—ce qu'on ne fait pas en général—entre les dieux qui ont un nom, et donc un caractère personnel, Vénus, Neptune et, à un degré moindre, Minos et le Soleil et, d'autre part, "les dieux", groupés dans cette formule abstraite qui revient fréquemment dans la bouche des personnages. Réservant pour plus tard la question des dieux que j'appellerai "personnels", je voudrais m'arrêter tout d'abord à ces dieux généraux et, en suivant de très près le langage de Racine, essayer d'établir s'ils n'ont pas, eux aussi, un visage. En conclusion je chercherai à préciser leur fonction.

Leur nom paraît souvent sous forme d'exclamation. Même lorsque celles-ci prennent un caractère d'invocation, on peut être tenté de ne voir dans ces "O Dieux!", dans ces "Justes Dieux!" que des chevilles. Mais à y regarder de près on s'aperçoit bientôt qu'elles ne sont pas si arbitraires que leur répétition ne tisse, pour la pièce, une toile de fond où l'on peut distinguer des formes et des couleurs. L'interprétation d'un vers donné peut être contestée, non l'impression d'ensemble qui se dégage, pour qui écoute avec soin, du retour des mêmes formules que rapproche leur contexte. Les dieux, cela devient vite apparent par ce contexte, même lorsqu'il s'agit d'exclamations assez brèves, sont, pour ceux qui les invoquent, les garants d'un ordre social et moral. Aussi sont-ils appelés comme témoins des événements qui menacent cet ordre, comme point stable dans les cataclysmes. Souvent on trouve leur nom dans la bouche des personnages secondaires, de ceux qui représentent le monde quotidien, non héroïque, le fond sur lequel se déroule l'action dramatique. Mais même les personnages principaux les invoquent fréquemment dans des circonstances semblables. Il faut en conclure que, à certains égards, ils adhèrent au même système de valeurs fondamentales que leurs confidents. Quelques exemples nous permettront de préciser et de nuancer ces assertions.

Quand Phèdre paraît sur scène, Oenone se lamente, devant la faiblesse de sa maîtresse: "Dieux tout-puissants! que nos pleurs vous apaisent!" (I.iii.157). Cette courte prière fait partie du "continuo" sur lequel se détache la plainte de Phèdre. Oenone y présente les dieux comme l'ultime recours: puissants, et peut-être déjà justiciers. Quelques répliques plus loin, quand elle essaie de faire avouer à sa maîtresse les raisons de son désespoir, sa conception de la vie, de l'ordre du monde et du rôle des dieux devient plus explicite:

> De quel droit sur vous-même osez-vous attenter?
> Vous offensez les Dieux auteurs de votre vie;
> Vous trahissez l'époux à qui la foi vous lie;
> Vous trahissez enfin vos enfants malheureux
> ....
>
> (I.iii.196-99)

L'échange qui précède l'aveu arraché à Phèdre est célèbre:

> OENONE
>
> Hippolyte! Grands Dieux!
>
> PHÉDRE
>
> C'est toi qui l'as nommé.
>
> OENONE
>
> Juste ciel! Tout mon sang dans mes veines se glace.
> O désespoir! ô crime! ô déplorable race!
>
> (I.iii.264-66)

Plus loin, Oenone fait de nouveau appel à un ordre supérieur quand elle avertit Phèdre que les "cris innocents" de l'enfant qu'elle abandonnera si elle se laisse mourir seront "portés jusques aux Dieux" et "iront contre sa mère irriter ses aïeux" (I.v.347-48). Enfin quand Phèdre veut se tuer avec l'épée arrachée à Hippolyte à qui elle vient d'avouer son amour, sa nourrice et confidente l'arrête, épouvantée, et son horreur s'exprime à nouveau par un appel aux dieux: "Que faites-vous, Madame? Justes Dieux!" (II.v.711).

Dans tous ces passages c'est Oenone, désemparée devant l'atrocité de ce qu'elle vient de voir ou d'entendre, qui invoque les dieux. L'exclamation même prend le caractère d'une conjuration: Puisse le mal entrevu être écarté, annullé, puissent les dieux ne pas punir ces actions qui bafouent leur ordre et leurs lois: lois et conviction connues et qui sont censées être acceptées de tous, la loi contre le suicide (colorée, sans aucun doute, par la sévérité de l'Eglise à cet égard), les lois contre l'inceste, sur la fidélité conjugale, sur les devoirs envers les enfants.

Thésée, Phèdre, Hippolyte ne pensent pas autrement. Les dieux sont justes. Ils ne se laissent pas tromper par les apparences. Quand Thésée revoit son fils qu'il croit coupable d'avoir voulu violer sa femme, il se lamente: "Jamais père... fut-il plus outragé? / Justes Dieux... ai-je pu mettre au jour un enfant si coupable?" (IV.iii.1164-66); "Grands Dieux! à ce noble maintien / Quel oeil ne serait pas trompé comme le mien?" (IV.ii.1035-36).

Hippolyte partage la foi de son père. Les dieux qui connaissent les âmes et incarnent la justice ne peuvent permettre que le fils de Phèdre criminelle soit appelé à règner dans Athènes: la nouvelle qu'Hippolyte vient de recevoir à ce sujet est difficile à croire: "Dieux, qui la connaissez, / Est-ce donc sa vertu que vous récompensez?" (II.vi.727-28). Encore ces vers révèlent-ils une demi-défiance qui est rare, tant Hippolyte est convaincu que les dieux justes sont les gardiens de l'ordre social et moral. Saisi d'horreur devant l'aveu que lui fait Phèdre de son amour, il se tourne d'abord vers eux:

> Dieux! qu'est-ce que j'entends? Madame, oubliez-vous,
> Que Thésée est mon père et qu'il est votre époux?
> (II.v.663-64)

Aussi Hippolyte, pour convaincre Aricie de le suivre, promet-il de l'épouser sous l'oeil des dieux tels qu'il les conçoit. Près de Trézène où ils seront unis:

> Nous prendrons à témoin le Dieu qu'on y révère;
> Nous le prîrons tous deux de nous servir de père.
>   ....
> Et tous les Dieux enfin, témoins de mes tendresses,
> Garantiront la foi de mes saintes promesses.
> (V.i.1401-06)

Les rapports de Phèdre avec les dieux nous retiendront longuement. Toutefois nous pouvons constater dès maintenant que lorsqu'elle emploie "Dieu" dans un sens général, le mot représente fréquemment pour elle aussi l'ordre social et naturel. Ainsi elle déclare à Hippolyte:

> Puisque Thésée a vu les sombres bords,
> En vain vous espérez qu'un Dieu vous le renvoie,
> Et l'avare Achéron ne lâche point sa proie.
> (II.v.624-26)

En réponse à Oenone qui lui demande si elle se laisse mourir parce que ses mains ont trempé dans le sang innocent, elle s'écrie: "Plût aux Dieux que mon coeur fut innocent comme elles!" (I.iii.222). Les dieux voient le crime, même caché, et l'amour illicite est un crime.

Les conceptions de Phèdre lui sont si nécessaires qu'elle ne tolère pas de conceptions divergentes, pas de doute jeté sur la nature morale des dieux. Oenone, en un ultime effort pour rappeler sa maîtresse à la vie, lui peint son amour comme une "faiblesse humaine" et ajoute, ce qui ne devait guère choquer les spectateurs chrétiens:

> Les Dieux même, les Dieux, de l'Olympe habitants,
> Qui d'un bruit si terrible épouvantent les crimes,
> Ont brûlé quelquefois de feux illégitimes.
> (IV.vi.1304-06)

La violence de la réaction de Phèdre est telle qu'Oenone est acculée au suicide: les dieux de Phèdre ne sont pas ceux qui décorent les murs et les plafonds des châteaux et des hôtels princiers du dix-septième siècle. La dernière réplique d'Oenone avant de quitter la scène pour se jeter dans la mer contient une invocation aux dieux dont on peut dire qu'elle les rétablit dans leur rôle de justiciers:

> Ah Dieux! pour la servir j'ai tout fait, tout quitté;
> Et j'en reçois ce prix? Je l'ai bien mérité.
>
> (IV.vi.1327-28)

Les dieux sont donc, dans l'univers de la pièce, des présences dont la nature implicite n'est pas mise en question: représentant avant tout la morale et l'ordre social qui ne s'en distingue guère, ils voient dans les coeurs, et l'on s'attend à ce qu'ils rétablissent la justice. Personne dans *Phèdre* ne se soustrait à eux comme semble le faire Iphigénie, personne ne les défie comme Achille. Ils représentent des points de repère fixes acceptés de tous, des comparses comme des personnages principaux.

Mais à côté des dieux indifférenciés dont tous reconnaissent les lois, se dressent ceux dont le nom souvent invoqué préserve l'identité. Les dieux individualisés—Vénus, Neptune, le Soleil doublé de Minos— sont personnels au héros qui semble seul aussi à les connaître. Ainsi Phèdre peut se plaindre de la haine de Vénus qui la poursuit, mais personne, pas même Oenone, ne confirme ses dires. Ces dieux personnels n'ont pas de fonction régulatrice, morale ou sociale, ils ne représentent pas une norme, des lois. Ils sont les doubles éternels du héros, ils figurent d'abord l'universalité de sa passion. En examinant de près les termes utilisés à leur égard par ceux avec qui ils sont associés, Thésée, Phèdre, et enfin Hippolyte, je voudrais pour eux aussi déterminer d'abord leur nature précise, au delà des généralités habituelles, puis, dans la dernière partie du chapitre, leur rôle en comparaison avec celui des dieux généraux.

Selon la légende, qu'ont repris Euripide et Sénèque, Poséidon était le père véritable de Thésée. Racine a écarté cette version. Dans *Phèdre* Neptune n'est lié à Thésée que par la reconnaissance, parce que ce héros a "d'infâmes assassins nettoy[é son] rivage" (IV.ii.1066).

Or Thésée demandera à Neptune un service exactement du même ordre. Hippolyte, en effet, est devenu aux yeux de son père un "monstre" (IV.ii.1045), le "reste impur des brigands" dont il a "purgé la terre" (1046). C'est la perte de ce monstre, du seul qu'il ne puisse exterminer lui-même, que Thésée réclame de Neptune. Neptune est la projection de Thésée. Il l'est par les sentiments autant que par la fonction qui lui est attribuée, le choix du vocabulaire est révélateur à cet égard: Thésée menace son fils de son "courroux [qu'il] retient à peine" (*ibid.*, 1054); aussi livre-t-il son fils à "toute [la] colère" du dieu (1074). Père "furieux" (1154), il veut voir son fils en proie à la "fureur" de Neptune (1076).

On a voulu retrouver dans cette condamnation l'écho de la violence du père primitif menacé par la jeunesse du fils qui devient son rival. Constatons seulement ici l'élément d'"accomplissement de désir" qui permet à la passion de s'exprimer, de se réaliser à une échelle cosmique tout en se conformant en apparence aux normes d'une société plus évoluée qui interdit le meurtre et, à plus forte raison, l'infanticide. Le monstre qui surgit des flots au dernier acte est bien animé des sentiments du père[8]:

> Le ciel avec horreur voit ce monstre sauvage,
> La terre s'en émeut, l'air en est infecté,
> Le flot qui l'apporta, recule épouvanté.
> Tout fuit.
>
> (V.vi.1522-25)

La colère du "monstre furieux" ébranle la terre, alors que le père furieux garde les mains pures.

Le nom de Neptune apparaît pour la dernière fois dans la scène 5 de l'acte V où Thésée, ravagé de soupçons, lui adresse cette prière:

> Ne précipite point tes funestes bienfaits,
> Neptune; j'aime mieux n'être exaucé jamais.
> J'ai peut-être trop cru des témoins peu fidèles,
> Et j'ai trop tôt vers toi levé mes mains cruelles.
>
> (1483-86)

Dans la scène suivante Théramène vient apporter la fatale nouvelle:

> THÉRAMÈNE
> Hippolyte n'est plus.
> THÉSÉE
> Dieux!
> ....
> Mon fils n'est plus? Hé quoi! quand je lui tends les bras
> Les Dieux impatients ont hâté son trépas?
> (1492-96)

---

[8] Cette lecture n'en exclut pas d'autres qui font du monstre une incarnation de Phèdre ou de l'amour. Le monstre, être dangereux d'un monde primitif cru dépassé, peut jouer un rôle différent pour chaque personnage. Thésée voit dans son fils un monstre, Phèdre condamne Hippolyte, Oenone, et se condamne elle-même par ce terme, et Aricie appelle Phèdre un monstre. Le sujet a été développé par L. Spitzer dans "The 'Récit de Théramène' ", par J.-D. Hubert dans *Essai d'exégèse racinienne*, et par d'autres après eux.

A partir de ce moment Thésée dira toujours "les Dieux". Ce changement de vocabulaire que nous retrouverons chez Phèdre a lieu au moment où la passion s'est dissipée. Neptune était pour Thésée l'exécuteur de cette passion; un autre Thésée succède à celui qui implorait Neptune, un Thésée puni de s'être abandonné à sa colère. Désormais il se trouve face à la question de sa propre responsabilité, face non au rêve de pouvoir, mais à l'action accomplie et à la mort.

Vénus, le Soleil doublé de Minos, sont les divinités au rôle contradictoire et complémentaire que Phèdre invoque comme Thésée invoquait Neptune. Toutefois la fonction du Soleil et de Minos les rapprochent tant des dieux généraux que j'ai choisi de les grouper ensemble. Il n'en est pas de même pour Vénus.

Toutes les mythologies et tous les temps connaissent l'amour passion qui, semblable à une force extérieure venue on ne sait d'où, s'empare soudain d'un être, remplit sa vie, le rend méconnaissable. Tous ont cherché à expliquer l'inexplicable. Chez les Grecs le mystère a pris la forme de la volonté d'Aphrodite qui exige d'être adorée, ou des flèches d'Amour; au moyen âge on connaît un philtre qui fait tout oublier, à Iseut sa méfiance de Tristan, à Tristan sa loyauté envers son suzerain. Chez Claudel le "Pourquoi, pourquoi cette femme?" a pour réponse que Dieu veut enseigner la force cruelle de l'amour à sa créature pour qu'elle comprenne la force de l'amour de Dieu. Iseut, Ysé, Doña Prouhèze sont plus heureuses que Phèdre en ce que leur amour est partagé. Il n'en est pas moins lié à l'adultère, à la souffrance et à la mort.

Plusieurs des grandes passions que peint Racine—pas toutes, quoiqu'on ait pu dire, celle d'Hermione, de Roxane même, se développe de manière plus graduelle—apparaissent de façon soudaine et brutale. Cette naissance-irruption souligne le mystère de leur nature. Si la forme que prend l'aveu de Néron ("Narcisse, c'en est fait, Néron est amoureux") n'était si théâtrale, nous aurions plus de sympathie pour sa constation effarée qu'un élément étranger s'est soudain glissé en lui. La scène où Eriphile se trouve face au "vainqueur sauvage" de Lesbos et tombe amoureuse d'Achille dès qu'elle ose le regarder, illustre plus clairement encore à quel point toute possibilité de choix est écartée dans la passion.

Mais avant *Iphigénie*, la première des pièces que j'ai appelées "ouvertes sur l'au delà", il n'est pas question de l'intervention d'une force extérieure, génératrice de l'amour. Dans la mesure où il y a une explication à la naissance de la passion, on peut la chercher dans les indications dont Racine sème ses pièces sur la situation des personnages et leur psychologie, ou, comme on l'a fait récemment, dans les données dramatiques et linguistiques. Néron rencontre l'amour sur le chemin qu'il a choisi pour se libérer de sa mère, le conflit qui se situe au centre de *Britannicus*; toutes les explications qu'il écarte quand il revit l'instant où est né cet amour jouent naturellement un rôle eux aussi ("Je ne sais si cette négligence, / Les ombres, les flambeaux, les cris et le silence, / Et le farouche aspect de ses fiers ravisseurs / Relevaient de ses yeux les timides douceurs"). L'amour de Roxane pour un frère du sultan qu'elle croit pouvoir dominer n'est pas sans liens avec sa soif de revanche contre celui qui l'a humiliée. Dans *Iphigénie*, par contre, nous ignorons ce qui a pu préparer Eriphile à aimer Achille. C'est "le sort" seul qui, selon elle, est responsable de son amour anti-naturel (II.i.485-86). Mais ce thème nouveau n'est pas développé: Racine ne lui accorde que deux vers.

Dans *Phèdre*, au contraire, Racine s'attarde longuement sur le mystère de cet amour passion et Vénus, la déesse née des eaux, remplace "le sort" d'Eriphile. Nous savons peu sur le passé de Phèdre, rien sur les circonstances de son mariage; elles sont extérieures au développement dramatique. Les facteurs psychologiques qui pourraient l'éloigner de Thésée, "volage adorateur de mille objets divers" (II.v.1636) sont à peine mentionnés, alors que l'un des modèles que Racine a le plus suivi, Sénèque, y consacre une vingtaine de vers au début du premier acte de sa pièce, avant même que Vénus ne soit évoquée. Racine, contrairement à son prédécesseur, insiste sur l'inattendu et la brutalité de l'irruption de cet amour. Le passage est célèbre. Il mérite d'être relu avec attention. Au moment où Phèdre croyait son "repos, [son] bonheur... affermi" elle rencontre Hippolyte à Athènes:

> Je le vis, je rougis, je pâlis à sa vue;
> Un trouble s'éleva dans mon âme éperdue;
> Mes yeux ne voyaient plus, je ne pouvais parler;
> Je sentis tout mon corps et transir et brûler.
> Je reconnus Vénus et ses feux redoutables,
> D'un sang qu'elle poursuit tourments inévitables.
>
> (I.iii.273-78)

Une lecture attentive à la suite des événements, tels que les présentent ces vers, révèle que c'est à son saisissement même que Phèdre croit reconnaître la déesse; c'est ce saisissement, éprouvé dans son corps, qu'elle appelle Vénus. Elle se sent tout à coup incompréhensiblement possédée par ce qui n'est pas elle, alors que ce qu'elle croyait être elle-même s'est logé hors de son atteinte ("De victimes moi-même à toute heure entourée, / Je cherchais dans leurs flancs ma raison égarée" [281-82]). Cette chose étrangère vient du dehors, mais devient elle. Pour s'en défendre, elle doit se déchirer elle-même ("Contre moi-même enfin j'osai me révolter" [291]). Vénus s'est logée dans ses veines, elle est elle, se dévorant elle-même, comme l'indique clairement le contexte d'un vers plus souvent cité seul:

> Ce n'est plus une ardeur dans mes veines cachée:
> C'est Vénus tout entière à sa proie attachée.
>
> (305-06)

Chez Euripide Vénus apparaissait sur scène pour prédire le déroulement de l'action et s'expliquer sur ses intentions. Chez Racine aucune apparition physique ne vient confirmer l'existence de la déesse. Sa présence en Phèdre n'est d'ailleurs reconnue que de Phèdre elle-même, et elle ne mentionne le nom de la déesse que dans des monologues ou en présence d'Oenone, quand elle se livre totalement entre les mains de sa nourrice. Les autres personnages sur scène donnent un autre nom à ce qu'ils observent en Phèdre. Ainsi Hippolyte, quand il parle d'elle, ne sait rien de la "haine de Vénus" acharnée contre cette famille, mais rappelle à son père aveuglé: "Phèdre est d'un sang, Seigneur, vous le savez trop bien, / De toutes ces horreurs plus rempli que le mien" (IV.ii.1151-52). L'hérédité fatale, thème qui apparaît dans *La Thébaïde* comme dans *Britannicus*, devient ainsi une autre formule pour expliquer l'inexplicable. Phèdre elle-même avait d'ailleurs évoqué le destin de sa mère en parlant de la haine de Vénus. Un autre langage encore, celui qu'emploie Oenone, suggère les conceptions d'Euripide ou, si l'on veut, celles des auteurs du Tristan:

> On ne peut vaincre sa destinée.
> Par un charme fatal vous fûtes entraînée.
>
> (IV.vi.1297-98)

Ainsi Racine nous laisse libre de substituer à "Vénus" les mots "passion" ou même "Phèdre", de voir dans l'hérédité l'origine de cet amour irrésistible ou, renonçant aux explications, d'en accepter le mystère que l'on peut baptiser "destinée". Phèdre, elle, ne fait que décrire l'événement bouleversant qui a eu lieu en elle. "Je reconnus Vénus" et "O haine de Vénus" sont pour elle des explications suffisantes de son amour, et elle ne cherche pas les raisons de cette haine, ne se demande pas ce qui a pu la causer, si elle est justifiée ou non.

Pourtant les prédécesseurs de Racine avaient proposé les explications qui manquent ici. La haine de Vénus chez Euripide est toute dirigée contre Hippolyte, et la déesse en fournit la raison: le disciple d'Artémis méprise son pouvoir. Ovide et Sénèque remontent au passé de la famille de Phèdre pour expliquer les persécutions contre celle-ci. Le Soleil, ancêtre de Pasiphaé, a surpris Vénus entre les bras de Mars et celle dont il a ainsi révélé l'adultère se venge sur les descendants du témoin indiscret. Racine ne fait aucune allusion à cette histoire scabreuse qui peint des dieux légers et semblables aux mortels comme ceux qu'évoque, pour son malheur, Oenone. Il ne propose en fait aucune explication historique ou métaphorique au lecteur ou au spectateur et ne l'encourage pas à poser de questions puisque Phèdre n'en pose pas. Vénus n'a pas de réalité extérieure à Phèdre, et décrire les effets de la haine de Vénus c'est décrire les effets de l'amour. La grandeur de Racine dans *Phèdre*, dans ce moment unique de sa création, est en partie de nous mettre en face du mystère et de nous le faire accepter comme tel. *La Thébaïde* et *Iphigénie* sont dépassés. Racine n'offre plus, pour des questions qu'il a posées, des solutions qui s'annulent mutuellement. Il évite les questions, il laisse son texte ouvert à des interprétations diverses qui se côtoient et l'enrichissent sans se contredire.

Hippolyte dont nous voyons les sentiments se développer parallèlement à ceux de Phèdre, a-t-il lui aussi ses dieux personnels? Neptune et Vénus, les dieux de Thésée et de Phèdre, sont bien mentionnés à son propos. Mais l'intimité, l'intensité des rapports de Thésée avec Neptune, de Phèdre avec Vénus manque totalement ici. Hippolyte n'invoque jamais ni l'un ni l'autre, et évite même de prononcer leur nom. Il est significatif que ses rapports avec eux soient d'abord constatés de l'extérieur, par Théramène qui cherche à lui faire prendre conscience de soi.

Dès la première scène Théramène note: "Vous aimez, vous brûlez; / Vous périssez d'un mal que vous dissimulez" (135-36). Il décrit l'état d'Hippolyte; le langage utilisé pourrait décrire celui de Phèdre. C'est qu'il proclame la toute-puissance de Vénus et invite Hippolyte à s'y soumettre, à reconnaître l'amour né en lui, à se livrer à la déesse. Tentateur et comparse qui, pas plus qu'Oenone, ne saurait vraiment comprendre le monde tragique, il essaye de minimiser le danger, de combattre les craintes d'Hippolyte ("d'un chaste amour pourquoi vous effrayer? / S'il a quelque douceur, n'osez-vous l'essayer?" [119-20]), de lui cacher les chances d'égarement (122) toujours liées à la passion chez Racine. Mais son vocabulaire le trahit, il connaît la force de l'amour et en parle comme on parlerait de la mort ("Ah! Seigneur, si votre heure est une fois marquée..." [114]). Hippolyte refuse d'intérioriser cette vue extérieure, d'extérioriser, en leur donnant un nom, ses sentiments intimes. Il refuse de répéter le nom de la déesse. C'est aux dieux en général qu'il s'adresse. Alors que Phèdre dira "Implacable Vénus, suis-je assez confondue?" (III.ii.814), il interroge: "Et les Dieux jusque là m'auraient humilié?" (96). A la notion de l'amour il substitue celle du destin. Et c'est en effet le mystère du destin qui se pose à travers lui, comme à travers Phèdre celui de l'amour.

Le nom de Neptune l'effraye moins. Il reconnaît en lui le "Dieu tutélaire" de son père dont il attend qu'il le protège, comme il le dit à Phèdre:

> Neptune le protège, et ce Dieu tutélaire
> Ne sera pas en vain imploré par mon père.
> (II.v.621-22)

Le dénouement de la pièce rendra cette phrase ironique; Neptune exaucera en effet le voeu de Thésée. Mais le distique révèle aussi le caractère totalement personnel des dieux qui ont un nom: Hippolyte qui ne comprend pas son père dont il ne veut reconnaître que le côté héroïque (I.i) ne peut pas comprendre non plus ses rapports avec le divin ou les forces profondes qui sont en lui. Thésée qui n'a point "imploré [la] puissance immortelle" (IV.ii.1070) de Neptune pour revenir à la vie, l'implorera pour donner la mort.

Le Neptune que connaît Hippolyte est tout autre que celui de son père. Celui de Thésée répand sa colère dans l'univers. Celui d'Hippolyte est, au contraire, le dompteur de chevaux, de la nature sauvage: le jeune homme est "savant dans l'art par Neptune inventé, / [de rendre] docile au frein un coursier indompté" (Théramène: I.i.131-32). Mais il avouera à Aricie ce que Théramène avait constaté: ses "coursiers oisifs ont oublié [sa] voix" (II.ii.552). Touché par l'amour, il ne se "souvien[t] plus des leçons de Neptune" (550). C'est la seule fois qu'il mentionne lui-même ses rapports avec le dieu.

Or au point culminant du récit de la mort d'Hippolyte, Théramène précise que, "traîné par les chevaux que sa main a nourris" Hippolyte "veut les rappeler, et sa voix les effraie. / Ils courent. Tout son corps n'est bientôt qu'une plaie" (V.vi.1548-50). On a rapproché ces vers, à juste titre, me semble-t-il, de son aveu à Aricie[9]. Quand le drame s'engage, Théramène rapporte que "Ses superbes coursiers, qu'on voyait autrefois / Pleins d'une ardeur si noble obéir à sa voix", "sourds à cette fois, / ...ne connaissent plus ni le frein ni la voix. / En efforts impuissants leur maître se consume" (1503-04; 1535-38). L'importance du rôle des chevaux chez Racine ressort nettement si on compare sa version des événements avec celle d'Euripide et de Sénè-

---

[9] Voir surtout L. Spitzer, "The 'Récit de Théramène'", H.C. Lancaster, "The Horse in French Plays of the Seventeenth Century" et J. Scherer, *La Dramaturgie classique en France*, pp. 380-81.

que. Dès le début du récit Racine, s'éloignant de ses modèles antiques, nous présente Hippolyte avançant silencieux et pensif alors que "sa main sur ses chevaux laissait flotter les rênes" (1502). Chez Euripide et chez Sénèque c'est le monstre seul qui remplit les chevaux de panique; l'Hippolyte de Sénèque réussit même à les calmer un instant par "la voix qu'ils connaissaient si bien". La variante introduite par Racine nous montre les chevaux retournés à la nature et l'oeuvre de dressage défait. Neptune est oublié. Hippolyte ne l'a plus mentionné après son aveu à Aricie au début de l'acte II, lorsqu'il constatait que ce dieu ne jouait plus de rôle dans sa vie. Le Neptune d'Hippolyte, dieu civilisateur, disparaît donc dès ce moment de la pièce.   235981.

Certes, dans le "récit de Théramène" un dieu est mentionné ("On dit qu'on a vu même, en ce désordre affreux, / Un Dieu qui d'aiguillons pressait leur flanc poudreux" [1539-40]); ce ne peut être le Neptune d'Hippolyte, sans existence désormais. En effet, dire que Neptune et Vénus sont, chez Racine, les noms donnés par leur victime à une passion irrésistible, venue soudain se saisir d'eux, ne peut que mener à la confusion si—comme le font trop volontiers les commentateurs—on s'arrête là pour se placer à un point de vue totalement différent quand on en vient à parler soit d'Hippolyte, soit du déroulement de l'action. Racine n'a pas donné de nom au dieu du "récit de Théramène": dieu anonyme, il est la vision des hommes terrifiés, de ceux qui ont fui "dans le temple voisin" devant l'attaque du monstre. Si ce dieu est Neptune, il peut tout au plus s'agir du Neptune de la fureur de Thésée, le seul Neptune dont il ait été question après le retour du roi—rappelant Euripide dont l'Hippolyte disait à son père: "Même sans eux [les dons de Poséidon] tu m'aurais tué / tu étais tellement en colère" (1413-14)[10].

---

[10] Pour L. Spitzer, dans sa remarquable exégèse, "The 'Récit de Théramène' ", la mort d'Hippolyte est la vengeance de Neptune négligé par Hippolyte en faveur de Vénus (p. 95). On peut d'abord hésiter à assigner à Neptune un rôle qui le rapproche plus d'Aphrodite que de l'Artémis d'Euripide. Mais on peut hésiter aussi à accepter dans une même pièce la présence de deux dieux distincts du même nom, même si nous avons admis que Racine laisse coexister des interprétations diverses sur l'origine de la passion de Phèdre.

Si l'on accorde à Neptune une existence indépendante des personnages de *Phèdre*, tout indique qu'il faut voir en lui un dieu civilisateur dont Thésée a lui-même mal compris la nature. Thésée avait jadis aidé le dieu et secondé ses intentions en débarrassant ses rivages d'"'assassins", des ennemis, donc, d'une vie civilisée. La tâche que le dieu est maintenant appelé à remplir n'est semblable qu'en apparence et par malentendu à celles que Thésée a jadis accomplies pour lui: au lieu de mener à éliminer des monstres destructeurs, elle mène à la perte d'un innocent. Ainsi, si l'on intègre l'interprétation de L. Spitzer dans un contexte plus général, on s'aperçoit que Thésée a lui aussi abandonné le dieu, dans le sens qu'il a abandonné sa mission. On pourrait alors dire que

En effet, contrairement à celui-ci qui déclare son amour à Artémis
venue le consoler et apporter la vérité dans la dernière scène de la
tragédie Hippolyte de Racine n'a pas, à la fin de *Phèdre*, de dieu personnel. Aussi n'est-il pas possédé comme Phèdre ou son père; il n'a pas de
passion d'une force égale à opposer aux leurs, à ces passions que l'on
reconnaît à leur "fureur"—le mot, qui fait songer à la possession
divine, est utilisé pour caractériser tant la colère de Thésée que
l'amour de Phèdre et, en dernier lieu, le monstre surgi des flots. Dès le
début de la pièce l'Hippolyte de Racine se distingue moins par la soif
de la vie et la passion pour les sports virils qui sont les attributs du
jeune homme chez Euripide, que par un refus. Il chasse, mais ce n'est
pas avec la belle vigueur animale du héros grec et presque plus encore
du héros latin. Peut-être le dressage des chevaux, la course et la chasse
étaient-ils jadis pour lui une passion qui prit ce nom de Neptune dont
on trouve le souvenir dans ses discours. Mais au moment où s'engage
la tragédie, cette passion a perdu sa force. L'amour a pu le changer; il
ne l'a pas rendu si étranger à lui-même qu'il ait dû, comme Phèdre,
reconnaître une autre vie en soi. Son amour, devenu légitime à ses
yeux après son bannissement, n'est pas en conflit avec sa raison. Il ne
le divise donc pas en deux êtres, lui-même et un intrus. Hippolyte, qui
ne se livre à aucun dieu personnel et donc n'en reconnaît aucun en lui,
n'est vraiment lié qu'aux "dieux" généraux et abstraits auxquels l'attachent jusqu'à la fin une foi, une "pietas" profonde.

Ces dieux généraux représentent, nous l'avons vu, des valeurs acceptées de tous, un ordre aux lois qu'on craint d'enfreindre. Les personnages de la pièce qui s'adressent à eux les éprouvent comme vivants, puissants, capables d'intervenir dans les affaires humaines pour
punir et récompenser, ou choisissant de le faire d'une façon que
l'homme éprouve comme mystérieuse; leur intervention surnaturelle
est pour l'homme son destin. Les dieux, le destin, éveillent des réactions différentes chez chacun des personnages, et chacun interprète
de façon personnelle sa responsabilité propre, ses devoirs et la
conduite qu'il doit tenir face à ces dieux. Les réactions divergentes au

Neptune le punit en se retournant contre lui comme il se retourne contre Hippolyte qui
néglige "l'art par Neptune inventé": le père et le fils sont livrés à la passion, et la
prophétie d'Aricie se réalise, le "présent du ciel", la destruction d'Hippolyte, devient la
peine du crime (1438).
  Toutefois l'hypothèse d'une existence objective d'un dieu avec des intentions et une
psychologie à lui ne me semble pas indispensable. La réalité de Neptune est parallèle à
celle de Vénus: il est le produit de la passion de Thésée. Mais comme dans le cas de
Vénus, Racine nous laisse le choix de croire ou non à une existence objective de la
divinité.

départ, se rejoignent ensuite, permettant qu'une impression unique sur le rôle de l'homme face à son destin se dégage de la tragédie dans son ensemble.

"La fortune à mes yeux cesse d'être opposée, / Madame" (III.iv.913) déclare Thésée à son arrivée sur scène. Cette formule tout à fait galante jure avec la gravité de la situation à Trézène. L'emploi conventionnel de "la fortune" jure aussi avec l'horreur de ce que Thésée vient de vivre. Il avait quitté sa famille pour seconder son ami Pirithoüs et ravir la femme du "tyran de l'Epire". Celui-ci surprit les deux amis, livra Pirithoüs "à des monstres cruels" qui le dévorèrent et enferma Thésée "dans des cavernes sombres, / Lieux profonds et voisins de l'empire des ombres" (III.v.965-66). L'entreprise avait été mal conçue: "Le sort irrité nous aveuglait tous deux" dit Thésée pour expliquer qu'ils furent pris sans défense. Il ne manifeste pas d'autres regrets à propos de cette aventure et ne l'interprète pas davantage. Six mois plus tard "les Dieux enfin [l']ont regardé" (967), il a pu tuer son persécuteur et s'échapper. Mais s'il se présente comme favorisé des dieux dans son récit, quelques vers plus loin il se plaint: "Avec quelle rigueur, destin, tu me poursuis!" (IV.i.1003). On voit que son attitude envers le sort n'est guère fixée. Ce qui est constant, par contre, c'est qu'il ne se sent nullement responsable des événements. Il préfère en accuser d'autres, ici le destin.

La frivolité de son attitude peut surprendre d'autant plus que Thésée vient d'accomplir, littéralement, une descente aux enfers. La tradition que Racine cite dans la préface rapportait en effet que Thésée était "descendu dans les enfers pour enlever Proserpine", et on en trouve l'écho dans les paroles de Phèdre qui précèdent son aveu d'amour à Hippolyte (II.v.637) comme dans la rumeur publique que rapporte Ismène, la confidente d'Aricie (II.i.383-88). Mais, s'appuyant sur Plutarque, Racine évite de se charger d'un monde mythique encombrant et se contente de faire aller Thésée jusqu'à ces cavernes "voisin[es] de l'empire des ombres". Ce voyage incomplet n'a, d'autre part, été que physique. Il n'a entraîné aucune renaissance, aucune prise de conscience, en contraste marqué avec la descente aux enfers toute spirituelle de Phèdre à l'acte suivant. Toute sa vie le héros Thésée a combattu monstres et tyrans visibles et extérieurs, les poursuivant jusqu'aux confins de la terre, fuyant ce que pouvait receler les abîmes intérieurs[11].

Le manque de clairvoyance et de sens des responsabilités que révèle le récit de ses aventures est suggéré dès son arrivée sur scène par une

---

[11] Voir L. Goldmann, *Le Dieu caché*, pp. 423-27, et mon "Théramène, fuyons..."

remarque d'Hippolyte. Phèdre vient de sortir avec des paroles mystérieuses; Hippolyte implore:

> Souffrez que pour jamais le tremblant Hippolyte
> Disparaisse des lieux que votre épouse habite.
> > THÉSÉE
> Vous, mon fils, me quitter?
> > HIPPOLYTE
> > Je ne la cherchais pas:
> C'est vous qui sur ces bords conduisîtes ses pas.
> Vous daignâtes, Seigneur, aux rives de Trézène
> Confier en partant Aricie et la Reine:
> Je fus même chargé du soin de les garder.
> > (III.v.925-31)

Hippolyte n'accuse pas directement son père d'avoir provoqué
l'amour qui s'est déchaîné en son absence, mais Racine fait ressortir la
part de responsabilité de Thésée d'autant plus que les paroles d'Hippolyte font écho à celles de Phèdre. Dans son aveu à Oenone, celle-ci
expliquait en effet qu'après avoir fait exiler Hippolyte elle s'était sentie plus calme, mais que ces "vaines précautions" n'avaient servi à rien
puisqu'elle fut "par [son] époux lui-même à Trézène amenée"
(I.iii.302) et forcée ainsi à revoir Hippolyte, ce qui fit revivre sa passion. Le chaos s'est installé, comme dans *Mithridate*, quand celui à qui
incombait le maintien de l'ordre, le chef de famille et le roi, a abandonné son poste. Mais alors que l'absence de Mithridate était involontaire, Thésée, lui, abdique ses responsabilités pour courir une aventure d'amour illégitime, la dernière en date de celles qui lui ont fait
perdre l'aspect "fidèle,... fier et même un peu farouche" qui attire et
Aricie et Phèdre vers son fils. Afin d'être libre, il a rapproché ceux qui
auraient dû rester séparés. Ce qu'il appelle le destin qui le poursuit
est, Racine nous le fait comprendre, la suite naturelle de ses actions
irréfléchies.

Dans le même esprit, se délestant sur le destin plutôt que d'assumer
ses responsabilités, Thésée transfère à Neptune sa propre fureur
contre Hippolyte. Pendant longtemps il s'aveugle sur la véritable signification de la malédiction qu'il a prononcée. Il pense avoir évité
que la mort d'Hippolyte "honteuse à [sa] mémoire / De [ses] nobles
travaux vienne souiller la gloire" (IV.ii.1057-58). Il explique fièrement à Phèdre: "Non, Madame, en mon sang ma main n'a point
trempé, / Mais l'ingrat toutefois ne m'est point échappé"
(IV.iv.1175-76)[12]. Il faut attendre la mort d'Hippolyte avant que l'atti-

---

[12] La mauvaise foi de Thésée éclate davantage encore si on juxtapose ces vers à ceux où
Phèdre s'accuse, et où revient presque le même langage. Oenone: "Vos mains n'ont
point trempé dans le sang innocent?" Phèdre: "Grâces au ciel, mes mains ne sont point
criminelles. / Plût aux Dieux que mon coeur fut innocent comme elles!" (I.iii.220-22).

tude de Thésée ne se modifie, et l'insistance de Phèdre pour qu'il reconnaisse vraiment le sens de ses actions et prenne position face au destin et aux dieux en fonction de sa responsabilité personnelle.

En effet, à l'arrivée de Théramène venu transmettre les dernières volontés d'Hippolyte, Thésée tente deux fois encore de se dissocier de la mort de son fils. Lorsque paraît le messager, il l'interpelle:

> Théramène, est-ce toi? Qu'as-tu fait de mon fils?
> Je te l'ai confié dès l'âge le plus tendre.
> (V.vi.1488-89)

Mais Théramène n'est pas coupable. Alors Thésée s'écrie:

> Mon fils n'est plus? Hé quoi! quand je lui tends les bras,
> Les Dieux impatients ont hâté son trépas?
> (V.vi.1495-96)

Après avoir essayé d'impliquer Théramène dans la mort d'Hippolyte, Thésée se tourne donc vers "les Dieux". Il n'invoque pas Neptune qui incarnait sa colère, dissipée depuis que des soupçons sur son bien-fondé l'ont envahi. Il ne reconnaît pas d'abord dans la mort de son fils le prolongement de cette colère et de son impatience (IV.v.1190-93), et, oubliant ses sentiments, tout au destin d'Hippolyte, il s'adresse aux dieux garants de l'ordre du monde.

Mais après avoir écouté le récit de Théramène son attitude change à nouveau. Les dieux deviennent d'"inexorables Dieux" qui l'ont "trop servi" (1572), et il prend ses distances:

> Je hais jusques aux soins dont m'honorent les Dieux;
> Et je m'en vais pleurer leurs faveurs meurtrières,
> Sans plus les fatiguer d'inutiles prières.
> Quoi qu'ils fissent pour moi, leur funeste bonté
> Ne me saurait payer de ce qu'ils m'ont ôté.
> (V.vii.1612-16)

Les dieux ne sont pas mis en accusation dans ces vers mais, reconnaissant enfin le lien qui unit la mort d'Hippolyte et ses propres désirs, Thésée, épouvanté devant les forces qu'il a déchaînées, ne veut plus que rompre avec ces puissances qui les amplifient.

Toutes les mythologies comme les contes de fées qui en sont le prolongement connaissent l'histoire de voeux (ils sont en général trois, le nombre dont dispose d'ailleurs le Thésée d'Euripide et celui de Sénèque) accordés par une puissance supérieure à un être humain pour le récompenser de quelque haut fait ou acte de générosité. Dans les contes de fées—souvent intitulés "Les Trois Voeux"—le dernier voeu doit être gaspillé pour réparer les dégâts causés par les précédents. Les personnages qui, comme Oedipe ou Créon, sollicitent de leur propre mouvement l'intervention des dieux pour servir ce qu'ils pensent être la justice s'aperçoivent, quand ils ont été exaucés, qu'ils se sont condamnés eux-mêmes. L'homme se croit volontiers appelé à rectifier le cours des événements. Les mythes le montrent incapable de jouer le rôle du destin conformément à son idée de la justice. Sa myopie, ses passions ne peuvent qu'apporter la destruction s'il cherche à dépasser le cadre limité et naturel qui lui est assigné dans l'ordre du monde. Dans les contes de fées le mal se répare. Dans le mythe il est irréversible, et la tragédie retrouve la morale du mythe. Thésée de Racine comprend que les conséquences de son voeu lui échappent et, son fils mort, il s'interdit désormais toute prière.

Mais devant des forces qui lui sont inconnues, Thésée est sans courage. Il refuse même de poser des questions et "consen[t] que [ses] yeux soient toujours abusés" (1599). C'est Phèdre, mieux initiée au monde spirituel, qui le force à écouter ce qu'il ne veut pas demander, et qui lui révèle la vérité: Hippolyte était innocent. Alors seulement Thésée peut comprendre pleinement le sens de son acte: il a été coupable non d'un excès de colère, mais il a été injuste et aveugle; il n'a pas trop châtié: sa colère a tué un innocent. Il tire les conséquences de ses actions dans les vers par lesquels se termine la tragédie:

> Allons de ce cher fils embrasser ce qui reste,
> Expier la fureur d'un voeu que je déteste.
> Rendons-lui les honneurs qu'il a trop mérités;
> Et pour mieux apaiser ses mânes irrités,
> Que, malgré les complots d'une injuste famille,
> Son amante aujourd'hui me tienne lieu de fille.

Les dieux dont Thésée se dissociait déjà plus haut tout en les rendant responsables de la mort d'Hippolyte ne sont plus mentionnés; la "fureur" est redevenue l'attribut du "voeu" de Thésée. Le ciel se ferme et nous sommes entre humains. Seuls les "mânes" d'Hippolyte sont évoqués. Sa place est rendue au jeune homme, et Thésée lui-même reprend la sienne dans l'ordre du monde, place de roi, place de père selon les voeux de son fils. Thésée s'est laissé entraîner par la passion qu'il a confondue avec la justice et a voulu instaurer une justice absolue, une justice divine. A la fin de la tragédie, sans questions sur le destin, sans reproches aux dieux, il sépare son chemin du leur et rétablit sur terre l'ordre qu'il avait contribué à bouleverser. Sans doute y a-t-il des forces surnaturelles dans *Phèdre*—la mort d'Hippolyte, pour être symbolique, n'en est pas moins réelle—mais, parce que les personnages ne les interrogent pas, nous ne savons rien d'elles sinon qu'elles ne sauraient servir d'alibi. Les dernières répliques de Thésée nous montrent les dieux et les hommes, comme chez Sophocle, suivant des voies parallèles mais indépendantes.

Chez Phèdre nous voyons plus clairement encore que chez Thésée le rôle réciproque des dieux personnels et des dieux généraux. Sa première invocation quand elle se traîne, mourante, sur scène, s'adresse au soleil:

> Noble et brillant auteur d'une triste famille,
> Toi, dont ma mère osait se vanter d'être fille,
> Qui peut-être rougis du trouble où tu me vois,
> Soleil, je te viens voir pour la dernière fois.
>
> (I.iii.169-72)

Elle est venue, quoique ses yeux soient "éblouis du jour [qu'elle] revoit", quoique son esprit soit si troublé qu'elle ne peut s'empêcher de rêver "à l'ombre des forêts", à "un char fuyant dans la carrière", au monde d'Hippolyte. Elle cherche pourtant à se ressaisir: "Oenone, la rougeur me couvre le visage" (182). La rougeur qu'elle vient d'attribuer au soleil marque ses propres traits.

L'identification de Phèdre avec le soleil est donc profonde. Comme Vénus, il est pour elle un dieu personnel. Il fait partie de Phèdre, dont le nom signifie d'ailleurs lumière, au même titre que la déesse de l'amour: parce qu'il vit en elle. Mais du fait qu'il représente les lois sociales projetées en ordre cosmique, le Soleil (tout comme Minos qui le double à l'acte IV) joint au rôle de dieu personnel celui qui, dans la pièce, revient aux dieux généraux. Parce que Phèdre a totalement intériorisé leurs lois, ces dieux-surmoi sont à la fois extérieurs, "dieux", et intérieurs, dieux personnels, Soleil, Minos.

Dieux généraux personnalisés, dieux-surmoi, le Soleil et Minos sont des figures paternelles divinisées: le Soleil est l'ancêtre de Pasiphaé, Minos est le père de Phèdre, devenu juge aux enfers. Pour Phèdre ils représentent des lois, mais aussi une famille. Or nous avons vu à travers les pages précédentes l'importance que revêtait chez Racine le lien de l'individu avec les ancêtres. Le faisceau métaphorique de *Phèdre* éclaire son sens profond. La famille représente l'ordre et se rattache au surmoi. Pourtant même sa mère et sa soeur dont elle se remémore les malheurs avec douleur et compassion semblent, si paradoxal que cela puisse paraître, donner à Phèdre une certaine assurance: elle accepte sans protestation de venir se ranger "la dernière et la plus misérable" parmi celles qui furent coupables peut-être, victimes sûrement. Mais elle est surtout la descendante de ceux qui incarnent la morale et elle revendique cette filiation avec beaucoup d'insistance.

L'importance de ce fait ressort clairement si l'on compare, comme le font volontiers les critiques, Phèdre et Eriphile. Celle-ci aime, elle aussi, un homme qu'elle ne devrait pas aimer. Elle aussi est jalouse. Mais, enfant abandonnée, c'est un être sans attaches comme beaucoup des grands passionnés de Racine, comme Hermione, comme Pyrrhus veulent l'être, comme l'est Roxane. Rien en elle ne fait contrepoids à sa passion, et sa vie se termine en un geste d'orgueil, alors que la grandeur tragique reste latente en elle. Phèdre, elle, au moment où son désespoir arrive à son paroxysme, est sauvée des crimes qu'elle envisageait, par le souvenir de ceux dont elle est issue, par l'apparition, en une sorte de vision hallucinatoire, du Soleil et de Minos, le jugement incarné des dieux omniscients et omniprésents. Elle gagne sa lucidité à se voir par leurs yeux:

> Misérable! et je vis? et je soutiens la vue
> De ce sacré Soleil dont je suis descendue?
> J'ai pour aïeul le père et le maître des Dieux;
> Le ciel, tout l'univers est plein de mes aïeux.
> Où me cacher? Fuyons dans la nuit infernale.
> Mais que dis-je, mon père y tient l'urne fatale;
> ....
> Minos juge aux enfers tous les pâles humains.
> (IV.vi.1273-80)

C'est la descente aux enfers de Phèdre: elle subit une mort anticipiée ("Fuyons dans la nuit infernale"), elle connaît l'enfer de la souffrance ("Ah douleur non encore éprouvée!... Tout ce que j'ai souffert, mes craintes, mes transports, / La fureur de mes feux, l'horreur de mes remords, / ...N'était qu'un faible essai du tourment que j'endure" [1225-30]). Sa comparution imaginaire devant le juge des morts traduit, métaphore et réalité, son épreuve avec une puissance et une justesse extraordinaires. Phèdre reviendra de son voyage jusqu'au monde de la mort avec des forces renouvelées, la force de s'insurger contre sa faiblesse et contre Oenone. Quand elle paraîtra une dernière fois sur scène après une absence qui a duré toute la longueur d'un acte, ce sera pour apporter la lumière, en forçant Thésée à regarder la vérité en face. Dans les dernières paroles qu'elle prononce on reconnaît la présence de Minos et du Soleil:

> Et la mort, à mes yeux dérobant la clarté,
> Rend au jour, qu'ils souillaient, toute sa pureté.

Elle va rejoindre Minos; sa volonté épouse la transparence de la lumière du Soleil.

Leur présence a remplacé celle de l'amour. La lutte entre ces forces contraires se situe dans la partie centrale de la tragédie. L'influence de Vénus, nous l'avons vu, est encore combattue par celle du Soleil au moment où Phèdre paraît sur scène. L'aveu forcé à Oenone, la nouvelle de la mort de Thésée, l'amènent au premier plan. Au milieu, presque mathématiquement parlant, de la pièce, à la scène 2 de l'acte

III, Phèdre, pendant la longueur d'une tirade, s'abandonne totalement à la déesse et, en la priant d'amener Hippolyte à l'aimer, accepte
l'identification qu'elle a tant combattue: "Déesse, venge-toi: nos causes
sont pareilles" (822). Comme Thésée veut propager sa passion à travers Neptune, Phèdre veut le faire à travers Vénus. Mais c'est la
dernière fois. A la scène suivante le retour de Thésée est annoncé et le
monde entier se change pour Phèdre en une cour de justice ("Il me
semble déjà que ces murs, que ces voûtes / Vont prendre la parole et
prêts à m'accuser, / Attendent mon époux pour le désabuser"
[854-56]), alors qu'Hippolyte devient pour elle un "monstre effroya-
ble" (884). Le nom de Vénus ne sera plus prononcé par Phèdre. Son
lien avec la déesse se défait, et si l'amour n'est pas mort, il est remplacé
dans ses discours par sa condamnation d'elle-même, par le Soleil,
Minos et les dieux.

Mais il y a dans *Phèdre* une autre puissance que celle des passions et
de l'ordre moral, c'est le destin. Il est désigné tour à tour par les mots
"fortune", "sort", "destinée", plus souvent encore par le terme général
"Dieux". Le Soleil et Minos ne participent pas à l'aspect destin des
dieux impersonnels. Neptune et Vénus par contre le font parfois.
"Les dieux inexorables" prennent la place de "Neptune" quand Thésée interroge Théramène sur la mort de son fils. Il en est de même
pour Vénus: Phèdre prononce son nom quand elle parle du dieu
personnel qui se confond avec l'amour. Mais lorsque cet amour lui
apparaît comme son destin, elle n'accuse pas Vénus mais les "Dieux"
de l'avoir fait naître. Ainsi, dans la seconde partie de son aveu à
Hippolyte, elle explique:

> Objet infortuné des vengeances célestes,
> Je m'abhorre encor plus que tu ne me détestes.
> ....
> Les Dieux m'en sont témoins, ces Dieux qui dans mon flanc
> Ont allumé le feu fatal à tout mon sang,
> Ces Dieux qui se sont fait une gloire cruelle
> De séduire le coeur d'une faible mortelle.
> (II.v.677-82)

Sans doute Phèdre ne veut-elle pas prononcer devant le jeune homme
le nom de la déesse qu'il méprise. Mais d'autre part on doit constater
que l'amour, tel qu'elle le lui présente, est vécu comme destin, alors
qu'en parlant à Oenone de Vénus, elle décrivait la naissance et le
développement du sentiment qui l'obsédait.

Au cours de l'aveu à Hippolyte les dieux apparaissent dans une
double fonction: Phèdre les voit à la fois comme "dieux témoins", ces
dieux qui représentent la justice et la vérité et, d'autre part, se confondant avec eux, comme les dieux responsables de sa passion, dieux

destin, dieux "cruels", parmi lesquels Vénus, désormais dépersonnalisée, vient se ranger.

En effet, si le parallélisme entre l'aveu à Oenone et l'aveu à Hippolyte ne suffisait pas à le signaler, l'emploi du mot "cruel" trahirait la présence de Vénus derrière ces dieux anonymes. Cet adjectif, lorsqu'il n'est pas appliqué à Hippolyte—adjectif galant qui retrouve ici sa force (II.v.670; 684)—est, dans la bouche de Phèdre, l'attribut de Vénus. Ainsi, dans une courte prière, elle insiste deux fois en trois vers sur la cruauté de la déesse ("Tu ne saurais plus loin pousser ta cruauté, / Ton triomphe est parfait; tous tes traits ont porté. / Cruelle" [III.ii.815-17]). On retrouve le même adjectif, ayant quitté Vénus pour se fixer sur un dieu anonyme, quand Phèdre plaide sa cause devant Minos ("Pardonne. Un Dieu cruel a perdu ta famille" [IV.vi.1289]). Vénus, l'amour, en tant que déesse, est de nouveau perçue comme le destin de Phèdre.

Les dieux destin ont été "inexorables" pour Thésée. Ils sont "cruels" pour Phèdre. Mais, cela dit, Phèdre comme Thésée s'arrête. Elle ne prononce pas d'accusation. Tout autre était l'attitude de Jocaste qui, ayant constaté la cruauté des dieux, s'interrogeait: "Prennent-ils donc plaisir à faire des coupables / Afin d'en faire après d'illustres misérables?" (*La Thébaïde*, II.ii.695-96). L'attitude de Racine a profondément changé depuis sa première pièce. Phèdre ne se présente pas comme une victime choisie entre toutes, cible de la méchanceté des dieux. Elle ne fait pas de remarques ironiques sur la justice divine comme Jocaste (692). Jamais elle n'interroge "Pourquoi moi?" ou ne demande en quoi elle a mérité d'être frappée de cet amour qui fait son malheur. Les dieux ne sont pas appelés en jugement; Phèdre ne leur demande pas de comptes. Elle constate.

En cela *Phèdre* rappelle le théâtre grec; non celui d'Euripide, si vacillant, si incertain, accusateur de dieux querelleurs, mais celui de Sophocle que Racine admirait profondément et dont il aurait traduit impromptu l'*Oedipe* devant un auditoire en larmes. Oedipe lui non plus ne demande pas aux dieux pourquoi ils l'ont désigné comme victime. Le monde des dieux a son existence et ses lois propres. Oedipe aux prises avec son destin ne cherche pas à en pénétrer le mystère. Ses préoccupations se rapportent au monde qui est le sien, au monde des hommes[13].

---

[13] C'est naturellement le christianisme qui répand la notion d'un Dieu personnel, sans qui aucun passereau ne peut tomber du ciel, aucun cheveu de notre tête, un Dieu qui a voulu sauver chaque homme, du plus noble au plus humble. Fort de cette attention personnelle, le chrétien est tenté d'interroger Dieu, de Lui demander pourquoi il a été choisi pour une épreuve donnée. Il eût été naturel que l'oeuvre de Racine reflètât cette attitude, mais nous n'en trouvons aucune trace dans *Phèdre*.

Les points de rencontre sont nombreux entre *Oedipe Roi* et *Phèdre*, depuis le choix du sujet—tous deux sont une tragédie de l'inceste, et l'on a dit que *Phèdre* ne représentait que l'inceste oedipien renversé—jusqu'aux images—l'importance des yeux en particulier[14]. Mais c'est la lutte de l'homme contre son destin qui retiendra surtout notre attention, l'oeuvre de Sophocle pouvant éclairer celle de Racine.

Comme Oedipe, surtout dans *Oedipe à Colone*, Phèdre insiste jusqu'au dernier soupir sur son innocence. C'est Vénus, ce sont les dieux qui ont allumé en elle la "flamme funeste" dont elle souffre. Nous avons vu que ce disant elle rend très exactement l'étrangeté du sentiment qui l'a envahie. L'amour, qu'il soit perçu comme sentiment ou comme destin, lui est également extérieur. Pourtant, tout comme Oedipe avait accepté la responsabilité des actes qu'il avait commis sans l'avoir voulu, et s'en était puni, Phèdre, en se tuant, assume la responsabilité de sentiments auxquels elle ne peut échapper, et notre attention est dirigée vers les décisions des hommes, non vers celles des dieux.

En effet les dieux, nous devons le constater à nouveau, ne jouent plus qu'un rôle mineur à la conclusion de la tragédie de Racine. Pas plus que Thésée, Phèdre ne prononce le mot "dieux" dans sa dernière tirade, alors qu'il était si fréquent jusque là dans son discours. Ainsi dans les deux vers qui précèdent sa mort ("Et la mort, à mes yeux dérobant la clarté, / Rend au jour, qu'ils souillaient, toute sa pureté") ce qui était apparu plus tôt comme son rapport avec Minos et le Soleil n'est traduit que par les termes abstraits "mort", "clarté", "jour", "pureté". Un seul vers de la tirade fait allusion aux puissances célestes, et

---

[14] Choix d'images et de sujet sont naturellement liés. La recherche de la vérité est un des grands thèmes d'*Oedipe* et l'aveuglement physique s'opposant à l'aveuglement moral est un des symboles fondamentaux de la pièce. Les yeux, on l'a souvent dit, jouent un grand rôle chez Racine en général (cf. notamment L. Spitzer, *op. cit.*, Ch. Mauron, *L'Inconscient*, p. 156, qui insistent sur le regard révélateur et le regard-conscience, et J. Brody "Les Yeux de César"). Le vocabulaire "oculaire" est particulièrement important dans *Phèdre* et correspond à des préoccupations semblables à celles d'*Oedipe*.

Freud a vu dans l'aveuglement d'Oedipe une traduction symbolique de l'acte de castration, punition rituelle de celui qui a violé un tabou sexuel. Dans son répertoire des légendes sur le même thème que *Phèdre*, P. Bénichou a noté plusieurs exemples où le jeune homme aimé par la femme défendue se châtre, est châtré ou aveuglé (*L'Ecrivain et ses travaux*, pp. 242, 244 *et passim*). Dans une analyse freudienne on pourrait dire que *Phèdre* met en oeuvre le même thème qu'*Oedipe*, mais censuré plus sévèrement. L'homme qui écrit, s'il est tenté par l'amour pour la mère, intervertit les rôles et donne à la femme qui tente le héros les sentiments qu'il aimerait trouver en elle en réponse aux siens. C'est en ces termes que Freud analyse les sentiments du jeune homme dans la nouvelle de Stefan Zweig, *Die Verwirrung der Gefühle* (in *Dostojevski und die Vatertötung*). Ainsi Ch. Mauron parle d'un "Oedipe retourné" pour *Phèdre*, dû au fait que, selon son interprétation des structures profondes chez Racine, la mère devait être coupable et

Phèdre choisit la formule la plus impersonnelle entre toutes: "Le ciel, dit-elle, mit dans mon sein une flamme funeste". Le reste des explications qu'elle offre sur sa conduite est consacrée exclusivement aux facteurs humains qui ont précipité l'action. L'amour ayant été implanté en Phèdre, c'est elle qui jeta "un oeil profane, incestueux" sur Hippolyte. "La détestable Oenone a conduit tout le reste".

La lutte d'un être humain pour assumer lui-même son destin se traduit pour Phèdre en lutte entre sa volonté et sa faiblesse. Ses rapports avec Oenone permettent d'en suivre toutes les étapes. "La perfide, abusant de ma faiblesse extrême", c'est ainsi qu'elle décrit ces rapports dans sa dernière tirade. Et en effet Phèdre, alléguant sa propre incapacité d'agir, s'était remise entre les mains de sa nourrice à chaque moment critique[15]. La condamnation ultime de la "détestable Oenone" se rattache à la grande scène où Phèdre l'avait repoussée au retour de sa "descente aux enfers" (IV.vi). S'étant séparée d'elle avec une brutalité qui ne peut s'expliquer qu'au niveau symbolique, Phèdre, enfin indépendante et détachée de la tutelle de celle qui a veillé sur son enfance, s'apprête à venir aux prises avec son destin, à prendre elle-même "soin de [son] sort exécrable". Son destin étant lié à cette faiblesse qui a permis à l'amour illicite de s'installer en elle—les dieux, dit-elle, se sont fait "une gloire cruelle / De séduire le coeur d'une faible mortelle" (II.v.681-82)—elle se détournera par un même mouvement d'Oenone, de Vénus, et des dieux destin.

"La faiblesse aux humains n'est que trop naturelle. / Mortelle, subissez le sort d'une mortelle": Oenone, en voulant consoler sa maîtresse, lui offrait la passivité devant le destin, lui proposait de rejoindre le commun des mortels. La faiblesse ne caractérise pas la conduite de Phèdre seulement, elle est l'expression de la condition humaine. Or

---

non le fils (*L'Inconscient*, pp. 143, 165, 175). P. Bénichou qui s'oppose explicitement à toute interprétation freudienne, constate néanmoins que dans la légende le jeune homme n'est jamais tenté par les avances que lui fait la Tentatrice-Accusatrice et ajoute: "Psychologiquement, littérairement, l'exclusion d'une donnée aussi naturelle et féconde est étrange. Cette constante donne, je crois, une des clefs du conte, qui n'accepte qu'à travers une censure rigoureuse l'idée de la puissance du désir" (*op. cit.*, p. 259).

[15] Les mots "A tes conseils je me laisse entraîner" concluaient le premier acte: Phèdre acceptait d'essayer de vivre si l'amour de son fils pouvait "ranimer le reste" de ses "faibles esprits" (I.v.366). Quand Oenone avait proposé d'accuser Hippolyte, elle avait répondu: "Fais ce que tu voudras, je m'abandonne à toi / Dans le trouble où je suis, je ne puis rien pour moi" (III.iii.911-12). Mais lorsqu'Oenone décrète "La faiblesse aux humains n'est que trop naturelle, / Mortelle, subissez le sort d'une mortelle" (IV.vi.1301-02), la réponse de Phèdre est brutale: "Je ne t'écoute plus. Va-t'en, monstre exécrable. / ...Et puisse ton supplice à jamais effrayer / Tous ceux qui, comme toi... / Des princes malheureux nourrissent les faiblesses" en les poussant "au penchant où leur coeur est enclin" (1317-23).

c'est justement en se haussant au delà de cette condition du commun des mortels que le héros se crée dans la tragédie. La tentation de renoncer à la lutte, de céder à la fatigue, est la tentation par excellence du héros tragique, de Rodrigue dans les "Stances", d'Auguste devant la trahison de tous ceux qu'il aimait. Le héros cornélien ne s'y abandonne pas. Phèdre l'a fait—et la perte de son innocence d'action en a été le prix—mais ayant identifié le mal à travers la formulation franche et primaire de sa nourrice, elle surmonte cette tentation une fois pour toutes et par là accède au niveau héroïque. Elle assume sa responsabilité, définie par les valeurs de l'ordre et de la morale telles que les dieux les représentent pour elle, telles qu'elle les a intériorisées et personnalisées dans ses rapports avec le Soleil, ce dieu qui existe indépendamment des dieux destin dont elle s'est détournée.

Ayant choisi, comme Oedipe, de se punir pour ce qu'elle considère, selon ces critères et toutes circonstances atténuantes mises à part, comme condamnable en soi, Phèdre résume l'histoire de sa lutte, puis annonce sa décision de mourir par les mots "j'ai voulu". Au premier acte, avant l'intervention d'Oenone, elle disait de même: "je voulais en mourant prendre soin de ma gloire" (I.iii.309). Ce verbe exprime la fin de la passivité, la traduction de sa vision toujours lucide en action:

> Le fer aurait déjà tranché ma destinée;
> Mais je laissais gémir la vertu soupçonnée.
> J'ai voulu, devant vous exposant mes remords,
> Par un chemin plus lent descendre chez les morts.
> (V.vii.1633-36)

L'action de Phèdre rejoint métaphoriquement ("Et la mort, à mes yeux dérobant la clarté") celle d'Oedipe qui décide une punition pire que la mort quand il se crève les yeux. Lui aussi tient à séparer les responsabilités: "C'est Apollon, Apollon mes amis / qui a fait ces malheurs, mes malheurs, mes souffrances. / Mais personne n'a frappé de sa main mes yeux / que moi-même, misère!" Le destin l'a conduit en aveugle à commettre des crimes. Quand il a été éclairé il a décidé de se punir et, agissant pour la première fois lucidement en toute connaissance de cause, il s'est privé de ces yeux qui ne lui avaient pas servi à voir. Tirésias avait prédit son geste, mais que les dieux aient pu le prévoir dans le monde où ils vivent ne change pas le fait qu'il dépendait de lui, non d'eux. Aussi revendique-t-il hautement son action comme n'émanant que de sa propre volonté.

L'acte de volonté qui s'insère entre les événements dirigés par le destin, ou les passions qui forment le destin, est le seul jeu donné à la liberté de l'homme. Refuser la passivité devant le destin, agir dans le même sens mais de son propre mouvement, telles sont les limites assignées à la liberté de l'homme chez Racine comme chez Sophocle. Mais même si le seul choix possible est le choix du bien comme l'enseignait Descartes à la suite de saint Augustin, il n'en demeure pas moins vrai que c'est dans la revendication de cette liberté que réside la grandeur de l'homme, que c'est elle qui distingue dans la tragédie le héros exemplaire du "faible mortel". Cette liberté peut être illusoire considérée du point de vue de Dieu ou de la psychanalyse, mais le spectateur épouse volontiers une illusion qui correspond à celles dont il à luimême besoin pour agir[16].

La liberté dont il est question dans *Phèdre* n'est pas celle que Narcisse promettait à Néron. Loin de s'opposer à l'ordre, elle coïncide avec lui. Le héros tragique accepte la nécessité de cet ordre, refuse de le contourner, participe, au contraire, à sa création. Phèdre par sa confession empêche que la vision du monde d'Oenone ne s'établisse, que Thésée ne vive avec des demi-vérités, fuyant le royaume où il devrait règner. En se punissant par une lente mort elle ne gagne pas une rédemption personnelle—le corps de Phèdre n'assurera pas la protection d'une ville, par exemple, comme celui d'Oedipe à Colone—elle affirme l'ordre de l'univers en supprimant l'élément étranger qui menaçait de bouleverser la société. La tentation irrésistible, l'amour qu'aucune force humaine ne saurait dompter, n'ont pas plus de place dans la société que l'inceste et le parricide.

Dans ses pièces précédentes Racine avait montré le combat de ceux qui voulaient se libérer contre l'ordre. Ils étaient les êtres passionnés, refusant toute attache, alors que l'ordre, la légitimité et l'innocence étaient caractéristiques de leurs victimes. Dans *Phèdre* la lutte contre l'ordre est intériorisée en celle-là même qui le défend: la passion des Néron se greffe sur une Monime. Loin de s'insurger contre l'ordre social, Phèdre revendique le passé et les liens familiaux. L'ordre social, d'autre part, est présenté en tant qu'ordre universel en harmonie avec l'ordre cosmique comme le suggère le rôle que joue le Soleil, un ordre approuvé par les dieux et non façonné arbitrairement par les hommes. Aussi l'exercice de la liberté, contenu par les limitations qu'impose la société d'*Andromaque* à *Mithridate*, se confond-elle ici avec l'exercice du libre arbitre. Le héros racinien est libre de s'opposer à

---

[16] Selon Freud le désir incestueux a pu se réaliser dans *Oedipe* parce qu'il a été traduit en une fatalité inéluctable. Cette fatalité n'est donc que le déguisement du désir, et c'est pourquoi Oedipe accepte la punition méritée, l'aveuglement qui correspond symboliquement à la castration, pour un acte qui a en fait été désiré (*Dostojewski und die Vatertötung*). Or l'oedipe serait universel, donc aussi inévitable que la prédestination. Mais l'homme ne peut connaître ni l'un ni l'autre. Dieu cache l'avenir; les pulsions inconscientes restent, Freud y revient fréquemment, justement, inconscientes, laissant une illusion de liberté à la volonté.

l'ordre, jadis social, désormais à caractère universel, mais le véritable exercice de sa liberté est de s'y conformer[17].

L'ordre de *Phèdre*, mal défini, plus en défenses qu'en commandements, ne diffère guère en cela de celui des pièces précédentes. Il est ici projeté sur les dieux. De même que les passions, en recevant des noms de dieux, obtiennent une dimension universelle, l'ordre social obtient une dimension cosmique par cette divinisation. Mais en fait cette projection en deçà du monde humain ne change pas la nature de l'ordre, et les dieux sont même, omission significative, quasiment exclus de la conclusion de *Phèdre*.

Nul ne croit plus fermement à l'ordre moral qu'Hippolyte. Il est persuadé que les dieux veillent à ce qu'il soit maintenu parmi les hommes. Il ne peut concevoir que les dieux tolèrent l'avènement au trône d'Athènes du fils d'une mère coupable; il est convaincu que les dieux le protègent à cause de son innocence. Sa mort viendra apporter un terrible démenti à sa foi. Aussi ne prononce-t-il plus le nom des dieux, si souvent invoqués par lui auparavant, quand, déchiqueté par les rochers et les ronces, gisant non loin du tombeau de ses ancêtres où il espérait commencer une vie nouvelle avec Aricie, il rassemble les forces qui lui restent pour donner un ultime message à Théramène. Comme le fera Phèdre, mourante elle aussi, quelques vers plus loin, il se contente du mot "ciel", plus neutre, en affirmant une dernière fois son innocence ("Le ciel... m'arrache une innocente vie" [V.vi.1561]). Si l'on considère que les dernières réflexions du chrétien vont vers Dieu, que dans Euripide Artémis apparaît pour tout élucider, pour absoudre Phèdre et Thésée, l'absence des dieux à la mort d'Hippolyte ne peut paraître fortuite. Toutes les traditions poussaient Racine à les inclure. Hippolyte au contraire, détournant ses pensées des dieux, les concentre sur ceux qui lui survivent. Il recommande Aricie à son père.

L'attitude d'Hippolyte envers les dieux a changé à la suite du combat qui a entraîné sa mort. Jusqu'au dernier acte elle est celle de l'enfant envers ses parents: il les considère tout-puissants et sans défauts, il a une confiance illimitée en eux. Jamais il ne doute qu'ils ne s'intéressent à lui et, parce qu'il agit conformément à ce qu'il croit être leurs lois, il pense qu'ils ont l'obligation de le récompenser et de le

---

[17] Est-il besoin de répéter après tant d'autres qu'il y a là peu d'éléments chrétiens? Non seulement les coïncidences avec Sophocle soulignent l'aspect pré-chrétien de ces conceptions; on doit noter aussi que la contrition de Phèdre est loin d'être totale, qu'elle manque de charité, pour ne pas dire de justice, envers Oenone, et enfin qu'elle se suicide, ce qui est se soustraire aux décrets de Dieu. Quant au climat d'opinions dans lequel vivait Racine, il avait évidemment des aspects chrétiens que j'ai essayé de dégager, en conclusion à la première partie.

protéger. "L'innocence... n'a rien à redouter" dit-il (III.vi.996), réaffirmant l'ordre de l'univers quand les premières paroles de Phèdre à Thésée l'inquiètent. Après avoir appris qu'il était accusé d'un "coupable amour" pour sa belle-mère, il insiste encore: "Sur l'équité des Dieux osons nous confier", ajoutant ce vers étrange: "ils ont trop d'intérêt à me justifier" (V.i.1351-52). Le "justifier" est prolongé par la diérèse; le crédit des dieux repose sur leur défense de l'innocence d'Hippolyte.

Cette attitude de l'enfant, Hippolyte l'a aussi et surtout envers son père. Racine est le seul, parmi les dramaturges qui ont traité ce sujet avant lui, à nous montrer Hippolyte à travers son enfance. A la façon dont les rapports entre le tout jeune Hippolyte et son père sont présentés, on comprend qu'il n'a pas changé: il est resté enfant devant son père, émerveillé devant les hauts faits du héros, embarrassé par ses aventures amoureuses. Jadis il aurait voulu "ravir à la mémoire / Cette indigne moitié d'une si belle histoire" (I.i.93-94) comme l'enfant qui saute les histoires d'amour pour ne lire que celles des combats contre les géants. Il n'accepte pas davantage maintenant que l'amour fasse partie de la vie ("Arrête, et respecte Thésée" [22]). Il se sent humilié des dieux d'être amoureux lui-même (96), souillé par l'amour de Phèdre (II.vi.718) peut-être d'autant plus qu'elle le met en rivalité avec son père, ce qu'il refuse sur tous les plans.

Alors que Thésée était parti à la poursuite de monstres divers dès sa jeunesse (III.v.937-44), Hippolyte s'est retiré pour chasser à Trézène, "paisibles lieux" "chers à [son] enfance" (I.i.30). Il n'a pas encore affronté le monde, ne s'est jamais mesuré à ses dangers. Quand il se décide enfin à quitter cette enclave protégée pour faire ses preuves, cherchant d'ailleurs surtout à fuir Phèdre et Aricie, éléments étrangers dans son monde familier, on le sent écrasé par la conscience de l'héroïsme paternel. Il ne part pas à la conquête de son indépendance. Loin de rompre avec son père, il fait étalage de sa soumission:

> Souffrez, si quelque monstre a pu vous échapper,
> Que j'apporte à vos pieds sa dépouille honorable.
>   (III.v.948-49)

Il propose de faire pour son père ce que le chevalier servant fait pour sa dame. Il ne se voit pas conquérant du monde ou rival de son père, mais revenant à son point de départ. Sans audace malgré sa jeunesse, il envisage même sa défaite dans ces vers ironiquement prophétiques qui font suite aux précédents:

> Ou que d'un beau trépas la mémoire durable,
> Eternisant des jours si noblement finis,
> Prouve à tout l'univers que j'étais votre fils.

Même dans la mort il n'ose aspirer à plus qu'au titre de fils.

L'humilité avec laquelle Hippolyte reçoit la malédiction paternelle ne vient ni d'Euripide ni de Sénèque. Elle se prolonge en lamentations culminant avec un verbe qui doit retenir notre attention:

> Quel temps à mon exil, quel lieu prescrivez-vous?
> ....
> Chargé du crime affreux dont vous me soupçonnez,
> Quels amis me plaindront, quand vous m'abandonnez?
> (IV.ii.1140-44)

Mais enfin le bannissement sépare Hippolyte de son père. Repoussé, livré à lui-même, il fait un premier pas vers l'état d'adulte. Il ose affirmer son indépendance au point d'engager Aricie à se prononcer pour lui, il décide d'épouser celle qu'il fuyait tout autant par crainte de l'amour que par crainte d'offenser son père, comme celui-ci avait frappé la jeune Pallantide d'interdit. Cependant, abandonné de son propre père, il se hâtera d'en chercher un autre pour se soumettre à lui. La question d'Aricie, "Me puis-je avec honneur dérober avec vous?" (V.i.1380), si souvent considérée comme l'expression craintive, et ici absurde, des préjugés d'une jeune Française de bonne famille au dix-septième siècle, marque en fait un point tournant. Fuyant la famille, les amants vont-ils échapper à l'ordre social? Il n'en sera rien: Hippolyte se donne à un ordre bien plus strict encore. Son père élu devra être exempt des faiblesses dont il a souffert chez son père réel, et avoir toutes les qualités qui manquent à celui-ci. Il sera aussi d'une sévérité exemplaire. Hippolyte se tourne vers les dieux généraux en donnant sa foi à Aricie:

> Des Dieux les plus sacrés j'attesterai le nom.
> Et la chaste Diane, et l'auguste Junon,
> Et tous les Dieux enfin, témoins de mes tendresses,
> Garantiront la foi de mes saintes promesses.
> (V.i.1403-06)

Il invoquera en particulier la protection d'un Dieu sans nom, un Dieu tout désigné pour le rôle de père idéal par son lien avec sa famille et par sa rigidité:

> Aux portes de Trézène, et parmi ces tombeaux,
> Des princes de ma race antiques sépultures,
> Est un temple sacré formidable aux parjures.
> ....
> Là, si vous m'en croyez...
> Nous prendrons à témoin le Dieu qu'on y révère;
> Nous le prîrons tous deux de nous servir de père.
> (V.i.1392)

Comme Minos, ce Dieu implacable règne parmi les morts. Hippolyte mourra tout près de son temple, au milieu des tombeaux (V.vi.1553-54), avant d'avoir pu prononcer son serment. Les dieux qu'il s'est choisi l'ont abandonné comme l'a abandonné son père[18]. Hippolyte est totalement seul dans son combat contre le monstre qui fait fuir les hommes et la nature entière. C'est dans ce combat que de "fils de héros" qu'il était jusqu'ici il accède enfin au titre de "héros" (V.vi.1567). Sa mort lui appartient bien en propre; elle fait plus que prouver "à tout l'univers" qu'il était le fils de Thésée, comme il l'envisageait au moment où il demandait le congé de celui-ci. Métaphoriquement au moins, à travers le combat avec les puissances obscures auxquelles il ne peut échapper, Racine accorde à Hippolyte de devenir un être indépendant et adulte.

Dans son dernier discours il ne se plaint ni des dieux ni de son père. Il ne demande pas l'approbation de celui-ci, il n'exprime pas l'espoir que Thésée reconnaisse ses vertus ou son courage, il le charge seulement de s'occuper de celle qu'il a aimée malgré l'interdit dont elle avait été frappée. Il ne se plaint pas de l'injustice des dieux et ne les accuse pas. Il affirme son innocence puis se détourne des dieux pour se consacrer à ce qui le touche sur terre. S'adressant à Théramène il dit:

> "Le ciel... m'arrache une innocente vie.
> Prends soin après ma mort de la triste Aricie.
> Cher ami, si mon père un jour désabusé
> Plaint le malheur d'un fils faussement accusé,
> Pour apaiser mon sang et mon ombre plaintive,
> Dis-lui qu'avec douceur il traite sa captive,
> Qu'il lui rende..." A ce mot ce héros expiré
> N'a laissé dans mes bras qu'un corps défiguré.
>
> (V.vi.1561-68)

Nous sommes de nouveau entre les hommes.

La question de l'innocence d'Hippolyte a beaucoup troublé Racine, sa préface à *Phèdre* en témoigne. Il a cru, le passage est célèbre, "lui devoir donner quelque faiblesse qui le rendrait un peu coupable envers son père" de peur que le public ne ressente "plus d'indignation que de pitié" à sa mort. Mais Racine a beau présenter l'amour "illégitime" d'Hippolyte pour une descendante de la famille haïe par son père parallèlement à celui de Phèdre (le demi-aveu à Théramène

---

[18] Ainsi les mauvaises fées que les parents imprévoyants croyaient écarter en ne les invitant pas au banquet ont leur heure, mais comme toujours dans les contes de fées, tout finit bien et les bonnes fées peuvent défaire le mal qui a été causé. Les dieux incomplets auxquels Hippolyte s'adresse sont sans force contre le monstre.

précédant l'aveu à Oenone, l'aveu à Aricie celui de Phèdre à Hippolyte, selon le même mouvement) cet amour ne pourra jamais rendre
Hippolyte coupable au point qu'il "mérite", au niveau de la raison
consciente, la mort atroce qui lui est réservée par le mythe.

La langue même de Racine, plus fidèle à sa pensée profonde que ses
justifications théoriques, garde son innocence au jeune homme. Il est
le symbole du jour ("Le jour n'est pas plus pur que le fond de mon
coeur" [IV.ii.1112]) en face de la "flamme noire" de Phèdre. Celle-ci,
rêvant de l'entraîner dans les profondeurs du Labyrinthe, "se ca-
ch[ant] au jour et fuy[ant] la lumière", comprend que "tous les jours
se levaient clairs et sereins" pour Hippolyte et Aricie. Avant de mourir
elle insiste qu'il faut "à [Hippolyte] rendre son innocence" et, parallèlement, ses dernières paroles sur sa mort qui "rend au jour [que ses
yeux] souillaient, toute sa pureté", paroles si riches de sens, peuvent
s'interpréter comme se rapportant à un Hippolyte lumière sur qui elle
avait "jeté un oeil profane, incestueux".

Jusqu'à la fin de la tragédie Hippolyte a l'innocence de l'être incomplet, des enfants qui incarnent, au début et à la fin de son oeuvre, ce
thème omniprésent chez Racine[19]. N'ayant pas grandi, ennemi des
passions, il reste en marge du monde tragique, champ clos pour les
luttes d'êtres humains faillibles, aux forces comme aux faiblesses ma-
gnifiées, monde d'après la chute, le seul où la connaissance de soi,
l'exercice de la liberté et la rédemption entrent en jeu. Ne pouvant
être acteur à part entière, Hippolyte ne peut qu'être victime.

Aussi est-ce à lui qu'il revient de présenter le grand mystère de la
mort de l'innocent, ce que le vingtième siècle éprouvera comme le
scandale de la mort. Racine nous montre les causes directes de sa
mort, les passions conjuguées de Phèdre et de Thésée, mais du point
de vue d'Hippolyte il n'y a pas de raison à sa mort. Il n'a pas plus
"mérité" d'être ainsi frappé que Phèdre n'a "mérité" d'être frappée
par l'amour. C'est en raison de son innocence que Théramène et
Aricie, personnages secondaires en dehors du monde héroïque, accusent les dieux (V.vi.1569; 1584). Hippolyte et Phèdre ne le font pas.
L'amour est, la mort est. Racine ne pose la question du "pourquoi" ni
directement, ni indirectement comme dans *La Thébaïde* en proposant
des solutions qui se révèlent insatisfaisantes, ou comme dans *Iphigénie*
en essayant d'éluder le problème au dernier moment par la substitution d'un bouc émissaire à l'innocente condamnée. Il laisse ces deux
mystères entiers pour ne montrer que la conduite de l'homme face au
destin.

---

[19] Je l'ai développé davantage dans "L'Innocence et la tragédie chez Racine" (voir
Appendice II).

Il manquait à Racine un recours qu'avaient les Anciens pour en adoucir l'amertume. C'est celui d'une rétribution après la mort, d'une divinisation, à la limite. A la mort d'Hippolyte, Artémis promet chez Euripide à son protégé qu'il deviendra le centre d'un culte. Quoique plus passionné, indépendant et adulte que l'Hippolyte de Racine, celui d'Euripide était cependant un être incomplet lui aussi puisqu'il se refusait à l'amour. Il pouvait néanmoins rejoindre le monde de ces dieux tous incomplets, mais se complétant à travers leur diversité et leur nombre[20]. De même Oedipe, à la fin de *Oedipe à Colone*, sanctifie le lieu où il meurt. Il y a là une ultime consécration, un ultime pardon, pour le délit de l'innocent et sa souffrance. Phèdre chez Racine ne reçoit pas même l'absolution que lui accorde l'Artémis d'Euripide; Thésée n'a pas une parole de commisération pour elle. Elle n'obtient de consécration qu'esthétiquement, au moment de sa mort, créatrice de lumière dans les deux vers les plus beaux et les plus mystérieux de l'oeuvre de Racine.

Racine pris entre deux traditions, ne pouvant pas faire appel à un Dieu chrétien et ne voulant pas mettre sur scène le merveilleux païen, n'a pas de pardon dans l'au delà à accorder à ses personnages. Le côté temporel de sa tragédie en ressort davantage. Elle se termine tristement, dans l'ordre rétabli: A Trézène, à Athènes même, dans la famille, un ordre auquel se mêle une certaine compassion règne désormais. Thésée reprend son rôle de roi, il redevient père en prenant pour fille Aricie qu'il avait privée de sa famille naturelle et de son amant et protecteur. Symboliquement il redevient même père d'Hippolyte deux fois abandonné (le mot "fils" revient constamment dans les deux dernières scènes [1488, 1491, 1495, 1571, 1594, 1606, 1648, 1649]), en révoquant sa colère et son bannissement et en accomplissant toutes ses volontés. L'apaisement final rappelle la conclusion d'*Athalie*, dont le dernier mot est "père", alors que "fille" est le dernier mot de *Phèdre*. La paix est rétablie, justice est faite, l'innocence est reconnue, l'orphelin trouve un père. Ce sont là les éléments essentiels pour Racine. Mais avant d'aboutir à ce monde d'ordre assez médiocre,

---

[20] Dans presque toutes les traditions dont P. Bénichou fait l'inventaire, le jeune homme puni injustement à la suite de l'accusation de la Tentatrice est ensuite récompensé: il devient un dieu, un culte est établi en son nom. Si l'on s'accorde avec Freud pour voir dans sa mort ou sa punition l'auto-punition du *moi* qui a déplacé le désir oedipien sur la mère, on reconnaît là une revanche du moi. Racine, plus sévère, ne lui promet pas de résurrection. A-t-on noté, dans le même sens que, tandis qu'Euripide dirige les pas d'Hippolyte qui quitte Trézène vers Argos, le monde des parricides, et Epidaure, celui d'Esculape guérisseur, Racine ne garde que la première ville, Mycène, du royaume d'Agamemnon (qu'il venait d'explorer dans *Iphigénie*)?

il a su éclairer et annoblir les faiblesses et les luttes de l'homme par un faisceau d'images cosmiques auxquelles la présence des dieux communique leur éclat et leur durée, et c'est là ce qui se grave dans la mémoire du spectateur comme du lecteur.

III
LES PIÈCES RELIGIEUSES

1. *Esther*

L'élément de transcendance que Racine avait écarté dans *Phèdre* semble devoir triompher dans ses deux dernières pièces. On sait les circonstances qui ramenèrent Racine au théâtre après un silence de onze ans: Madame de Maintenon lui ayant demandé de faire pour les demoiselles de Saint-Cyr "sur quelque sujet de piété et de morale... une espèce de poème où le chant fût mêlé avec le récit", Racine propose le sujet d'Esther (préface à *Esther*).

L'étrange épisode biblique lié à ce nom a longtemps été considéré non canonique par certains Juifs et la plupart des Chrétiens d'Orient parce qu'aucune mention n'y est faite de Dieu, de sa vertu ou de sa force. Mais un pieux traducteur grec avait corrigé l'aspect trop païen de ce livre par de nombreuses additions que Saint Jérôme met en appendice dans la *Vulgate*. Elles se trouvent presque toutes dans la pièce de Racine pour qui *Le Livre d'Esther* est plein "de grandes leçons d'amour de Dieu et de détachement du monde au milieu du monde même" (*ibid.*). Il devait lui être familier depuis longtemps sous cette forme puisque le théologien le plus révéré à Port Royal, Saint Augustin, l'utilise à plusieurs reprises dans ce sens[1]. Ainsi, si Du Ryer a pu écrire en 1642-43 une *Esther* où Dieu n'est jamais mentionné, Racine, lui, veut "remplir toute [son] action avec les seules scènes que Dieu lui-même, pour ainsi dire, a préparées" (*ibid.*). Le monde d'*Esther* de Racine se veut largement ouvert sur l'au delà entrevu depuis *Iphigénie*.

Les années passées loin du théâtre n'ont pas fait perdre à Racine son instinct dramatique. *Le Livre d'Esther* est adapté habilement, tout

---

[1] Cité dans H. Busson, *La Religion des classiques*, p. 52.

120

ce qui nuit de façon trop évidente à la tension dramatique est modifié. Les répétitions comme les deux repas auxquels Aman est convié, ses deux conversations avec sa femme Zarès, les deux journées de rétribution après sa chute sont éliminées, Mardochée au lieu de parler à Esther par personnes interposées se présente lui-même chez elle, au prix d'ailleurs d'un demi-miracle—sans doute Dieu l'a-t-il conduit (I.iii.157-58; 231-38). Le long prologue au sujet de Vashti n'a pas laissé de trace. L'action est resserrée et adaptée à la conception contemporaine de la vraisemblance; la destruction des Juifs viendra dans dix jours, non dans douze mois. De même les bienséances, les sensibilités et le goût de l'époque sont respectés: Assuérus chez Racine n'écrit pas dans ses cent-vingt-sept provinces que les femmes doivent obéir à leur mari, et sa douce Esther n'implore pas le roi de lui accorder deux journées de carnage où des milliers de Persans seront massacrés et les fils de Haman, tués la veille, pendus au gibet le lendemain.

Si l'unité de lieu n'est pas maintenue avec trop de rigueur—Racine explique dans sa préface qu'il a voulu jeter quelque variété dans les décorations "pour rendre ce divertissement plus agréable à des enfants"—Racine joue habilement avec l'unité de temps. Aman, créature de la nuit comme Agrippine, est présenté comme elle devant les portes fermées du souverain, alors que le jour naît à peine. C'est dans cette atmosphère obscure qu'il expose son projet de faire détruire tous les Juifs. Cependant la nuit a apporté à Assuérus un songe effrayant. La lumière vient avec Esther qu'Assuérus salue avec les mots: "O soleil!" Il sera pleinement éclairé par elle avant la fin du jour. De même la progression des chants du choeur est ménagée avec soin. Le premier choeur (I.ii) chante un chant d'exil et pleure sur Sion. Le dernier (III.ix) chante l'espoir de la résurrection de Jérusalem. La pièce tout entière est mise dans la perspective de l'éternité et obtient en même temps son unité par la prophétie que rapporte Elise dans la première scène: le peuple juif va être délivré, prophétie qui sera accomplie à la fin de la pièce.

Mais tandis que la composition nous montre que Racine n'a rien oublié de son art, il n'en est pas de même du vers, plus faible qu'il n'a jamais été depuis *La Thébaïde*. Racine ne sait-il plus écrire? On lit plutôt sur ce baromètre plus sensible que Racine se sentait mal à l'aise dans ce travail fait sur commande, que la pièce est voulue, construite artificiellement et ne naît pas de cette poussée intérieure qui faisait adhérer si miraculeusement vers, images et mots, sans raccords visibles. Il fallait tout l'enthousiasme que suscita la représentation, le charme des demoiselles, la présence enivrante du roi, pour que personne ne s'en aperçût dès le prologue, où les mauvais vers rivalisent avec la mauvaise théologie. Derrière les platitudes mêmes on devine, si on y regarde de près, une lutte entre des notions contradictoires, parfois même inquiétantes, que recouvre mal la surface lisse de ce que Raymond Picard se plaît à appeler tour à tour un conte de Perrault ou, avec Racine, un divertissement d'enfants.

Mais avant d'examiner les messages irréconciliables que le texte nous communique, je voudrais marquer combien les préoccupations fondamentales que nous avons retracées tout au long de ces pages ont trouvé à se nicher dans *Esther*. Car si le retour de Racine au théâtre a été dicté de l'extérieur, si le ton de la pièce qu'il devait écrire a été établi par d'autres, il n'en demeure pas moins que c'est lui qui choisit le sujet d'Esther. Aussi cette pièce religieuse n'est-elle pas sans liens avec les pièces profanes qui l'ont précédée.

Comme ce sera la cas pour *Athalie*, *Esther* rappelle peut-être avant tout *Britannicus*. On est frappé tout d'abord par la ressemblance entre les personnages: dans les deux pièces un mauvais et un bon conseiller influencent tour à tour un souverain puissant mais faible qui aime une jeune femme touchante dans son innocence, étrangère, perdue au milieu de la cour. Mais les ressemblances vont plus loin: la structure familiale, la place de ces personnages dans la société, leurs rapports avec le passé, la légitimité, la loi, sont symétriques et comparables. On retrouve même à l'occasion des images semblables. Nous touchons à quelques-uns des thèmes essentiels de l'oeuvre racinienne, thèmes communs à toutes ses pièces.

Esther, comme Junie, est orpheline, élevée dans l'obscurité. Elle aussi est de famille royale légitime mais déchue: Saül est son ancêtre (III.iv.1123) selon l'interprétation de Racine (Du Ryer insistait davantage encore, peut-être pour des raisons de convenances sociales, sur le sang royal d'Esther qui ne joue guère de rôle dans la conscience moins aristocratique de l'auteur biblique). Quoique sans parents, Esther n'est donc pas sans famille. Mardochée lui tient d'ailleurs lieu de père comme elle le répète souvent même dans la Bible. Elle garde en outre chez Racine le souvenir de son propre père et de ses enseignements (I.iv.249 *et seqq.*). Enfin elle se sent profondément liée à une nation qui n'a d'ailleurs pas plus d'existence matérielle que la Troie d'Andromaque. Comme celle-ci, elle y puise la force morale dont elle a besoin et qui détermine ses actions.

La scène d'Esther devant Assuérus est traditionnelle et a inspiré plus d'un peintre comme on pouvait le constater sur les murs du château à Versailles. Mais chez Racine Assuérus se trouble quand il voit la jeune femme devant lui, pâle, évanouie, rappelant Néron frappé d'amour à la vue de Junie victime. Les deux jeunes femmes ont donc une apparence de faiblesse également fascinante pour leur souverain, alors que toutes deux sont fortes de leur innocence. Des images semblables l'expriment: en effet comme Junie, Esther est lumière (son nom signifie d'ailleurs "étoile") au milieu d'une cour pleine d'intrigues (II.vii.676-78; III.vii.1179). Comme Junie, comme Phèdre même à la flamme noire, Esther éclaire en dénonçant le mal (III.iv.1136; III.vii.1178).

De même que Racine avait mis en scène les orphelins Britannicus et Junie, tous deux liés au passé, face à un intrigant sans ascendance, l'affranchi Narcisse, agent de la destruction finale, de même Esther est opposée à l'ancien esclave Aman, destructeur comme Narcisse, coupé de tout passé jusqu'à se vanter que ses fils n'ont d'autres ancêtres que lui. Racine charge le portrait. En effet, alors que la Bible nous présente Haman simplement comme "fils d'Hamdata, du pays d'Agag", Racine supprime le patronyme et, suivant sans doute l'interprétation érudite de Lemaître de Sacy, rend Aman originaire de Macédoine où ses ancêtres amalécites (le nom de la nation est plus courant et plus évocateur que le nom d'Agag, son dernier roi), vaincus par les Juifs, se seraient réfugiés (III.i.894-97). Il imagine en outre qu'Aman aurait été vendu en esclavage aux Persans dans son enfance (II.i.451), faisant ainsi de lui un être doublement, totalement déraciné.

Aman ne l'est pas seulement par les circonstances extérieures. Il l'est intérieurement aussi. Nous apprenons qu'il a refusé l'héritage de ses ancêtres, la haine traditionnelle qui oppose Amalécites et Juifs et causa une guerre à mort entre les deux nations[2]. Racine suit en cela *Le Livre d'Esther* où aucune mention n'est faite d'une haine atavique entre Aman et Mardochée mais, contrairement à l'auteur biblique, il attire notre attention sur la difficulté en y insistant longuement, lourdement, tant la question des liens avec la famille et le passé est importante pour lui ("Ce n'est donc pas, Seigneur, le sang amalécite / Dont la voix à le perdre en secret vous excite?" "Mon âme, à ma grandeur tout entière attachée / Des intérêts du sang est faiblement touchée" [II.i.481-82; 489-90]). Aman, comme Narcisse, seul, sans ancre dans le passé, n'a pour guide que sa passion, son ambition insatiable. Elles exigent, pour être satisfaites, le sacrifice d'une vie et un carnage, le conduisant ainsi à sa destruction, et cela au moment où, comme Narcisse, il touche "d'une profane main" la jeune femme porteuse d'une

---

[2] Coupé du passé et ne songeant qu'à l'avenir qu'il créera en éliminant tout un peuple, il devient naturellement un candidat idéal pour la notion de liberté que prône R. Barthes (*Sur Racine*, p. 123) qui définit, d'autre part, avec élégance le Dieu lointain et Mardochée.

tradition et protégée par le dieu garant de ses valeurs. Dans les deux cas l'instrument de la destruction est le peuple (III.viii.1190) ce qui, pour *Esther* n'est ni biblique ni très vraisemblable.

L'homme qu'Aman hait au point de ne pas trouver un instant de repos aussi longtemps qu'il le sait en vie est dépourvu de biens matériels mais riche en tout ce qui manque à Aman: il a une nation et une famille auxquelles il tient férocement. Esther, qu'il a recueillie et élevée, est la fille son frère chez Racine comme dans la *Vulgate*, ce qui suggère plus fortement une paternité et un désir de continuité dans une tradition familiale que le rapport cousin-cousine de la version hébraïque. Bien entendu il est, comme Esther, de la famille du premier roi d'Israël. Autant Aman est libre de passions nationalistes, mû seulement par des passions personnelles, autant Mardochée, assis toute la journée devant la porte du palais, s'oublie lui-même pour ne vivre qu'en son peuple. Comme il garde ses traditions, il cultive ses haines héréditaires. La Bible ne nous fournit aucune explication de l'attitude de Mardochée vis-à-vis de Haman. Racine, par contre, fait dire à Esther que son oncle refuse de se prosterner devant le favori d'Assuérus parce qu'il éprouve "une juste horreur pour un Amalécite, / Race que notre Dieu de sa bouche a maudite" (III.iv.1124-25). (On remarquera en passant la maladresse du second vers, si peu caractéristique du Racine que nous connaissons.) Aussi est-il significatif que sans haïr les Juifs Aman, l'homme qui ne doit rien qu'à lui-même, veuille exterminer toute la nation juive: elle n'est que le prolongement de Mardochée.

Ce faisant, Aman pense se libérer totalement. Néron fuyait les yeux, le regard d'Agrippine où il lisait son "devoir" (*Britannicus*, II.ii.495-506), ce qui lui rappelait sa dépendance. Aman hait en Mardochée l'oeil orgueilleux (II.i.439-40) qui, contrastant avec les "regards doux" (II.i.415) que lui prodiguerait le ciel, met en question sa toute-puissance. Lui qui croyait faire comme il lui plaisait "le calme et la tempête" (III.v.1149), qui avait pensé s'élever au-dessus du destin (II.i.450) lit dans ce regard où vit une volonté indépendante, qu'il n'est pas Dieu, qu'il demeure vulnérable.

Ainsi les apports personnels de Racine, soit qu'ils renforcent ou qu'ils modifient les données fondamentales du récit biblique, reprennent les préoccupations que d'autres pièces avaient déjà exprimées; les rapports de famille, de tribu, avec le passé sont particulièrement soulignées: Esther est descendante du premier roi d'Israël, elle se souvient des enseignements de son père, de l'amour de la nation qu'il lui a transmis. Mardochée hait en Aman le descendant des ennemis de son peuple. Celui-ci au contraire se vante d'être libre de toute attache au passé. Mais la fortune peut le tromper un instant, son illusion prépare une chute d'autant plus fracassante qu'elle est totalement inattendue. Ici, comme dans toutes les pièces que nous avons examinées, notamment dans la première partie, celui qui survit et triomphe (et jamais triomphe n'avait été si éclatant, si matériel en quelque sorte) est celui qui accepte ce que dicte la tradition. C'est lui qui permet au monde dramatique bouleversé un instant de retrouver son équilibre[3].

Les thèmes de la liberté sans attaches vaincue par l'ordre lié à la tradition, avaient presque disparu dans les deux pièces précédentes, c'est-à-dire dans les pièces qui, comme *Esther*, au lieu de ne jouer qu'au niveau social, s'ouvraient sur l'au delà. Par contre ces pièces mettaient en jeu la prédestination, le libre arbitre, la responsabilité des hommes et des dieux, questions complexes aux réponses ambiguës qu'il eût sans doute été inconvenant de soulever par la bouche des demoiselles de Saint-Cyr. Toujours est-il que l'absence de ces préoccupations, le retour aux thèmes qui semblaient dépassés montre qu'*Esther* se rattache à un moment plus ancien de la pensée de Racine et représente une sorte de régression par rapport aux pièces précédentes[4].

Toutefois les thèmes anciens de liberté, de légitimité ne se manifestent que dans l'armature de la pièce. Ils n'animent plus l'action, ils ne font plus vivre les personnages. Dans *Esther* comme dans *Athalie*, on l'a souvent dit, Dieu est le seul acteur. Les hommes ne sont que ses instruments pour ne pas dire ses marionnettes. Le rapprochement des scènes qui forment le point tournant de l'action dans *Britannicus* comme dans *Esther* est frappant à cet égard. On y mesure toute la différence dramatique entre une pièce où les hommes, livrés à eux-mêmes, se révèlent peu à peu, où l'action avance à un rythme changeant et nous tient en suspens, et une autre où Dieu intervient directement. La scène où Narcisse, devant nos yeux, tâtonnant d'abord puis exploitant habilement les faiblesses de Néron, réussit à faire revenir celui-ci sur sa décision de se réconcilier avec Britannicus et de renoncer à Junie est l'une des plus fascinante de cette tragédie (IV.iv). Nous avions assisté peu avant à une scène où Burrhus avait incliné le coeur

---

[3] On peut se demander si Racine satisfait un rêve ou se punit à travers ces personnages. Car si Esther qui triomphe est orpheline comme lui, Aman est aussi sans parents, et de plus a essayé comme lui de vivre loin des traditions, mais aussi loin des haines (Barthes, Mauron) que pouvait lui imposer le passé. Il a fondé une famille dont il est fier, comme Racine vient de le faire de son côté. Le regard de Mardochée l'avertit qu'il n'a pas conquis le destin, et un retour capricieux de son roi détruit tout.
[4] C'est ce que constate aussi Ch. Mauron pour des raisons assez différentes (*L'Inconscient*, p. 306).

de Néron dans le sens contraire (IV.iii). Dans *Esther* l'occasion d'un tel débat pouvait se présenter: Aman convainc Assuérus de faire exterminer tous les Juifs; Esther l'amène à renoncer à sa décision. D'autres dramaturges ont essayé de traduire ces scènes en termes humains, de les enrichir d'une motivation psychologique qui ajouterait à la tension dramatique et animerait les personnages. Montchrétien nous montre un Assuérus sensible, acceptant à contre-coeur les propositions d'Aman. Du Ryer suggère que le roi ressent déjà un préjugé défavorable à l'endroit des Juifs, ce que Haman sait exploiter. Pour expliquer la volte-face que le roi fait ensuite, il imagine que Haman est un traître démasqué grâce à la vigilance des Juifs, qui se révèlent ainsi comme des sujets dont la fidélité profonde a été méconnue jusqu'ici. Le récit de Racine par contre est aussi dépouillé que celui de la Bible. Assuérus accepte sans débat le projet d'Aman. Il suffit ensuite qu'Esther révèle son origine pour qu'il soit pris de colère contre son favori jusqu'à croire qu'il veut porter la main sur la reine, et accède à son tour au désir d'Esther de condamner Aman. La version originale du récit biblique ne mentionnait même pas une intervention divine pour expliquer le changement. Racine a repris la version enjolivée, et un intermède lyrique, au moment où le roi reçoit Esther, chante le pouvoir de Dieu sur le coeur des rois (II.viii.734; voir aussi I.i.67). L'intervention divine est ainsi la seule explication fournie pour le changement qui s'est opéré en Assuérus. Les mobiles humains que Racine se plaisait tant à dévoiler n'ont plus cours dans ce monde contrôlé par Dieu. Ainsi Saint Augustin citait le changement de coeur d'Assuérus pour convaincre Pélage de la puissance de la grâce divine[5].

Si nous n'apprenons rien sur les hommes et leurs luttes, pouvons-nous au moins savoir qui est ce Dieu qui dirige tout, quelles sont ses lois, et quels sont ses rapports avec les hommes? Racine nous donne des témoignages directs et indirects qui, nous le verrons, ne s'accordent pas toujours. Dans la scène que je viens de mentionner, Assuérus est l'instrument docile de Dieu. D'autre part on note que dans l'ensemble de la pièce ses attributs et ceux de Dieu sont interchangeables: Assuérus a le rôle même d'un dieu. La voix de Dieu fait trembler l'univers (I.iii.223-24) et les hommes que son apparition peut réduire

---

[5] H. Busson, *Loc. cit. L'Histoire du Vieux et du Nouveau Testament*, "représenté avec des figures et des Explications édifiantes tirées des Saints Pères pour régler les moeurs dans toutes sortes de conditions" que fit paraître Le Maître de Sacy note de même, dans son récit de l'Histoire d'Esther qu'après l'évanouissement d'Esther "Dieu ayant changé en même temps le coeur du Roi, il alla lui-même la relever" (dans l'édition chez Pierre de Bats, Paris, 1713, p. 296). Le récit simplifie aussi les événements de façon comparable à ce que fait Racine.

en poudre ("Il parle, et dans la poudre il les fait tous rentrer" [224]).
Devant Assuérus qui semble en colère, Esther s'évanouit:

> Sur ce trône *sacré*, qu'environne la *foudre*,
> J'ai cru vous voir tout prêt à me réduire en *poudre*.
>
> (II.vii.649-50)

(c'est moi qui souligne). La Bible ne parle que du "visage empourpré
de splendeur" d'Assuérus; les qualités divines sont de la plume de
Racine qui seul aussi fait dire à Esther intimidée à la vue d'Assuérus:
"Ainsi du Dieu vivant la colère étincelle" (*ibid.*, 653). Les jeunes Israéli-
tes, de leur côté, notent "les éclairs dans ses yeux" et sa voix "comme
un tonnerre horrible" (II.viii.719-20; voir aussi III.iii et iv). Racine
vivait dans un milieu où le roi était volontiers confondu avec Dieu.
Mais la déification d'Assuérus peut être plus que le reflet d'une attitude historique. En effet, la foudre de ce Dieu est apprivoisée: il
"révoque [du] méchant les ordres sanguinaires" (III.viii.1197) sans
commander de nouveaux massacres; distant, effrayant, imprévisible
d'abord —les deux scènes mentionnées plus haut et les commentaires
d'Aman (II.ii.518-20) le soulignent tout particulièrement—il devient
souriant, aimant, juste d'une justice intelligible, comme on souhaite-
rait que Dieu le fût, comme le Dieu de Racine ne l'est pas.

Car les voies du vrai Dieu sont mystérieuses. Même la fin heureuse
de la pièce n'efface pas ce sentiment, et les dernières paroles d'Esther
sont:

> O Dieu, par quelle route inconnue aux mortels
> Ta sagesse conduit des desseins éternels.
>
> (III.viii.1198-99)

Dieu est proclamé tout puissant, mais on ne sait jamais par quelle voie
il choisira d'exercer son pouvoir. Racine fait reprendre à Esther l'histoire du passé d'Israël (III.iv). Le peuple élu y abandonne Dieu. Pour
le punir, Dieu suscite des rois qui détruisent le peuple infidèle. Mais
ces rois sont punis à leur tour pour avoir rempli ce qui en somme était
leur mission. Cyrus est ainsi choisi pour anéantir les rois ennemis
d'Israël et pour reconstruire Jérusalem. Son successeur, "héritier insensé", ne continua pas la tâche de son père et lui et sa race sont
rejetés à leur tour.

Saint Augustin se servait du *Livre d'Esther* comme exemple de la
grâce efficace: Dieu touche le coeur du roi qui ne peut que se conformer à sa volonté. Mais dans le récit traditionnel des avatars du peuple
d'Israël se glissent les doutes propres à toute discussion sur la grâce: la
puissance de Dieu est-elle limitée par la liberté de l'homme ou sa grâce
se refuse-t-elle parfois pour des raisons qui ne nous sont pas compré-

hensibles? Pourquoi l'"héritier insensé" ne suivit-il pas les traces de son père, pourquoi même le peuple élu fut-il infidèle?

La question est posée à propos de l'action dont nous sommes les témoins, en vers d'une maladresse croissante. Pendant un intermède lyrique Elise, l'amie d'Esther, chante:

> D'Esther, d'Aman, qui le doit emporter?
> Est-ce Dieu, sont-ce les hommes
> Dont les oeuvres vont éclater?
> (II.viii.717-18)

Sans doute Racine a-t-il voulu ajouter une certaine tension dramatique à un récit dont le dénouement était trop connu. Mais si le premier vers peut se comprendre dans ce sens, on n'en demeure pas moins surpris que dans les deux autres la pieuse Elise préconise un duel possible entre "les oeuvres" de Dieu et des hommes.

Comme Dieu incline le coeur d'Assuérus, il incline aussi le coeur prédisposé d'Esther qui n'hésite qu'un instant avant de suivre la voie où l'engage son passé, où la pousse Mardochée. Il vaut la peine d'examiner de près les arguments que celui-ci emploie pour le faire. Dans son sermon, qui proclame la toute-puissance de Dieu, nous trouverons également définie la place de l'homme, et cela en des termes qui révèlent des conceptions profondément divergentes.

Mardochée est consciemment, fièrement, corps et âme, instrument de Dieu. Esther voit en lui "celui par qui le ciel règle [sa] destinée" (I.i.91). Il n'est pas partagé comme Agamemnon, et nous aurons à y revenir. Quand Mardochée vient signifier à Esther l'ordre de se présenter devant Assuérus même au risque de sa vie, il assimile ce qu'il dit aux paroles de Dieu ("Dieu parle, et d'un mortel vous craignez le courroux?" [I.iii.207; voir aussi 223]).

Dans ce discours Racine suit de près son modèle biblique, mais il en intervertit les parties, les développe et ajoute un hymne à Dieu, qui n'est jamais mentionné dans la version originale. Aussi la logique simple du texte grec se perd-elle et l'argumentation, comme la langue, deviennent hésitantes, signalant que Racine s'est trouvé en difficulté.

Rappelons d'abord le texte biblique. Mardochée envoie un message à Esther, effrayée d'aller trouver Assuérus pour plaider contre le massacre des Juifs parce qu'elle risque la mort si elle se présente devant lui sans avoir été convoquée:

Ne croyez pas qu'à cause que vous êtes de la maison du roi vous pourriez sauver seule votre vie si tous les Juifs périssaient. Car si vous demeurez maintenant dans le silence, Dieu trouvera quelque autre moyen pour délivrer les Juifs, et vous périrez, vous et la maison de votre père. Et qui sait si ce n'est point pour cela même que vous avez été élevée à la dignité royale, afin d'être en état d'agir dans une occasion comme celle-ci? (*L'Histoire d'Esther*, traduction Lemaître de Sacy, IV.16-17)

Chez Racine Mardochée reproche d'abord à Esther sa timidité en ces termes:

> Quoi! lorsque vous voyez périr votre patrie,
> Pour quelque chose, Esther, vous comptez votre vie!
> (I.iii.205-07)

Dès les premiers vers donc "patrie" et vie individuelle, mis à la rime, s'opposent, et la vie de l'individu est nettement subordonnée à la vie collective. La vie d'Esther, précise Mardochée, n'est pas à elle, mais à sa famille et à son Dieu.

Dans les vers suivants, toutefois, l'individu reprend quelque valeur: Dieu a sans doute "conduit" Esther au trône, il l'a "choisie". Mais c'est pour sauver son peuple.

> S'immoler pour son nom et pour son héritage,
> D'un enfant d'Israël voilà le vrai partage.
> Trop heureuse pour lui de hasarder vos jours!
> Et quel besoin son bras a-t-il de nos secours?
> (I.iii.217-20)

On remarquera la force du verbe "s'immoler". Il appartient d'ailleurs au vocabulaire du martyre chrétien et non à celui de l'Ancien Testament. Il est vrai que le martyr, en s'offrant de mourir pour la gloire de Dieu, assure son salut. Mais même dans le contexte présent la phrase suggère un rapport personnel entre l'individu et Dieu.

Aussi le dernier vers cité ("Et quel besoin son bras a-t-il de nos secours?") produit-il un effet de choc. Racine y reprend une idée du texte modèle, mais elle est présentée sans transition. Tout lien est rompu avec ce qui précède. La communication entre l'homme et Dieu, sous-entendue dans les vers précédents, est soudain oblitérée. Elle n'était qu'une illusion. Dieu n'a pas besoin des hommes. Précisons: la phrase en soi n'est pas particulièrement choquante et n'a rien d'inadmissible. Mais par sa place dans le discours elle est doublement brisure après communication. Deux conceptions fondamentales des rapports entre l'homme et Dieu se trouvent soudain juxtaposées.

Le vers ne demeure pas isolé. Mardochée s'arrête un instant pour célébrer la toute-puissance de Dieu; contre tous les rois de la terre ligués contre lui "il n'a qu'à se montrer; / Il parle, et dans la poudre il les fait tous rentrer" (223-24). "Au seul son de sa voix la mer fuit, le ciel tremble" ajoute-t-il en un vers qui rappelle étrangement le mugissement par lequel s'annonçait le monstre venu attaquer Hippolyte.

Puis il reprend et amplifie la pensée amorcée plus haut en des vers
d'ailleurs aussi maladroits qu'inquiétants, même si on peut s'empêcher de penser à Tartuffe.

> Il voit comme un néant tout l'univers ensemble;
> Et les faibles mortels, vains jouets du trépas,
> Sont tous devant ses yeux comme s'ils n'étaient pas.
>
> (226-28)

Il ne s'agit plus seulement de savoir si l'individu ou la race comptent
davantage devant Dieu. Ces vers le peignent totalement indifférent à
l'homme et on peut se demander pourquoi ce Dieu pour qui tous les
hommes sont néant voudrait sauver un peuple. Ce n'est certes pas là
le Dieu qui a créé l'homme par amour.

Mardochée reprend: si Dieu

> a permis d'Aman l'audace criminelle,
> Sans doute qu'il voulait éprouver votre zèle.
>
> (229-30)

dit-il à Esther. Nous nous trouvons soudain ramenés à la conception
exprimée dans la seconde partie de la tirade. Dieu a tout conduit. En
outre ces deux vers reflètent une notion chrétienne de la Providence:
Dieu a permis le mal pour que triomphe le bien. Dans ce contexte
l'individu reprend naturellement la première place: le mal n'est là que
pour "éprouver" l'homme. Ce verbe pourrait faire penser à Abraham
et à Job, tous deux choisis par Dieu pour manifester son amour. Mais
les contemporains ont sûrement reconnu là la notion chrétienne selon
laquelle le mal serait épreuve, obstacle à franchir pour l'individu sur
la voie de son salut personnel. Il lui donne l'occasion d'exercer son
libre arbitre à vouloir le bien.

Mardochée conclut:

> Et s'il faut que sa voix frappe en vain vos oreilles,
> Nous n'en verrons pas moins éclater ses merveilles.
> Il peut confondre Aman, il peut briser nos fers
> Par la plus faible main qui soit dans l'univers.
> Et vous, qui n'aurez point accepté cette grâce,
> Vous périrez peut-être, et toute votre race.
>
> (233-38)

La "grâce" dont il s'agit est celle de l'être choisi, donc en rapport direct
avec Dieu. Ce mot fait partie du même langage que "épreuve". Certes,
cette admonition serait mieux placée dans la bouche d'un Polyeucte
que dans celle de Mardochée. Mais peu importe l'anachronisme qui
peut d'ailleurs être conscient. On est surtout frappé par l'étrange
embarras de ces vers. "La plus faible main", qui décrirait bien Esther,

ne s'applique pourtant pas à elle qui aurait refusé d'obéir à l'appel de Dieu, et "toute votre race" ne se rapporte pas au peuple juif—qui, selon les vers précédents, aurait été sauvé—mais à la seule famille d'Esther, sans doute dans le sens du texte biblique "vous et la maison de votre père" dont il ne semble d'ailleurs rester personne d'autre qu'Esther.

Racine se sent mal à l'aise. Sans doute a-t-il beaucoup et trop corrigé ces vers qui pouvaient servir à mesurer son orthodoxie puisqu'ils traitent de la toute-puissance de Dieu face au libre arbitre. Sous l'emprise d'une contrainte extérieure sans rapport avec la nature de son art, la cohérence intérieure ne s'établit pas.

Car les maladresses dans l'expression ne sont que les corrélaires des contradictions dans le texte. Elles sont résumées dans la juxtaposition, à la dernière rime, de "grâce" et "race". La tirade entière oscille en effet, nous l'avons vu, entre une conception, liée à l'Ancien Testament, de la primauté de la race, du peuple de Dieu, et une conception chrétienne de l'importance de l'individu, de la primauté du salut individuel. Sous-tendant ces deux conceptions nous avons deux visions incompatibles de Dieu: celle d'un Dieu en rapport avec l'homme, un Dieu sans qui aucun oiseau ne meurt, sans qui pas un cheveu ne tombe de la tête de l'homme, et celle, assez inquiétante, d'un Dieu pour qui l'homme n'a ni visage ni destin personnel, devant qui, à la limite, l'homme n'est rien.

La vision pessimiste de l'indifférence de Dieu n'est qu'un éclair ici, sans doute échappé à la vigilance de Racine qui, en voulant écrire une pièce toute orthodoxe, réprime des angoisses plus profondes. Parce qu'il n'a pas su les intégrer, comme précédemment, à l'action et au discours de sa pièce, elles paraissent de façon inattendue tandis qu'il manque à *Esther* les résonances et la cohérence intérieure qui caractérisent l'oeuvre dans son ensemble.

Le refus de l'individu qui marque une grande partie du discours de Mardochée se retrouvera dans *Athalie*. Racine a-t-il tout simplement adapté son oeuvre aux conceptions de l'Ancien Testament? Peut-être, mais n'oublions pas que si on lui demandait des pièces édifiantes, personne ne lui imposait un sujet de l'Ancien Testament, et que d'ailleurs le Pentateuque, l'histoire sainte d'Adam à David, lui aurait fourni une vision différente des rapports entre l'homme et Dieu.

Or dans toutes les pièces précédentes l'homme, bon ou mauvais, exemplaire ou destructeur, formait le sujet central. Andromaque, prisonnière comme Esther, comme elle d'une nation subjuguée, refuse de faire rebâtir Troie ainsi que le propose Pyrrhus. Son sentiment personnel de fidélité à Hector et non la résurrection de la nation dont elle est issue occupe ses pensées et détermine ses actions. Néron veut satisfaire son amour, Agrippine son ambition. Ils se soucient peu de Rome ou de leur dynastie. Bajazet veut être sultan, non sauver sa famille. Mithridate et Xipharès tiennent à l'indépendance de leur royaume, mais cela correspond à un idéal de vie personnel, non à une vision de celle d'un peuple. Dans *Phèdre* la question ne se pose même pas sauf peut-être pour Aricie, qui, tout en étant la dernière survivante de sa famille trouve la satisfaction de sa fierté personnelle dans un célibat qu'on lui impose et qu'elle ne combat pas.

Toutefois, nous l'avons vu, le concept d'une loi, d'un ordre qui dépasse l'individu règne aussi dans chacune de ces pièces. Jusqu'à *Mithridate* il s'agit d'un ordre moral qui repose dans la société. Ceux qui sont porteurs d'une tradition légitime le reconnaissent. Il donne sa liberté et une victoire intérieure à qui la suit, écrase qui s'y oppose. Même lorsqu'il exige, comme dans *Bérénice*, que l'individu soit sacrifié, c'est néanmoins l'individu dans sa lutte qui demeure le sujet de la pièce. Dans *Iphigénie* et dans *Phèdre* l'ordre moral semble venir des dieux, mais toujours, dans les pièces antérieures à *Esther*, il devait d'abord être reconnu comme tel, et la tâche du héros était ensuite de le recréer, de venir à le refléter en soi. A partir d'*Esther* il est si net qu'on ne saurait s'y tromper, si extérieur que l'individu n'est plus concerné. Il n'engendre aucun doute, aucune lutte. Ainsi Mardochée va droit au but, prêt, sans une hésitation, à risquer la vie d'Esther, alors que pour Agamemnon le décret des dieux met en jeu tous les aspects de son humanité, son amour de père, son ambition, sa vanité, sa jalousie d'Achille, sa crainte de l'armée, d'Ulysse, de Clytemnestre. La confrontation avec le destin révèle ses faiblesses comme elle permet à d'autres, aux Iphigénie, aux Monime, de découvrir leurs forces latentes.

Il est vrai qu' Esther, elle aussi, faible d'abord, trouve la force, face au "destin" qui menace son peuple, de s'exposer à la mort pour le sauver. Mais elle ne le fait que d'après les indications précises et sévères de Mardochée, non de son propre mouvement. Certes, elle partage la foi de son oncle: il est l'incarnation de la volonté de Dieu, tout comme Aman incarne le mal—et il suffira que Mardochée remplace Aman pour que l'ordre de Dieu règne sur terre. Mais cet ordre de Dieu sur lequel il ne peut exister aucun malentendu, que les spectateurs connaissent aussi bien qu'Esther ou Mardochée, n'a de caractère moral qu'implicitement. Il ne se rapporte, à y regarder de près, qu'à la survie du peuple juif. Il est dès lors significatif que Racine hésite entre la primauté de l'individu et celui de la race: en fin de compte, dans *Esther*, seul le peuple restera. Assuérus, en inclinant son sceptre vers Esther sauve le peuple de Dieu plus que la jeune femme.

Quand l'ordre, au lieu d'être un idéal à définir, s'impose de l'extérieur, clair, absolu, simple et sclérosé, l'homme n'est plus libre de se créer, mais seulement d'obéir. La grâce efficace rogne sur le libre arbitre et l'homme spectateur qui a besoin de l'illusion de liberté pour agir se sent détaché. Dans la pièce, même l'intérêt porté à l'homme disparaît, et finalement l'homme disparaît à son tour. Il ne reste qu'une loi, un ordre morts, une structure sans contenu car l'ordre cosmique, nous l'avons vu dans *Phèdre*, n'obtient sa valeur, sa grandeur, que s'il intègre tous les aspects de l'homme, non quand il réprime ce qui peut gêner son froid déroulement. Dans *Esther* Racine a réprimé, non intégré, et la pièce est aussi vide que l'ordre qui s'y exprime. Aussi est-il parfaitement cohérent, de ce point de vue, que le Dieu de Mardochée soit froid et indifférent à l'homme.

2. *Athalie*

Athalie (1691) a été composé dans les mêmes circonstances qu'*Esther* et les deux pièces sont presque toujours jumelées par les critiques. En effet, Racine est retourné vers l'Ancien Testament, et dans sa seconde "tragédie tirée de l'écriture sainte", agrémentée elle aussi de choeurs lyriques, la présence de Dieu est de nouveau partout manifeste.

Mais en fait *Athalie* diffère profondément d'*Esther*. Racine s'est ressaisi. S'il reste des vers maladroits—surtout un excès d'inversions—la langue, dans l'ensemble, s'est raffermie. Les personnages, tout dépendants d'un maître de jeu qu'ils soient, ont néanmoins la présence de personnages autonomes. Enfin on y trouve des scènes, des récits aussi hallucinants que dans les pièces profanes. Le lien thématique avec celles-ci n'avait pas été rompu dans *Esther*. *Athalie* présente peut-être des ressemblances plus frappantes encore. Celles qui lient la pièce à *Britannicus* ont souvent été relevées. Ch. Mauron y retrouve pour sa part la structure d'*Iphigénie* et des ressemblances importantes avec *Phèdre*[6] et je voudrais, quant à moi, rapprocher *Athalie* d'*Andromaque* dans l'espoir d'éclaircir quelques-unes des énigmes que cette pièce me semble poser.

Car *Athalie* est peut-être la pièce de Racine qui, *La Thébaïde* et une partie d'*Esther* mis à part, présente le plus de contradictions apparentes, suscite le plus de questions laissées sans réponses. L'intrigue en paraît toute simple: Athalie qui règne sur Juda est une usurpatrice et une adoratrice de Baal, quoique veuve de Joram, descendant du pieux David. A la mort de son fils Okosias, elle a tué tous les descendants de celui-ci, donc tous les descendants de David à qui le trône avait été promis à perpétuité. Un seul a échappé grâce à Josabeth,

---

[6] *L'Inconscient*, p. 290; *Phèdre*, ch. 16, 17.

femme de Joad, grand-prêtre au temple de Jérusalem, qui l'a élevé en secret. La pièce comprend deux actions interdépendantes: cet enfant de huit ans qui ne sait pas encore qui il est doit être proclamé roi; la méchante reine impie doit être punie de ses crimes. Dieu intervient pour rendre possible la punition méritée et le couronnement qui rétablit sur le trône la lignée de David d'où doit naître un Sauveur.

Ce conte du triomphe de Dieu sur les méchants pouvait être direct et peu complexe. Il n'en est rien. Racine est resté fidèle à la tradition ici comme dans *Esther*, mais quelques apports personnels et le choix des images infléchissent le sens du récit biblique en jetant des doutes sur la bonté des bons comme sur la méchanceté absolue des méchants. La coloration sombre de la pièce persiste jusqu'à la fin dont on attendrait qu'elle soit édifiante et joyeuse—le couronnement de Joas ne préfigure-t-il pas l'avènement du Christ? *Athalie* ne transmet pas un message théologique clair, et après avoir essayé d'établir ce qui a pu brouiller ce message, nous serons amenés à nous demander si une impression cohérente se dégage néanmoins de l'ensemble, ce qu'elle nous apprend sur la vision du monde de Racine à la fin de sa carrière et en quoi elle peut nous toucher. Reprenons tout d'abord les questions qui se sont posées à la lecture d'*Esther*.

"Dieu des Juifs, tu l'emportes!": c'est ainsi qu'Athalie introduit sa dernière tirade qui précède de peu sa mort. Quelques vers plus loin elle précise: "Impitoyable Dieu, toi seul as tout conduit" (V.vi.1774). Dieu, en effet, est ici comme dans *Esther* celui qui détermine l'action. Joad, son porte-parole—il dit explicitement dès la première scène à Abner "Dieu vous répond par ma bouche" (I.i.84)—décide, dispose. Plus influent que Mardochée, il n'est pas condamné à agir par personnes interposées, à passer par des êtres faibles comme Esther et Assuérus. Dans *Athalie* ceux qui hésitent, Josabeth, Abner, sont des personnages de second plan et doivent jouer le rôle que Joad leur assigne. Quant à Joad, il va droit au but. Sûr de l'appui de Dieu, il n'est retenu par aucune crainte ("Je crains Dieu, cher Abner, et n'ai pas d'autre crainte" déclare-t-il dans son premier discours [*ibid.*, 64]).

Aussi tout est-il action dans *Athalie*. Cette primauté de l'action est d'autant plus frappante qu'elle entraîne un renversement total de la technique racinienne qui rappelle désormais à certains égards celle de Corneille[7]. Avant *Esther* les indécisions, les examens de soi, les délibérations constituaient l'essentiel de la pièce que le spectateur était invité à écouter. Que l'on songe, pour choisir quelques exemples entre mille, à Andromaque qui refusait, qui acceptait Pyrrhus entre les actes; à

---

[7] Ces notions font le sujet de mon article "'L'Agréable Suspension' chez Corneille".

Néron, prêt à condamner Britannicus mais encore indécis, qui quittait la scène en disant "Viens, Narcisse, allons voir ce que nous devons faire" (fin de l'acte IV); à Phèdre qui décidait à notre insu de dire la vérité à Thésée pour sauver Hippolyte (avant IV.iv). Dans *Athalie* au contraire Racine relègue dans les coulisses des scènes comme les hésitations de la reine rapportées par Mathan dans la troisième scène de l'acte III, alors qu'on assiste aux prises de décision (Joad va couronner Joas, va armer les lévites, leur assigne leur tâche) et même aux actions qu'elles entraînent, tout ce qui jadis n'intéressait pas le poète. Le mariage et le couronnement d'Andromaque avaient lieu dans les coulisses. Les exigences de l'unité de lieu n'empêchent pas Racine de nous montrer un prélude au couronnement de Joas (IV.iii).

Un tel changement dans la forme dramatique ne fait naturellement que refléter un changement dans la conception du théâtre que nous avons déjà pu noter dans *Esther*: les personnages et leurs débats ne forment plus le centre d'intérêt de la tragédie. Dans un théâtre où Dieu agit, ce sont les actions par lesquelles Il se manifeste qui doivent être proposées à l'admiration de l'auditoire. Ce théâtre est devenu spectacle, on l'a souvent dit, spectacle sous l'oeil de Dieu, dans le temple même de Dieu—Racine a trouvé sa mise-en-scène dans l'Ancien Testament et s'est bien gardé de la changer, tant elle adhérait parfaitement au sens de sa pièce. Dieu force agissante y attire ceux qui Le haïssent pour les détruire, ceux qui L'aiment pour les couronner. Tel Joad, caché, prêt à intervenir quand Athalie interroge Eliacin, Il surveille Ses marionnettes alors qu'elles travaillent à accomplir Ses desseins. Mais il n'y a aucune faille chez les acteurs de ce drame sacré. Eliacin répond parfaitement, le trouble, que Dieu a jeté sur Athalie comme un mauvais sort, agit comme il le doit.

Les personnages sur scène semblent, il est vrai, plus divers et plus intéressants que ceux d'*Esther*. Mais à y regarder de près, on s'aperçoit qu'ils n'ont d'existence que par rapport à Dieu. Dieu demeure, dans ce sens encore, l'acteur principal, Sainte-Beuve l'a bien dit. Ce qu'on voudrait interpréter comme des qualités ou des défauts n'est que l'expression de leurs rapports avec Lui. Joad est noblement ferme, il est, nous l'avons vu, Son porte-parole. Josabeth et Abner sont moins durs, mais leur foi est aussi moins absolue. Mathan est retors, il est l'homme qui a trahi le service de Dieu. Nabal ne le connaît pas, alors que les enfants sont les enfants de l'esprit du temple. Quant à Athalie, elle est l'ennemie de Dieu qui doit être détruite. Ses mouvements de tendresse ou de pitié même ne lui appartiennent pas en propre: ils sont l'effet du trouble que Dieu a semé dans son esprit pour l'abattre. Le vers est aussi ferme que l'esprit de Joad, aussi direct que le déroulement de l'action. Les conflits sont tout aussi nets en apparence. La possibilité de la grâce divine qui avait fait trébucher Racine dans *Esther* ne se présente nulle part ici.

La question du libre arbitre n'est pas moins étrangère à la pièce. Qu'on juxtapose mentalement le

> Dieu des Juifs, tu l'emportes!
> ....
> Impitoyable Dieu, toi seul as tout conduit.

d'Athalie au

> Implacable Vénus, suis-je assez confondue?
> ....
> Ton triomphe est parfait; tous tes traits ont porté.

de Phèdre (III.ii), si semblables en apparence, mais si différents dans leur contexte, et on mesure toute la distance qui sépare *Athalie* des pièces profanes que j'ai désignées comme "ouvertes sur l'au delà", d'*Iphigénie*, de *Phèdre*, où la responsabilité réciproque des hommes et des dieux formait le centre du débat[8]. Dans *Athalie* Dieu *est*. C'est un Dieu universel, non personnel, reconnu de chacun y compris d'Athalie, de Mathan, de Jézabel, y compris du public. Le point de vue est le Sien, ce n'est plus celui des hommes. Nous sommes appelés à assister aux "problèmes" de Dieu, à Sa lutte pour Se faire obéir, non aux conflits humains. De même le mal *est*, défini par Dieu et Joad. Dieu ne peut être que juste, et le mal, c'est-à-dire Athalie, sera donc puni.

Voilà le spectacle et le conte moral. Mais en fait la notion d'un mal plus complexe s'insinue dans la tragédie à travers les allusions répétées à l'avenir de Joas, au delà de la pièce qui se termine avec la mort d'Athalie et le couronnement de l'héritier légitime. Celui-ci, on s'en souvient, s'éloignera plus tard à son tour de Dieu et, en réponse aux reproches de Zacharie, le fils de Joad devenu grand-prêtre, le fera lapider. Cet épisode obscur rapporté dans Les Chroniques (II Chroniques 24:17-22) et non dans Le Livre des Rois a pu être mieux connu au dix-septième siècle qu'il ne l'est à l'heure actuelle, peut-être parce que l'évangéliste Matthieu y fait allusion (23: 35), rangeant Zacharie parmi les prophètes méconnus, et que les prédicateurs le citaient. Bossuet le reprend deux fois dans son *Discours de l'histoire universelle*[9] que Racine cite dans sa préface à *Athalie*. Il n'en demeure pas moins

---

[8] O. de Mourgues (*Autonomie de Racine*, p. 154) rapproche au contraire *Athalie* de *Phèdre*, exemples tous deux, selon elle, de la "fusion... entre la volonté des dieux et le mécanisme de la passion". Il m'a semblé important que Dieu soit plus présent, plus réel que Vénus, et qu'il s'attaque au coupable, non à l'innocent.

[9] *Discours de l'histoire universelle*, pp. 57, 302.

étrange, et nous y reviendrons, que Racine lui accorde une place si importante. La justification qu'il en donne dans sa préface est surtout formelle. Or la conscience de la déchéance à venir de Joas pèse lourdement sur la pièce entière. La prophétie de Joad qui annonce en termes voilés (mais clairs pour le lecteur averti par la préface) l'avenir de l'enfant roi est placée, comme symboliquement, près du centre de la pièce (III.vii). Une vision de la nouvelle Jérusalem, une invocation du Sauveur forme la seconde partie de la prophétie, et Racine a pu penser qu'il ouvrait ainsi sa tragédie sur l'espoir du Christ, de la fin des conflits, d'une paix enfin durable. Mais au dernier acte seul l'avenir néfaste de Joas est évoqué quand Athalie, par sa malédiction ultime, lui souhaite qu'il devienne ce que nous savons déjà qu'il deviendra en effet. Ainsi on peut rester sur l'impression finale que le mal triomphe malgré tout du bien, ce qui sape le sens même de la pièce, et la question qui introduit la prophétie de Joad, "Comment en un plomb vil l'or pur s'est-il changé?" (III.vii.1142) demeure sans réponse. Comment Joas deviendra-t-il meurtrier et ennemi de Dieu après avoir été l'espoir d'Israël? Pourquoi ses propres promesses, ses propres prières (IV.ii; IV.iv.1410) et celles de Josabeth (I.ii.255-64) et de Joad (I.ii.283-90; II.viii.743) ne peuvent-elles le protéger? Manque de grâce? Exercice néfaste du libre arbitre? Racine ne se prononce pas.

S'il repousse la question du libre arbitre, primordiale depuis le tournant que représente *Iphigénie*, il ne reprend pas davantage la question de la liberté dans un monde profane dont nous avons vu l'importance pour toutes les pièces jusqu'à *Mithridate* et qui avait reparue dans *Esther*. Alors que Mathan, on l'a souvent dit, peut rappeler un Narcisse trop explicite—il expose en détail à son confident comment il s'est tourné vers le mal par ambition (III.iii)—il n'est pas comme lui ou comme Aman un être déraciné de naissance. Toute une dimension symbolique manque ainsi au personnage. Renégat par ambition, il n'incarne pas la liberté sans attaches dont Narcisse, en la présentant comme idéal et tentation à son maître faisait, nous l'avons vu, un des grands thèmes de *Britannicus*. La mort de l'affranchi-tentateur semblait confirmer l'impossibilité d'une telle liberté. La chute d'Aman, l'homme qui voulut se créer en dehors de tout passé, de tout cadre, de toute loi, portait la même condamnation à cette indépendance impossible. Mais le rôle de Mathan vivant et mort est limité et sans prolongements. Sa mort punit son abandon de Dieu, mais cet abandon était né de sa rivalité avec Joad, non d'une révolte métaphysique.

Toutefois, comme en passant, on trouve le mot "joug" dans sa bouche. "Né ministre [de] Dieu" il le serait peut-être encore, dit-il, "Si l'amour des grandeurs, la soif de commander, / Avec son joug étroit pouvait s'accommoder" (III.iii.925-26). L'idée n'est pas développée. Elle revient par contre dans la malédiction d'Athalie à la fin de la pièce. S'adressant à Dieu, elle exprime son espoir que Joas, un jour, sera "indocile à ton joug, fatigué de ta loi". Alors on le verra "Abolir tes honneurs, profaner tes autels" (V.vii.1785; 1789). Cette malédiction prophétique suggère que le mal, quand il naîtra, pourrait être allié à la recherche d'une indépendance. Trente ans plus tard Joas pourra se trouver dans la situation de Néron, au début de *Britannicus*, en mal de liberté. Mais dans le contexte de la tragédie, enfant élevé dans le temple et protégé par ses rites, il exalte cette vie. Il "craint le Seigneur son Dieu, sans cesse a devant lui / Ses préceptes, ses lois, ses jugements sévères" (IV.ii.1280-81).

De même que la technique dramatique s'est modifiée, les thèmes qui jadis, conscients ou non, obsédaient Racine ont donc disparu au moment où le point de vue de Dieu s'est substitué à celui de l'homme. On chercherait en vain dans *Athalie* un débat sur les limites de la responsabilité de l'homme, sur l'emploi du libre arbitre ou même de la liberté en face de l'ordre. Mais alors que le thème de la liberté individuelle a perdu sa fonction, un autre thème, constant sous des formes diverses chez Racine depuis ses débuts, gagne en importance: le thème de l'ordre. Toutefois il prend un nouveau visage. Jadis l'individu se définissait, grandissait face à un ordre dont il était parfois seul conscient. Tels étaient Titus, Bérénice, Monime et Xipharès, Iphigénie, Phèdre même. Mais désormais l'individu n'est plus seul au centre de la scène à se mesurer au monde, et la lutte qui fait le sujet de la tragédie devient la lutte entre deux ordres.

En effet *Athalie* nous présente l'ordre de Joad face à l'ordre d'Athalie. Or tous les deux—et c'est là un des aspects troublants de la pièce—se ressemblent étrangement. L'un doit néanmoins être considéré comme étant évidemment supérieur à l'autre. La question mérite d'être examinée de plus près.

Bien que l'ordre de Joad, en tant que forme manifeste de l'ordre de Dieu, doive avoir une dimension spirituelle, on le perçoit surtout dans sa manifestation temporelle. On voit Joad défendant la descendance de David contre Athalie qui défend celle d'Achab. Tous deux utilisent les mêmes moyens pour parvenir à leurs fins, la trahison, la violence et le meurtre, et tous deux agissent conformément à la même loi, celle de la vengeance. Jamais le mot "sang" dans son sens propre n'était revenu avec autant d'insistance dans le théâtre de Racine que dans ce drame biblique, et il est aussi fréquemment utilisé dans un camp que dans l'autre[10]. Non seulement les images de sang abondent: ce sang est versé sans pitié, sans regret, même avec joie des deux côtés. Le récit de la mort d'Achab et de Jézabel, provoqué par Jéhu au nom de Dieu, est repris avec plus ou moins de détails au moins quatre fois (I.i.113-18; II.v.503-07; II.vii.711-14; III.v.1038) parfois agrémenté de celui de la mort des "quatre-vingts fils de rois"; celui qui lui fait pendant, le massacre de tous ses petits-fils par Athalie, revient tout aussi fréquemment (I.i.41; I.ii.243-54; IV.ii.1295-96; IV.iii.1314-20). Elle est fière d'avoir "rendu meurtre pour meurtre, outrage pour outrage" (II.vii.720)—car il s'agit d'une vengeance pure: Racine, pas plus que la Bible, ne fait intervenir chez Athalie un mobile d'ambition, le désir de régner à la place de ses petits-fils. Condamnant l'"aveugle rage" qui a tué les siens, elle a voulu "De votre David traiter tous les neveux / Comme on traitait d'Achab les restes malheureux" (II.vii.721-22). Joad à son tour invitera les "prêtres saints" à venger "[leurs] princes morts" (IV.iii.1335), à réaliser les vœux du "Dieu vengeur" (1343), et leur ordonne: "Dans l'infidèle sang baignez-vous sans horreur" (1360). Et en effet, cinq vers avant la fin de la tragédie, Jérusalem "avec joie en son sang... regarde [Athalie] plongée" (V.viii.1812). Le sang est partout. Quand Athalie entre dans le temple, Joad a les mains rouges du sang des victimes sacrifiées, les prêtres arrosent l'autel et l'assemblée de sang (II.ii.387; 391). Après son départ, Joad s'apprête à laver le marbre même à l'aide de "sang pur" (II.viii.749-50). Cependant le Dieu de Joad se plaint qu'on ne lui offre que le "sang des boucs et des génisses" au lieu de venger les rois assassinés (I.i.88)[11].

Les procédés d'Athalie et de Joad ne se distinguent donc guère. Racine a suivi en cela l'histoire de l'Ancien Testament sans choisir d'atténuer la violence de l'un des partis. Au contraire, il souligne les parallélismes dans des images brutales où il semble se complaire. Les changements apportés au récit primitif ne font que renforcer l'impression que le mal règne même dans le camp de Dieu: ainsi la ruse employée par Joad pour attirer Athalie dans le temple et à sa perte est de l'invention de Racine et a indigné plus d'un critique qui la trouvait peu conforme à l'esprit d'un homme de Dieu. Quand la ruse a réussi,

---

[10] Selon la *Concordance* de Freeman et Batson on ne relève que dans *Iphigénie* un nombre approchant d'emplois de ce mot, pris au sens propre, ce qui s'explique, dans cette pièce, par son sujet qui est le sacrifice de l'héroïne. Mais *Iphigénie* se distingue néanmoins d'*Athalie* du fait que le mot n'y est pas lié à des images aussi atroces.

[11] Le passage est inspiré d'Esaïe 1:11, mais le prophète de l'Ancien Testament fait appel à la repentance, non à la vengeance dans ce refus des holocaustes.

Joad annonce fièrement: "Grand Dieu, voici ton heure, on t'amène ta proie" (V.iii.1668).

D'autre part, alors que Racine enlève quelque chose à ce Joad qui se montre rusé et sanguinaire, il relève Athalie qu'il dote de qualités que ne lui connaît pas l'Ancien Testament. Son Athalie, il est vrai, a beaucoup tué avant de régner, comme Octave quoique pour d'autres raisons, mais tel Auguste, elle est devenue bonne reine après avoir accédé au pouvoir. Elle a raffermi la puissance du trône de Juda, rétabli le calme dans Jérusalem, réussi à faire craindre Juda par ses ennemis traditionnels, les Arabes, les Philistins et les Syriens, même le roi d'Israël. Elle a respecté le temple et le service du Dieu des Juifs, et si beaucoup d'Israëlites ont choisi d'aller servir Baal, rien n'indique que c'est pour y avoir été forcés. Elle a apporté l'ordre et la paix dans le royaume.

Or Athalie doit être et sera en effet détruite, et son trône renversé. Jamais jusqu'ici dans le théâtre de Racine un ordre n'avait été ainsi condamné et aboli. Même dans *Bajazet* où l'ordre régnant, les lois du harem, la cruauté d'Orcan, d'Amurat, le monde des muets, pouvaient faire frémir, par le fait que cet ordre était lié à certaines valeurs, celles de la fidélité, de la maîtrise de soi en particulier, il s'opposait à ce que règne le désordre des passions déchaînées et il était maintenu, alors que ceux qui avaient voulu le renverser succombaient. Certaines des valeurs que le monde d'Amurat partageait avec des ordres meilleurs se retrouvent dans le monde d'Athalie. Elle aussi s'oppose à l'anarchie et maintient la fidélité au passé. Quoique Joad la traite d'usurpatrice (I.1.73), elle est en fait reine légitime, fille et épouse de roi. Dans la perspective des pièces profanes où l'ordre obtient sa valeur à s'opposer au chaos du monde des passions, le monde d'Athalie n'aurait pas été condamné.

Mais dans le cadre où se déroule cette "tragédie tirée de l'écriture sainte", du point de vue du temple de Dieu qui en forme le décor, Athalie est porteuse de désordre, non parce qu'elle représente une passion individuelle—l'individu a été éliminé—mais parce qu'elle menace un ordre supérieur, l'ordre même de l'univers. Dans *Esther* l'ordre à maintenir était confondu avec la survivance du peuple juif. Il en est de même pour l'ordre qui doit être rétabli dans *Athalie*. En effet même si, en termes de lois humaines, Athalie a droit au trône, *sub specie aeternitatis* seul Joas est de lignage légitime comme descendant de David de qui, selon la promesse de Dieu, doit naître le Sauveur d'Israël. Derrière l'ordre des rois légitimes de Juda que défend Joad se dessine l'ordre de Dieu. Le mot "ordre" reprend son sens latin primitif de "succession", "chronologie". Athalie est donc devenue ennemie de l'ordre dans le sens qu'elle a voulu couper la chaîne de descendance instituée par Dieu.

On sent ici toute la force de la conception de la Bible répandue au dix-septième siècle et exprimée avec tant de vigueur par Bossuet: toute l'histoire de l'Ancien Testament, toute l'histoire de l'univers n'obtient de sens que comme prélude, comme préparation à l'arrivée du Christ sauveur. Ainsi la légitimité, toujours si importante chez Racine trouve, dans *Athalie,* son sens profond. Il ne s'agit pas de valoriser un accident de naissance: elle est liée à l'ordre de l'univers. La légitimité garantit littéralement le salut du monde.

Athalie a refusé de s'intégrer dans cet ordre (ce qu'elle aurait théoriquement pu faire en tant que femme de Joram, descendant de David). En face de la promesse de la vie éternelle elle porte en soi la mort. Elle a tué les descendants de David et, ce faisant, elle a tué les siens. Rien ne peut croître où règne Athalie, les images de Racine nous l'apprennent. Ainsi les premiers vers de la pièce peignent ce que fut jadis la fête des Prémices, et les critiques se sont plu à relever les images de vie et de renouveau qui forment ce tableau[12].

> Et tous devant l'autel avec ordre introduits,
> De leurs champs dans leurs mains portant les nouveaux fruits,
> Au Dieu de l'univers consacraient ces prémices.
> (I.i.9-11)

Cette célébration de la vie naissante est interrompue brutalement:

> L'audace d'une femme, arrêtant ce concours,
> En des jours ténébreux a changé ces beaux jours.

Athalie tourne le dos à la vie, laisse derrière elle une traînée de nuit et consacre toute son attention à la poursuite d'un métal luisant et mort, l'or (*ibid.*, 48). Joad profitera plus tard de cette faiblesse et promettra de lui montrer le "trésor de David" si elle vient au temple, sachant bien qu'elle ne devinera jamais derrière ces mots non un objet matériel, mais ce qui existe de plus précieux pour les serviteurs du Dieu vivant, un enfant dont la vie a été miraculeusement épargnée, un enfant garant de l'avenir. Son avarice entraînera la reine dans la mort dont le métal qu'elle convoite est le symbole.

Athalie porte encore la mort en ce qu'elle a étouffé en elle-même la pitié et l'amour maternel. Elle a tué l'avenir au nom d'un passé révolu, par loyauté pour ses parents morts auxquels elle voue un amour exclusif et obsessif ("Oui, ma juste fureur… / a vengé mes parents sur

---

[12] Voir en particulier Martin Turnell, toujours très sensible aux images (*Jean Racine Dramatist*, pp. 303-10 *et passim*).

ma postérité… Reine sans coeur, fille sans amitié, / Esclave d'une lâche et frivole pitié / Je n'aurais pas… de votre David traité tous les neveux / Comme on traitait d'Achab les restes malheureux?… Où serais-je aujourd'hui, si domptant ma faiblesse, / Je n'eusse d'une mère étouffé la tendresse?" [II.vii.709-24]).

Ceux à qui s'adresse cet amour, Achab et Jézabel, sont eux aussi des assassins, ennemis de la vie. Ils se distinguent dans l'Ancien Testament par leur désobéissance à Dieu, et c'est sûrement pour cela que Racine a choisi de faire d'eux les parents d'Athalie, suivant en cela Flavius Josèphe et Bossuet plutôt que la Bible où Athalie est la fille d'Omri, père d'Achab. Ainsi il a transformé Athalie, de belle-soeur qu'elle était, en fille de Jézabel, Jézabel qui fit tuer les prophètes, qui fit tuer Naboth, qui brava, toute parée, l'usurpateur Jéhu avant d'être jetée de sa tour par ses eunuques et dévorée par les chiens dans le champ du même Naboth qu'elle avait fait lapider pour le déposséder d'une vigne que convoitait Achab. Racine utilise ces épisodes célèbres dans le célèbre "songe d'Athalie", mais Jézabel sert surtout à donner un contenu imagé à l'obsession du passé d'Athalie. On oublie jusqu'à la fin que Jézabel, selon la généalogie racinienne, est aussi l'ancêtre de Joas. Il est présenté comme le descendant du pieux David face à Athalie, assimilée à sa mère, l'étrangère, l'adoratrice de Baal, l'ennemie des prophètes, celle qui mourut sans sépulture, punie de ses crimes comme l'avait annoncé le prophète, et dont la postérité fut anéantie.

Dès la première scène, en effet, Athalie est présentée comme "de Jézabel la fille sanguinaire" (I.i.59), et elle-même mentionne Jézabel autant et plus qu'Achab. Elle reste fidèle aux valeurs aussi bien qu'au dieu de sa mère. Comme tant d'autres personnages raciniens elle tire sa force de son lien avec le passé, mais contrairement à ce que nous pourrions attendre, elle est destinée au sort de ceux qui rejetaient leur passé ou en étaient privés: comme Pyrrhus, Néron, Roxane, Pharnace, Aman même, elle succombe. Le lien avec le passé qui faisait la valeur d'un ordre dans le théâtre profane ne suffit plus ici, le véritable ordre, la vraie légitimité sont tournés vers la naissance d'un Sauveur et, nous l'avons vu, pour bien souligner les limites de l'ordre ancien, Racine le présente comme un ordre mort, donc contre nature, débouchant sur le meurtre de ses descendants par une reine incapable d'intérêts et d'émotions pour ce qui est vivant.

Athalie refuse le rôle de mère, préférant celui de fille. Ce comportement contre nature trouve son écho, pour Racine, dans sa préférence pour le rôle d'homme[13]. Elle oublie que son sexe lui interdit l'accès du

---

[13]   A ce sujet voir J. Doolittle, "The Eyes of Athalie".

parvis du temple où elle semble venir braver Dieu (II.ii.405-06; V.v.1735). Elle n'a pas craint de s'engager comme un homme dans un duel avec ce Dieu dont elle doit avouer à la fin qu'il l'emporte sur elle. Elle paraît deux fois le poignard à la main, dans le récit du meurtre des fils d'Okosias et lorsqu'elle pousse ses troupes à l'assaut du temple (I.ii.244; V.i.1537)[14]. Le symbolisme sexuel est évident. En face d'elle est évoqué le bras vengeur de Dieu (I.ii.233) mais surtout son glaive (II.iii.410). Elle expire sous le fer (V.viii.1809). Sans doute faut-il qu'elle succombe devant des armes authentiquement masculines!

Des critiques ont présumé que dans la perspective de Racine il était inconvenant qu'une femme fût sur le trône. Nous n'avons pas vraiment de confirmation d'une telle hypothèse dans le texte, mais Racine fait ressortir à plusieurs reprises par des situations ironiques le côté anti-naturel du refus de tous les aspects de sa féminité chez Athalie. En effet tout geste de tendresse, toute émotion est immédiatement punie, et c'est en partie pour être redevenue femme qu'elle mourra. Prophétiquement, dans son songe, le geste de tendresse vers sa mère, "et moi je lui tendais les mains pour l'embrasser" (II.v.502), prélude à la vision de Jézabel décomposée. Son émotion devant Eliacin-Joas qui réveille son instinct maternel sert de piège pour sa destruction. Alors qu'elle se montre en général, selon l'éloge ambigu de Mathan "reine éclairée, intrépide / Elevée au-dessus de son sexe timide" (III.iii.871-72), la vue d'Eliacin, le trouble jeté en elle par Dieu fait qu'"elle flotte, elle hésite, en un mot, elle est femme" (876). Il est trop tard. Ce théâtre est sans pardon: le retour en arrière vers la maternité, vers le douceur, lui est interdit.

Résumons. Racine, quand il revient au théâtre, ne se contente pas de puiser à une autre source pour ses tragédies, d'éliminer l'amour et d'ajouter des choeurs ou des hymnes à la gloire de Dieu. Dans *Esther* d'abord, dans *Athalie* de façon bien plus marquée encore, il bouleverse la forme de la tragédie telle qu'il l'avait pratiquée. Le centre d'intérêt est déplacé: il ne s'agit plus d'assister à la lutte de l'homme pour sa dignité et sa vérité face à un ordre qui reflétait, en général, l'ordre de la société doublé d'un vague ordre moral, lutte dont l'homme ressortait victorieux. L'ordre qui servait d'obstacle et de piédestal à l'individu est maintenant redéfini dans sa nature et dans sa fonction. La légitimité, la fidélité aux valeurs du passé, la maîtrise des passions peuvent encore le marquer; ils ne suffisent plus à le rendre

---

[14] La Bible relate seulement qu'"Athalie se leva et fit périr toute la race royale" de la maison de Juda (II Rois 11:1; II Chroniques 22:10) et qu'"Athalie se rendit au temple et, voyant Joas couronné et entouré de lévites armés, déchira ses vêtements" (II Rois 11:13-14; II Chroniques 23:12-13).

valable, à assurer le salut de l'individu qui l'embrasse. En face de l'ordre purement humain se dresse un autre, plus élevé, qui, s'il lui ressemble dans ses manifestations, se place à un autre niveau du fait qu'il comprend le plan de Dieu pour tout l'univers et pour tous les temps. La tragédie célébrera le triomphe de cet ordre nouveau sur l'ordre profane dévalorisé, non la victoire de l'individu à travers lui. Athalie et Aman ne ressortent pas grandis de leur lutte avec Dieu, mais leur monde s'effondre et ils sont anéantis pour s'être mesurés à lui. Ils partagent le destin de Néron, d'Eriphile, d'Oenone dans les pièces profanes. Par contre le rôle des Titus, des Bérénice, des Monime, des Iphigénie, de ceux qui survivaient après avoir accepté la loi qui écrasait leurs velléités personnelles, a été coupé du théâtre de Racine. La victoire à l'issue de la lutte n'appartient ni à Athalie ni à Joas, mais à l'ordre de Dieu. Quant à Joad, il n'a pas eu à réconcilier en lui l'individuel et l'universel puisqu'il *est* la loi. Aussi ne peut-il guère nous intéresser malgré la majesté des vers qu'il prononce. L'ordre qui lui confère sa majesté investit l'homme si totalement qu'il ne reste qu'une marionnette.

Cependant *Athalie* n'est pas une pièce entièrement mécanique. Dieu détient les fils de l'action et fait parler les personnages, mais le spectateur s'intéresse par exemple à Athalie qui, comme l'homme en général, agit jusqu'à la fin avec l'illusion de la liberté et qui peut être considérée comme individu quoiqu'elle incarne l'ordre rejeté. Racine ne réussit pas à imposer à toutes les facettes de la pièce la conception du monde qu'il veut sans doute traduire. Les aspects qui s'intègrent mal à ce conte moral laissent entrevoir des thèmes autres que celui de la victoire nécessaire de Dieu. A l'examen on retrouve des thèmes anciens avec lesquels, on le voit, Racine se débat toujours, des thèmes qui retracent des conflits purement humains. Une comparaison avec les pièces précédentes faisant ressortir des structures analogues aidera à les identifier.

Par son manque de scrupules, sa disposition meurtrière, les qualités et les défauts aussi qui font d'elle une souveraine efficace, Athalie rappelle évidemment Agrippine. Elle parle avec la même fermeté et la même lucidité. Toutes deux sont appelées à partager le même sort: elles seront tuées par leur fils ou petit-fils, Athalie avant la fin de la pièce, Agrippine peu après. Toutes deux sont conscientes de la lourde hérédité qui pèse sur leur descendant, toutes deux prévoient que cette hérédité déterminera leurs actes. La malédiction finale qu'Athalie prononce sur Joas (V.vi) est semblable à celle qu'Agrippine prononce contre Néron, malédiction prophétique dans les deux cas.

La mise en scène des rapports entre le fils et la mère forme certainement l'un des ressorts essentiels d'*Athalie*: leur lutte engage profondément les émotions, conscientes et inconscientes, du spectateur et rend la pièce effrayante et bouleversante pour lui. Il devine la conclusion inévitable à la tension fils-mère qui traverse la tragédie. Le meurtre de la mère, toute criminelle qu'elle soit, ne peut être accepté légèrement. Les Grecs l'avaient senti, le grand mythe de l'Orestie en était né. Peu importe si Clytemnestre a mérité ou non la mort: les Furies, déesses chthoniennes bien plus anciennes qu'Apollon qui commande le meurtre, se déchaînent contre Oreste pour la venger, et il faut l'intervention de la grâce, le pardon non motivé d'Athéna, née sans mère, pour briser le cycle infernal des vengeances et absoudre Oreste.

Dans *Britannicus* le meurtre de la mère est prédit; il ne fait pas partie de la pièce. La malédiction—qui évoque d'ailleurs explicitement les Furies (V.vi.1683)—suit la prophétie du meurtre. Le meurtre même n'est que l'aboutissement de la lutte qui a traversé toute la pièce, et Agrippine l'interprète alors même qu'elle le prédit: "Dans le fond de ton coeur je sais que tu me hais; / Tu voudras t'affranchir du joug de mes bienfaits" (V.vii.1677-78). Le sens en est donc clair: c'est un des gestes de Néron, le geste ultime, pour conquérir sa liberté, pour se séparer de sa mère. Dans *Athalie* Racine va jusqu'au bout; le meurtre fait partie de l'action. Joas ne tue pas Athalie en personne, mais il ne peut y avoir de malentendu. Son songe l'avait avertie: l'enfant aux traits de Joas "plonge" "un homicide acier" "en [son] sein" (II.v.513-14), et dans sa malédiction elle se résigne à ce que se réalise sa vision nocturne:

> Qu'il règne donc ce fils;...
> Et que pour signaler son empire nouveau,
> On lui fasse en mon sein enfoncer le couteau.
> (V.vi.1780-82)

Racine ne s'embarrasse pas même d'un maladroit "grand'mère" pour désigner Athalie. La malédiction de celle-ci est précédée par les mots "Voici ce qu'en mourant lui souhaite sa mère".

Toutefois, s'il y a des similarités dans les caractères et les actions des deux tragédies, cela n'est vrai que pour une partie des thèmes. Ainsi la lutte de l'individu pour conquérir son indépendance, pour s'affirmer, appartient aux préoccupations des pièces profanes et serait déplacée dans un théâtre qui se veut consacré à la mise en scène de la volonté divine. Et pourtant un écho de certains grands thèmes de *Britannicus* se retrouve dans la malédiction d'Athalie. Elle se flatte, dit-elle, que Joas, "*Fidèle au sang d'Achab qu'il a reçu* [*d'elle*] / Conforme à son aïeul, à son père semblable" secouera "le joug" (on se souvient que le mot est déjà dans la bouche d'Agrippine) de Dieu et "venge[ra] Athalie, Achab et Jézabel" (*ibid.*, 1786-90—C'est moi qui souligne). "Jézabel", le dernier mot qui sorte de la bouche d'Athalie, évoque le souvenir du meurtre des prophètes qui l'a rendue criminelle. C'est précisément l'acte par lequel se souillera Joas, qui en outre fera lapider Zacharie comme elle avait fait lapider Naboth.

Une autre pièce, non écrite, et très semblable à *Britannicus* s'esquisse donc au delà d'*Athalie*. Comme pour Néron, une hérédité mauvaise en lutte avec une hérédité bonne triomphe de celle-ci, un passé vertueux sera abandonné en faveur d'une vie criminelle, et un désir de liberté amènera à mépriser l'ordre et la loi. Néron s'était libéré du père et tuera sa mère. Joas tue sa mère et s'attaquera à son père: Zacharie, qu'il tue, a en effet pris la place de Joad, plusieurs fois mentionné comme père (I.ii.184; IV.ii.1265, 1289; IV.iii.1324, 1384). Si l'on se souvient, d'autre part, que Joad, et Zacharie après lui, sont les porte-parole de Dieu, que Dieu est également appelé père par Joas (I.ii.258; II.vii.646, 649, 699) on pourrait dire que le meurtre de Zacharie représente un effort de tuer Dieu[15].

Après la malédiction qui nous a fait entrevoir cette tragédie non écrite il ne reste que vingt-six vers avant que ne tombe le rideau. Près de la moitié sont consacrés à la mort d'Athalie. Mais rien ne peut effacer ses dernières paroles: l'impression pénible qu'elles laissent ne se dissipe pas en si peu de temps, et fait oublier que cette exécution devait être une rétribution méritée. Racine a beau exalter la justice de Dieu par la bouche de Joad dans les quatre vers de conclusion (dont deux sont parmi les plus maladroits de la pièce), l'angoisse qu'apporte le matricide et l'assurance de la fatalité ne s'effacent pas pour autant. Le message final semble donc moins que justice a été faite, davantage que si le plan de Dieu a été réalisé, son règne est encore loin, vu que les passions des hommes n'ont été étouffées que momentanément. Parce que l'intérêt de Racine s'est détourné de l'individu, il ne reste pas même la consolation apportée par les pièces profanes que l'homme écrasé a lutté, et que sa lutte lui a conféré une qualité mystérieuse, que j'appellerai, faute de mieux, la grandeur. On n'entrevoit qu'une suite de meurtres, par des hommes qui ne peuvent secouer leur hérédité, et de châtiments, par un Dieu puissant, inflexible et sourd aux prières.

Est-il besoin d'ajouter que si l'avenir de Joas dans la Bible est bien

---

[15] Selon Ch. Mauron (*L'Inconscient*, pp. 73-74) *Britannicus* aurait partie liée avec le père. En le tuant, Néron commettrait donc lui aussi un parricide.

tel que Joad et Athalie le décrivent, on n'y trouve pas trace d'une ultime malédiction? Les inquiétudes de Josabeth sur l'avenir de Joas (I.ii.237-39) qui soulèvent déjà le problème de l'hérédité, la prophétie de Joad, sont d'autres apports de Racine qui reflètent ses préoccupations personnelles encore assez fortes pour que la foi en la bonté divine que chante le choeur ne puisse les éteindre. Il est significatif à cet égard que le dernier acte est le seul qui ne se termine pas par des chants lyriques.

Lutte à mort avec la mère, fatalité de l'hérédité, le rapprochement avec *Britannicus* éclaire donc nettement les deux thèmes. Le rapprochement avec *Andromaque* nous aidera peut-être à mieux comprendre un autre aspect ambigu et troublant de la pièce, la condamnation de l'innocent, si fréquente chez Racine quoiqu'il ne semble en être conscient que dans *Phèdre*.

Joas réunit tous les traits que Racine regroupe volontiers: jeune, innocent, orphelin, héritier légitime du pouvoir, il est l'objet de l'agression de forces supérieures. Jeunes gens ou jeunes filles, les innocents forment le centre de toutes les tragédies de Racine à l'exception d'*Alexandre* et de *Bérénice*. Mais dans sa dernière pièce, l'innocence reprend le visage de l'enfant royal orphelin qu'il avait tout au début de sa carrière théâtrale. Les mots "innocence" et "orphelin" se trouvent réunis dans le dernier vers qu'il écrivit pour la scène[16].

Astyanax et Joas, du fait même qu'ils sont enfants, n'ont pas un rôle actif, et nous les connaissons peu sauf en tant que symboles. Astyanax n'est qu'un nom: Joas, plus âgé, a un petit rôle. Il paraît notamment comme l'incarnation de l'innocence face à la corruption du mal dans l'interrogatoire que lui fait subir Athalie vers le milieu de la pièce. Mais de même qu'Astyanax se confond avec Andromaque, Joas montre, selon la remarque d'Athalie, que "sa mémoire est fidèle, et dans tout ce qu'il dit / De [Josabeth] et de Joad [on] reconnaît l'esprit" (II.vii.701-02). Lui non plus n'a donc pas de personnalité distincte. Mais, tout comme Astyanax, il représente l'enjeu du conflit de la pièce. Cette analogie dans la position des deux enfants mérite d'être étudiée de plus près.

Dans *Andromaque* Ch. Mauron l'a bien montré[17], un Pyrrhus jeune essaye d'entraîner Andromaque vers la vie. Elle-même n'a d'autre

[16] Ce sujet est développé dans mon étude "L'Innocence et la tragédie chez Racine" (Appendice II) et dans "Au delà d'Athalie", pp. 18-21. On lira avec profit M. Gutwirth, "La Problématique de l'innocence dans le théâtre de Racine".

[17] *L'Inconscient*, tout le chapitre sur *Andromaque* et plus particulièrement pp. 56, 60-61.

désir que de pleurer Hector et de veiller à l'entretien de son tombeau. Astyanax semble être destiné à partager avec elle cette vie-mort. Pyrrhus lui propose une alternative: qu'Andromaque l'épouse et il adoptera Astyanax, rebâtira Troie et l'y couronnera. Mais Andromaque refuse et précise les limites de son ambition pour son fils:

> Souffrez que loin des Grecs, et même loin de vous,
> J'aille cacher mon fils et pleurer mon époux.
>
> (I.iv.339-40)

répond-elle à Pyrrhus, et quand elle demande à Hermione d'intercéder pour elle, elle implore, en parlant de son fils,

> Laissez-moi le cacher en quelque île déserte.
> Sur les soins de sa mère on peut s'en assurer,
> Et mon fils avec moi n'apprendra qu'à pleurer.
>
> (III.iv.877-80)

Pyrrhus, on s'en souvient, rétorque par le chantage qui forme le ressort de la pièce: si Andromaque le repousse, il livrera Astyanax aux Grecs qui réclament sa mort. Pyrrhus ne fait que traduire le langage symbolique de la décision d'Andromaque: si elle refuse de revenir à la vie (dans le langage de Pyrrhus, en s'unissant à lui), elle se condamne et condamne l'enfant à la mort (mort réelle d'Astyanax pour Pyrrhus, mort symbolique non avouée pour Andromaque).

L'enfant ne dit rien.

Quelle est la situation à la fin de la pièce? Pyrrhus a épousé Andromaque, reconnu Astyanax "pour le roi des Troyens" (V.iii.1512) puis a été tué. Andromaque, sa veuve, sans s'être rendue coupable d'avoir consommé le mariage, règne en Epire[18]. Elle a été ramenée à la vie. On n'apprend rien sur l'avenir d'Astyanax.

Andromaque—et par elle Astyanax qui n'existe qu'en symbiose avec elle—a donc reçu ce qu'elle n'a pas sollicité. Elle a abandonné le culte exclusif, quasi monastique, du héros mort, elle s'est tournée vers la vie, a accepté le pouvoir, se chargeant d'emblée des décisions nécessaires pour ramener l'ordre dans un état en désarroi. Pyrrhus qui l'appelait à la vie, au pouvoir qu'elle exerce, à l'amour qu'elle n'a plus besoin de refuser, Pyrrhus le tentateur a été tué.

La situation de base dans *Athalie* peut être décrite dans les mêmes termes. Josabeth utilise à propos de Joas un langage qui nous rappelle celui d'Andromaque. Astyanax—je souligne les termes-clefs—est l'"unique *trésor*" d'Andromaque (IV.i.1103). Céphise est dépositaire de "l'*espoir* des Troyens" (*ibid*., 1105). Josabeth, craignant pour la vie

---

[18] Dans l'édition de 1668, cela a lieu après un intervalle où Oreste la ramène sur scène comme captive et Hermione la libère au nom de Pyrrhus.

de Joas, menacée tout comme celle d'Astyanax, demande à son mari qu'il fasse "de ce *trésor* Jéhu dépositaire" (III.vi.1068) et Joad reprend le mot en jouant sur son double sens (995, 1584, 1649, 1715, 1726). L'enfant est "des tristes Juifs l'*espérance* dernière (V.ii.1651; de même II.vii.735). Si Astyanax est le *reste* de Troie, le *reste* de la famille d'Hector, le *reste* de tous les biens d'Andromaque (III.iv.872; IV.i.1122, 1123), Joas "du fidèle David... est le précieux *reste*" (I.ii.256; de même IV.vi.1490; V.ii.1626) que Josabeth, comme Andromaque, voudrait cacher dans un désert (*Athalie* III.vi.1056-58; *Andromaque* I.iv.340; III.iv.878).

Comme Astyanax, Joas est coupé du monde. Enfermé dans le temple, il se joint à ceux dont l'unique occupation est de louer et de bénir Dieu, d'entendre chanter Sa gloire. Athalie, dans la grande scène de l'interrogatoire, l'invite à venir partager sa vie au palais. Ses promesses sont celles de Pyrrhus: "Je prétends vous traiter comme mon propre fils" (II.vii.698) dit-elle, lui promettant richesses et plaisir, laissant deviner qu'il pourrait devenir son héritier. Joas dont la voix ne se distingue pas de celle de Joad, refuse, comme jadis Andromaque refusait pour Astyanax. A la fin de la pièce cependant c'est Joas qui, sans l'avoir sollicité, prend la place d'Athalie et devient roi. Il sortira du temple, il entrera dans le palais. Sa vie ne sera plus limitée à pleurer les malheurs de Sion; il régnera. Athalie, qui présentait la tentation de la vie dans le monde pour l'enfant passif et innocent, est identifiée au mal, et elle est tuée.

Vues sous ce jour, les ressemblances entre les deux pièces sont frappantes. Mais une différence importante demeure. Alors que nous ne savions rien de l'avenir d'Astyanax, Racine nous apprend quel sera celui de Joas. Même si la fin malheureuse de Joas de la Bible était mieux connue au dix-septième siècle que de nos jours, Racine aurait pu l'escamoter. Mais au contraire, il le met en évidence par la structure de l'oeuvre, et c'est un des aspects les plus troublants, des plus mystérieux aussi d'une pièce que l'on penserait dédiée à célébrer le pouvoir de Dieu (il n'est pas absolu, du moment que Joas se révolte), Sa bonté (mais Dieu n'a pas écouté les prières de Joas, de Joad ni de Josabeth) et la venue du Christ (mais le changement en Joas empêche que son avènement soit identifié avec celui du Sauveur, et la prophétie du troisième acte annonçant la rédemption est bien oubliée au cinquième). Seule la première partie de la prophétie, "Comment en un plomb vil l'or pur s'est-il changé?" est rappelée dans la malédiction finale d'Athalie dont elle garantit le caractère prophétique[19].

---

[19] Dans sa préface Racine consacre un long paragraphe à justifier la prophétie de Joad. En fait il parle presque exclusivement de sa forme. Pour le reste, ses raisons sont des

En fait *Athalie* n'est pas une pièce sur l'anéantissement du mal et la venue du Christ. L'évocation du passé édenique de la première scène, de ce monde d'avant Athalie, n'est jamais reprise. Le choeur loue Dieu, chante, dans des vers plus convaincants que ceux d'*Esther*, son amour. Mais la voix est faible à côté des échanges stridents entre les protagonistes, à côté de la voix tonitruante de Joad qui domine tout, énumérant les morts violentes et les famines comme "miracles" adorables de Dieu (I.i.104-23), promettant à Dieu sa "proie" (V.iii.1668), évoquant, dans les derniers vers de la pièce, la sévérité du Dieu vengeur.

Le sujet d'*Athalie* est sans doute le triomphe de l'ordre de Dieu, mais il est aussi la tentation du monde qui seul explique l'importance accordée par Racine à l'avenir de Joas. Joas a reçu une couronne sans l'avoir convoitée. Mais Racine ne peut plus à cette date se contenter comme jadis de faire baisser le rideau après avoir comblé l'innocent. Qu'il l'ait désirée ou non (et les psychanalystes ou psychocritiques comme Ch. Mauron[20] qui placent en Joas les pulsions du moi de Racine pourraient dire que Racine avait voulu secrètement ce qu'il donne à Joas), la vie dans le monde corrompt et nul n'échappe à cette corruption. Il ne peut y avoir de "détachement du monde au milieu du monde même" comme le préconisait la préface d'*Esther*. Aucune prière, aucune bonne résolution ne protège contre l'inévitable. Joas est pur aussi longtemps qu'il est à l'abri dans le temple. Entré dans le monde il deviendra, comme Athalie, l'ennemi de Dieu—Athalie a égorgé (I.ii.243; voir aussi IV.iii.1332), il fera de même (III.vii.1143)—comme Jézabel même, "des prophètes divins [malheureux] homicide" (III.vii.1145). Parallèlement, et l'un ne contredit pas l'autre, *Athalie* est une tragédie du matricide, ou peut-être du parricide dans le sens le plus large du mot, une tragédie sur l'impossibilité de se libérer du passé, d'échapper à son hérédité.

Il est significatif que dans une pièce où "il s'agit de mettre sur le trône un des ancêtres du Messie" comme l'écrit Racine dans sa préface, où il a voulu "faire entrevoir la venue de ce consolateur" il n'y ait pas de pardon. Le Dieu d'*Athalie* n'est pas seulement un Dieu indifférent comme celui qui se dessine dans *Esther*, c'est un Dieu implacable pour ne pas dire méchant. Eschyle avait entrevu une possibilité de pardon qui mettrait fin au cycle des vengeances, comme Sophocle et

---

plus faibles: "cette prophétie sert beaucoup à augmenter le trouble dans la pièce, par la consternation et par les différents mouvements où elle jette le choeur et les principaux acteurs". Il n'explique pas pourquoi ce trouble est si nécessaire ni pourquoi une tragédie d'espoir doit être transformée en une pièce où règne la consternation.

[20] *L'Inconscient*, p. 294.

Euripide avaient montré une fin noble des souffrances d'Oedipe et d'Hippolyte. Le chrétien Racine n'en présente pas. Sa vision du monde à la fin de sa carrière théâtrale est on ne peut plus sombre. L'orphelin a trouvé un père, mais il n'y a aucune douceur dans cette réunion: c'est un père sans indulgence qu'on ne peut satisfaire qu'en se soumettant totalement à lui, en restant dans le temple, sans volonté et sans voix propres. Au delà, le service de Dieu se transforme bientôt en servitude. Se libérer de son joug est impossible, toute révolte amène une prompte vengeance. Entrer dans le monde, d'autre part, peut être un désir secret brûlant. Il mène inévitablement à la destruction.

Les romantiques, devenus sourds aux nuances de la langue classique que trop d'imitateurs peu doués leur avaient gâtée, ont aimé *Athalie* plus que les autres tragédies de Racine. Spectacle, primauté de l'action, personnages plus grands que nature, déclamations rhétoriques et intermèdes lyriques, tout allait dans leur sens, peut-être jusqu'au trouble mal expliqué et non résolu que la pièce éveille en nous et qui correspond bien à cette intuition souvent peu explorée des abîmes de l'inconscient dans les oeuvres de cette époque. La critique moderne a été plus sensible à ce que la présence de Dieu a enlevé d'autonomie aux personnages. J'ai voulu montrer en quoi elle est stratifiée. Pièce religieuse avant tout, elle se veut hymne à Dieu. Mais même sur ce plan on peut se demander si Racine était conscient du fait que de tous les attributs de Dieu, seule Sa puissance y est célébrée, et encore dans les limites du temps de la tragédie. Les grandes lignes de l'intrigue correspondent à ce qui a pu être le thème voulu: la puissance et la justice de Dieu sont manifestes dans le couronnement de Joas, dans l'exécution d'Athalie. Mais sans doute devait-il aussi s'agir d'un Dieu bon qui a servi de père à Joas, d'un Dieu dont le choeur peut célébrer l'amour. Ce Dieu disparaît pour le spectateur derrière l'apparition d'un Dieu dur et tyrannique tel que le peignent Joad et Athalie, un Dieu dont l'ordre est vide. Ainsi même la pièce religieuse que Racine a voulu écrire semble échapper en partie à son contrôle, comme c'était déjà le cas pour *Esther*, et communiquer elle aussi plus de crainte que de confiance et d'amour à l'endroit du Dieu qu'elle doit exalter. Nous entrevoyons sûrement là moins le visage du Dieu de l'Ancien Testament que celui du Dieu personnel de Racine à cette époque, qui s'est substitué malgré lui au visage du Dieu officiel. Les questions sur l'hérédité, sur l'indifférence apparente de Dieu aux prières, sur le pouvoir du mal viennent se greffer maladroitement sur la pièce religieuse. Elles sont repoussées vers une action que Racine n'a pas à traiter, qui se déroulera après la fin de la pièce. Ce sont pourtant les questions les plus troublantes pour le spectateur. Sans doute l'étaient-elles pour Racine aussi, mais elles étaient étrangères au cadre qu'il voulait donner comme limite à son expression. Elles restent donc en dehors, et *Athalie* est en conséquence un grand tableau noir et blanc aux lignes simplifiées, avec quelques taches de couleur, distribuées un peu au hasard du contrôle conscient sinon de l'inconscient, qui débordent sur le mur où le cadre trop carré et trop sévère est accroché.

CONCLUSION

Partant des premières pièces de Racine où la liberté de toute contrainte est peinte comme illusoire, nous sommes arrivés aux dernières, où seul domine un ordre vide, tyrannique, qui écrase l'individu sans pouvoir toutefois étouffer toutes les pulsions, toutes les angoisses devenues explosives dans ce cadre trop rigide.

La notion d'ordre se substitue aussi de plus en plus à la notion de destin dans le théâtre de Racine, absorbant d'ailleurs quelques-uns de ses aspects. Le destin jouait un rôle déterminant dans *La Thébaïde*; on le retrouve dans les quatre dernières pièces; mais dès la seconde, les personnages cessent d'accuser les dieux et de s'interroger sur les raisons de leur conduite. Jusqu'à *Iphigénie* ils vivent même dans un monde totalement fermé à l'au delà, monde où l'action est déterminée non par le destin, mais par les passions. Celles-ci se doublent fréquemment d'un effort de se libérer des contraintes, ce qui oppose aux fidèles à la loi, adhérant à leur passé, les passionnés qui la rejettent. Ordre, passé, légitimité en viennent à se confondre et forment un ensemble de valeurs vagues mais certain. A partir de *Bérénice* l'ordre revêt une forme mieux définie, s'incarnant dans une loi qui, sans posséder une valeur morale propre, en engendre une à travers la soumission qu'elle impose. L'importance du thème de l'ordre commence dès lors à se dessiner plus nettement: la recherche d'une liberté dans la révolte perd de son importance; la loi prend la fonction du destin. Elle se révèle aussi dans son absurdité, annonçant *Iphigénie*. Mais comme pour l'oracle, la question de sa nature attire peu l'attention: seule compte l'attitude de l'homme envers elle, alors que d'autre part le caractère étouffant de l'ordre qui deviendra si apparent dans les dernières pièces, se manifeste déjà. Le triomphe de l'ordre qui, chez Corneille, est en général lié à une exaltation du moi sera, chez

Racine, fréquemment coloré d'une nuance de défaite: l'individu amené à dépasser ses préoccupations étroitement personnelles s'est enrichi, mais la richesse acquise demeure tout intérieure.

Iphigénie signale le retour des dieux dans le théâtre de Racine, et le thème de l'ordre apparaît sous une forme nouvelle. C'est un décret de l'au delà, et non une loi sociale, qui se présente comme impératif moral et comme destin. De l'obéissance à ce décret dépend l'ordre même de la société. Le dénouement truqué par lequel Racine laisse un semblant de justice remplacer l'arbitraire initial de l'oracle brouille le sens de cette interpénétration de l'au delà et du terrestre, de l'individuel, de l'universel et du social. Le thème de la liberté, par contre, est pleinement réalisé et cela pour la première fois: la liberté d'Achille apparaît triomphante, épanouie. Sans s'y opposer, elle refuse toutes les contraintes d'un ordre qu'elle juge et condamne, elle refuse la résignation et la soumission pour imposer son propre système de valeurs. *Iphigénie*, malgré, ou peut-être en raison même de ses défauts, devient une pièce charnière dans l'oeuvre de Racine.

La loi perd son absurdité dans *Phèdre* et l'ordre des dieux, dans la mesure où il est ordre moral, coïncide avec l'ordre social jusqu'à sembler n'en être que la projection. L'être passionné, tout en le menaçant encore du fait seul de son existence, est passé du côté de l'ordre et acquiert sa stature à le défendre. Le destin, devenu plus mystérieux que jamais, intègre des forces contradictoires, y compris les passions qui obtiennent, autant que la loi morale, des dimensions cosmiques. Un dernier vestige d'une poursuite timide de la liberté meurt avec Hippolyte. Il avait cherché—tard, il est vrai, et seulement du moment où il y avait été forcé—à se libérer de son père et, en contrevenant à l'interdiction d'épouser Aricie, à commencer une nouvelle vie avec elle. Mais il échoue là où Achille, plus fort, libre et indépendant depuis toujours, avait réussi; il meurt avant d'être parvenu à échapper au passé.

L'éternel et le temporaire, l'universel et le social, l'ordre, le destin, la passion se recoupent et se mêlent dans les cinq actes de *Phèdre* selon un dessin qui nous a retenu longtemps et dont la complexité interdit toute simplification. Mais à la tombée du rideau il ne règne plus sur scène qu'un ordre coupé des passions, un ordre triste que rien n'éclaircit, ni une ouverture vers l'avenir, une promesse d'éternité par l'art comme dans *Iphigénie* tourné vers Homère, ni un pardon divin comme dans *Hippolyte* d'Euripide.

Phèdre a collaboré de sa volonté aux événements qui concluent la pièce. Paradoxalement les deux "tragédies tirées de l'histoire sainte" qui marquent le retour de Racine au théâtre après sa conversion, ne mettent plus en scène d'individu qui doive choisir d'incliner sa liberté vers l'ordre. Seul reste un parent sévère qui impose ses volontés sans admettre de discussion, dont le pouvoir illimité de grande personne par rapport à l'enfant peut détruire tout ce qui s'oppose à lui, un Dieu qui est le destin et l'ordre et dont la vue presbyte ne perçoit que des générations, non l'instant qu'occupe la vie d'un homme, d'une femme, d'un enfant.

Que la notion d'ordre qui prend une importance croissante dans son oeuvre ait été formatrice pour Racine n'a rien qui doive nous étonner: elle était déterminante partout où pouvait se porter son attention. On devine même comment le jeune Racine a pu vivre cette notion et celle des dangers de la liberté, qui ne peut en être séparée, comment ses préoccupations sur la famille, sur un lignage noble et légitime ont pu s'y associer.

Les données psychologiques dont naît une oeuvre sont trop complexes pour que des événements extérieurs puissent jamais prétendre les "expliquer", mais la biographie peut du moins éclairer le contexte dans lequel elles se sont développées. Nous savons que dans la société de l'époque un enfant sans famille, sans protection, sans fortune comme l'était Racine n'avait, même s'il était de descendance honorable, aucune chance de réussir. Pour survivre, il fallait qu'il s'intégrât à un ordre établi influent. Ce fut d'abord Port-Royal qui recueillit Racine. Sa révolte contre les contraintes que lui imposait ce milieu ne lui aurait acquis qu'une liberté vaine, le rejetant parmi les sans famille, s'il ne s'était assuré un asile dans un autre ordre. Le monde de la cour qui devint le champ de son activité pendant sa vie d'adulte, pour différent qu'il fût, n'était peut-être pas moins structuré que celui de Port-Royal, et imposait lui aussi des contraintes certaines. C'est pourtant dans ce monde que l'orphelin Racine tente de s'insérer en se soumettant à son rituel complexe, c'est là qu'il cherche peut-être un frère, un père, un Dieu dans la personne du roi, et enfin ces assises qu'une fonction officielle finira par lui assurer[1].

Mais en dehors de son expérience immédiate et personnelle Racine retrouvait les préoccupations au sujet de l'ordre et des limites de la liberté dans tous les aspects de la vie contemporaine, qu'elle fût politique, sociale, théologique ou artistique, reflet de la victoire difficile sur le désordre qui marque le début du siècle. Racine avait à peine quinze mois de moins que Louis XIV. Tous deux subissent les mêmes événements au même âge, tous deux avancent à la conquête de leur univers vers les mêmes dates. Quand Louis XIV inaugure son règne person-

---

[1] Voir la thèse de R. Picard dans *La Carrière de Racine*.

nel en 1661, Racine entreprend sa deuxième pièce. Il écrit *La Thébaïde*
en 1664; c'est l'année où Louis XIV devient Roi Soleil lors des fêtes
des "Plaisirs de l'île enchantée", les premières grandes célébrations
officielles dans ce Versailles où l'on peut voir l'incarnation ostenta-
toire de la passion de l'ordre, qui marque Louis XIV aussi bien que son
siècle, bâti parce que le roi n'avait pu oublier la Fronde[2]. Elle avait
réveillé le spectre des guerres civiles au cours desquelles la France
avait failli sombrer: de nouveau la loi individuelle avait mis au défi
l'autorité royale unificatrice, installant l'anarchie qui menaçait la survie de chacun.

L'Eglise, la religion même, si présentes dans la vie quotidienne du
dix-septième siècle, avaient connu les mêmes avatars que le royaume.
Les Réformés qui avaient rejeté une autorité indigne en réaction au
dérèglement général, au relâchement dans les moeurs du clergé, en
étaient venus à rejeter aussi toute autorité spirituelle qui vînt s'interpo-
ser entre l'individu et son interprétation personnelle des Ecritures. La
conséquence inévitable fut une multiplication désordonnée des sectes.
Les polémistes de la Contre-Réforme virent dans cette anarchie la
main de Dieu punissant ceux qui avaient méconnu l'autorité de Son
Eglise, et la dénoncèrent comme telle dans leurs écrits. En cette première moitié du dix-septième siècle dont naît le "Grand Siècle", la
lutte contre les hérétiques occupait encore l'attention de nombreux
théologiens et docteurs, et il est intéressant de noter que trois thèmes
forment le *leitmotiv* de leurs écrits, tous trois témoignant de leur foi
dans les vertus de l'ordre qu'ils jugent essentiel au fonctionnement de
l'Eglise: il s'agit de la lutte pour rendre sa force à la hiérarchie ecclé-
siastique, la lutte pour affirmer les assises de la religion par l'étude des
Pères de l'Eglise, et enfin et surtout la réforme du clergé régulier.

Aussi jamais époque ne fut-elle plus éprise de règles. Les réunions
spontanées deviennent des Académies, et bientôt sont amenées à légi-
férer. L'ère des mécènes privés est passée, déclare Colbert qui poursuit l'oeuvre de Richelieu. Les trop célèbres trois unités peuvent être
considérées comme le symbole de tout un état d'esprit, ce que les
écrivains romantiques durent sentir obscurément puisqu'ils allaient
dépenser tant d'énergie, dans tous les pays d'Europe, pour envoyer
un escadron après l'autre à l'assaut de cette Bastille. L'architecture
classique reflète les mêmes tendances que la littérature: aux lois de

---

[2] Voir Louis XIV, *Mémoires*, qui commence avec le récit des troubles de la Fronde, du
désordre du royaume, et où le roi affirme plus tard que l'on règne par le travail et les
heures réglées (pp. 3-10). Voir aussi *Louis XIV, Faste et décor* (Musée des arts décoratifs,
1960) qui souligne combien l'art français devint l'art de Versailles et que tout, en fait est
mis entre les mains d'un seul artiste (qui sera longtemps Le Brun), pp. XVIII-XXI.

l'équilibre devant lesquelles doit s'incliner tout architecte viennent s'ajouter des lois d'esthétique visant à la régularité, de plus en plus marquée après le premier quart du siècle, des façades de palais et d'hôtels.

Mais si les questions d'ordre et de liberté se posent avec une acuité particulière dans la vie même de Racine et dans la société de ce milieu du dix-septième siècle, leur portée n'est pas restreinte à ce moment dans le temps et dans l'espace. La lutte pour l'affranchissement des contraintes comme l'angoisse devant le chaos est fondamentale à l'expérience humaine. Certes, le spectateur ne va pas au théâtre pour assister à un combat entre l'ordre et la liberté, mais son impression d'ensemble du spectacle, la satisfaction qu'il en tire, ne sont pas étrangères à la présence, chez Racine, de ces thèmes qui rejoignent ses propres préoccupations.

L'importance relative des deux thèmes en présence reflète des stades différents dans le développement de la psyché humaine, et l'on trouve en effet des stades divers à des époques diverses chez Racine. Il est paradoxal que ce soient les deux dernières pièces qui incarnent une vision du monde particulière à l'enfance, selon laquelle tout est réglé par des ordres émis de loin, sans égard pour l'individu, et toute infraction appelle un châtiment impitoyable. La révolte de l'adolescent, le désir universel chez lui de secouer le passé, trouve son écho dans les premières pièces. Elle est bientôt remplacée par l'acquiescement au sort, quand une vision subjective du monde a fait place à une compréhension plus large, quand il est devenu évident à l'expérience qu'une liberté totale, une vie neuve et sans passé, ne peuvent se réaliser. Il appartient à *Phèdre* de faire comprendre que le désir de l'ordre qui combat la tentation à la révolte ne se situe pas seulement en dehors de nous, mais coexiste en nous, à un certain stade, avec la soif de liberté, que le conflit n'est pas entre notre personnalité profonde et une loi imposée de l'extérieur, mais est proprement intérieur, constant et insoluble. *Esther* et *Athalie* où la plus grande maturité cède à la vision du monde propre à l'enfance, extérioriseront de nouveau ce conflit intérieur, et les deux forces contraires seront réparties entre la puissance du bien et la puissance du mal: la révolte est mauvaise, elle devient impensable, et l'ordre seul règne dans un univers où l'individu n'a pas de voix.

Le conflit entre le désir de liberté et le désir d'ordre, je l'ai dit en introduction, est le sujet même de l'art. Tout effort de s'exprimer est obligé, pour se réaliser, d'emprunter une forme établie, déterminée par les autres et consacrée par le passé—la langue, si nous parlons de littérature—mais l'artiste cherche aussi à se libérer de ce qu'elle a de contraignant pour en faire un langage, un discours personnel. Prenant un autre point de départ, on peut dire de même que tout effort pour s'exprimer vise à porter de l'ordre dans le chaos de l'expérience quotidienne et privée, à la saisir, à la fixer dans un cadre qui lui confère une signification communicable. Les multiples conventions si souvent arbitraires de la tragédie au dix-septième siècle, unités, bienséances, règles de prosodie étaient bien faites pour rendre Racine particulièrement sensible aux impératifs de l'ordre qui restreint l'élan vers la liberté.

Le poète s'est mu avec autant d'aise parmi toutes ces prescriptions, ces barricades, tous ces interdits, que le faisait le courtisan à Versailles et à Marly. Ces règles dont son temps entourait la tragédie semblent même avoir aidé Racine à se trouver et à se définir. Les limitations l'ont poussé à épurer son art, à simplifier l'intrigue jusqu'à ce que toute l'attention se concentre sur les personnages, à éliminer la rhétorique, à utiliser les métaphores avec tant de discrétion qu'elles obtiennent une force nouvelle. Cependant écrire du théâtre était pour Racine un acte de révolte, de sorte que cet art plein de contraintes était aussi le garant de sa liberté, de son affirmation d'indépendance à l'égard de Port-Royal. Ses personnages trouvent leur voie, comme lui, quand ils se maintiennent volontairement dans des limites fixes, garanties par la tradition. Lorsqu'ils perdent leur dernière liberté, celle de choisir leur contrainte, il ne reste sur scène que l'ordre universel, incompréhensible et lointain, ordre sans composante humaine que le spectateur peut admirer, mais par lequel il ne se sent plus concerné. Mais dans toutes les pièces qui ont précédé il a trouvé représenté, tel que Racine lui-même l'avait vécu, le drame de ses propres conflits les plus fondamentaux.

Les questions qui se font jour à travers un théâtre où Racine pensait sûrement en traiter d'autres, beaucoup plus concrètes, ne lui sont évidemment pas particulières. Il serait intéressant de chercher à dégager quelle forme peut prendre, chez d'autres auteurs, le conflit de base qui s'y reflète, de comparer, en particulier, la façon dont ceux qui vécurent dans une société à la forme voisine de celle que connut Racine, entre la Renaissance et la Révolution, ont intégré ces préoccupations dans leur art, l'influence, aussi, de leur histoire personnelle sur la forme que prend le sujet. Il vaudrait surtout la peine de chercher à établir chez plusieurs auteurs le rapport entre la résolution des conflits et la qualité de l'oeuvre. J'ai souvent mentionné Corneille: chez lui aussi la liberté doit être contenue par une forme, un ordre, qui deviennent rigides, pour se dissoudre plus tard. Mais on pourrait également franchir les frontières. L'oeuvre de Milton, par exemple, se prêterait à un rapprochement avec celle des classiques français et il serait curieux d'examiner en quoi le choix d'un genre différent, l'épopée, s'ajoute aux autres facteurs pour infléchir l'expression de préoccupations comparables. En Allemagne, où l'époque "classique" se situe beaucoup plus tard, dans un milieu social en apparence tout différent, les mêmes questions fondamentales se retrouvent au premier plan des préoccupations de Schiller, de Goethe. Comme Milton, ils les traitent en toute conscience, et leur ont même consacré des réflexions théoriques, de sorte que les critiques se sont souvent penchés sur le problème. Leur théâtre, si varié, ne contient plus, comme chez les classiques français, l'essentiel de leur art, puisqu'il déborde largement sur une grande oeuvre lyrique et, en outre, philosophique et historique chez Schiller et scientifique chez Goethe. Aussi l'ordre, dont ils voulurent affirmer l'importance (que l'on pense à *Don Carlos*, à *Iphigenie auf Tauris*) se manifeste-t-il de façon tout autre dans l'oeuvre, et là encore une comparaison devrait s'avérer révélatrice.

Toutefois seule une étude très serrée peut donner leur valeur aux généralisations trop faciles auxquelles nous invite ce sujet complexe. Nous l'avons vu chez Racine: dans le cadre pourtant très restreint de ses tragédies nous avons constaté, en les relisant avec soin, une évolution certaine, des attitudes très nuancées. Ces nuances, présentes dans tous les aspects de son art, donnent à son théâtre une richesse, des résonances qui nous permettent de rapprocher Racine de ceux qui nous apparaissent comme les géants de la littérature européenne.

APPENDICES

I

LA LUMIÈRE ET LA VOIX:
ÉTUDE SUR L'UNITÉ DE *BRITANNICUS**

Quand le rideau se lève sur le premier acte de *Britannicus* il fait encore nuit. A peine devine-t-on une forme humaine dans l'ombre[1]. C'est Agrippine, installée devant la porte de Néron qu'elle veut surprendre à son réveil. A la fin de la scène seulement elle apprendra qu'elle vient trop tard, que Néron—un nouveau Néron monstrueux—est déjà éveillé, a déjà échappé à la surveillance de sa mère. Mais en attendant, la voix d'Agrippine va retentir dans les ténèbres tout au long de cette première scène, rappelant le passé, prédisant l'avenir, voix pleine de lamentations, d'éclats d'orgueil, de cris de colère.

Au début de l'acte II le spectateur apprend les événements de la nuit précédente. Néron, qui a fait enlever Junie, raconte à son favori Narcisse comment il a observé, témoin muet et caché, l'arrivée de sa victime au palais. Les yeux baignés de larmes et brillant à la lumière des flambeaux la jeune femme s'avançait, sans un mot, entre les gardes. Cette vision fugitive a bouleversé Néron et s'est profondément imprimée dans son âme.

Britannicus s'ouvre donc sur deux impressions très nettes qui ont leur prolongement à travers toute la pièce: Agrippine est une voix qui jamais ne se tait, qui cherchera en vain à se faire entendre, à atteindre son fils; Junie est une vision lumineuse qui introduit cet intermezzo auquel les spectateurs vont assister. Elle paraît un instant dans la vie de Néron pour lui échapper à jamais au cinquième acte, dans une

---

* Cet essai a d'abord paru dans *Revue des Sciences Humaines* 33 (1968), 170-83.
[1] C'est du moins ainsi que l'on a pu voir cette scène—la plus belle exposition de tout le théâtre racinien—au Théâtre du Vieux Colombier, avec Marguerite Jamois en 1957. Les premiers vers soulignent en effet que Néron dort encore. A la fin de la scène Agrippine s'étonne que Burrhus sorte "déjà" de chez Néron, à la scène 2 de l'acte suivant Néron dit qu'il est amoureux "depuis un moment" de Junie, entrevue "cette

scène qui fait pendant à la première: les yeux en pleurs elle embrasse la statue de marbre de son ancêtre Auguste et se laisse conduire au temple des Vestales par le peuple ému. L'empereur bouleversé et à nouveau passif la voit de loin, dans "un silence farouche" qui clôt cette journée mouvementée (V.viii.1755).

Les tableaux, les descriptions même, sont rares dans le théâtre de Racine où tout est mouvement, développement intérieur. Mais de ce fait ils frappent davantage l'esprit du spectateur qui doit soudain faire appel à son imagination visuelle. Aussi Racine les utilise-t-il toujours pour souligner un thème important. On en trouve un ou deux dans chaque pièce. Tous sont d'une grande beauté: c'est la description de la chute de Troie dans *Andromaque*, le "récit de Théramène" dans *Phèdre*, le "songe d'Athalie"[2].

L'arrivée nocturne de Junie au palais, justement célèbre elle aussi, vient se ranger parmi ces descriptions où un thème est rendu inoubliable parce qu'il est présenté à travers des impressions visuelles frappantes. On a eu raison de rapprocher les "tableaux" de Racine de ceux des peintres de l'époque[3]. Comme souvent dans l'art du dix-septième siècle, l'ensemble est ici à la fois pathétique et dramatique, les effets d'éclairage sont violents. C'est la nuit, une nuit que l'on devine grouillante d'hommes en armes. Une seule source de lumière: les flambeaux se reflètent dans les yeux de Junie:

> Excité d'un désir curieux,
> Cette nuit je l'ai vue arriver en ces lieux,
> Triste, levant au ciel ses yeux mouillés de larmes,
> Qui brillaient au travers des flambeaux et des armes:
> Belle, sans ornements, dans le simple appareil
> D'une beauté qu'on vient d'arracher au sommeil.
> Que veux-tu? Je ne sais si cette négligence,
> Les ombres, les flambeaux, les cris et le silence,
> Et le farouche aspect de ses fiers ravisseurs
> Relevaient de ses yeux les timides douceurs.
>
> (II.ii.385-94)

---

nuit". Agrippine, il est vrai, parle de "l'attentat que le jour vient de nous révéler" (50). Même si la nuit est passée, il est en tous les cas très tôt le matin, et il est concevable que la lumière n'ait pas encore pénétré dans l'intérieur du palais.

[2] Ces scènes ont souvent attiré l'attention des critiques. Voir en particulier, pour le "récit de Théramène" la remarquable analyse de Leo Spitzer qui contient en germe presque toute la critique racinienne moderne: "The 'Récit de Théramène'" (*Linguistics and Literary History*), et pour la chute de Troie et l'emploi cohérent du vocabulaire, J.-D. Hubert, *Essai d'exégèse racinienne, Les Secrets Témoins*, ch. 4: "La Revanche troyenne" *et passim*.

[3] Roland Barthes, *Sur Racine*, pp. 29-30 et 32-33. J.A.G. Tans, "Un thème-clef racinien: La Rencontre nocturne", pp. 577 et 589, souligne aussi la brutalité des contrastes dans les tableaux et leur signification morale, développant certaines remarques de Ch. Mauron (voir note 5).

Le tableau est tout en contrastes: ombre-lumière; solitude, simplicité de Junie—multiplicité des soldats et des armes, ce qui correspond au point de vue moral au contraste: ravisseur-victime.

Cette vision nocturne forme le point de départ de l'action purement extérieure de la pièce: Néron, attiré par Junie, va essayer de se l'attacher et de se débarrasser de Britannicus qui apparaît désormais comme son rival. Mais elle détermine l'action dans un sens plus profond aussi. Elle mène tout d'abord à la "naissance du monstre" dont parlera Racine. L'amour de Néron jaillit, inattendu et brutal, aussi soudain que cette vision éphémère. Néron lui-même l'annonce sur un mode théâtral: "Narcisse, c'en est fait, Néron est amoureux" (II.ii.382). En même temps, c'est l'éclosion de tous les instincts sombres qui sommeillaient en lui. On a souvent dit que l'amour de Néron éveille son sadisme et, en effet, sa première action sera de torturer Junie. Mais le terme "sadisme", trop clinique, est trop limité aussi, et cache par là des rapports psychologiques plus importants. C'est le désir de dominer qui s'empare de Néron observant Junie, et peut-être faudrait-il même dire que c'est de ce désir que naît son amour. Les deux sentiments sont en tous les cas indissolublement liés. Quand l'empereur voit d'abord la jeune femme, il la perçoit, comme victime, *sa* victime, puisque ce sont *ses* soldats qui l'entourent, c'est *son* ordre qui est la cause des pleurs de Junie. Si elle lui paraît belle, c'est sans doute en grande partie parce qu'elle souffre. Le parallélisme des deux propositions qui la décrivent est frappant:

> Triste, levant au ciel ses yeux mouillés de larmes,
> Qui brillaient au travers des flambeaux et des armes:
> Belle, sans ornements...
>
> (387-89)

Les deux adjectifs, formant une mesure d'une syllabe au début du vers, se détachent nettement et sont disposés de telle façon que le second semble n'être que le corrélaire du premier.

Enfin et surtout, cette scène si mémorable pour l'oeil intérieur du spectateur introduit dans *Britannicus* un thème racinien essentiel, celui de la vision, de la lumière, du regard.

Le monde de Junie est en effet le monde de la lumière. Elle est celle qu'on *voit*, dont la vue et le regard (le sens passif et actif de *vision* se côtoient ici) peut apporter joie et bonheur. Le verbe *voir* lui est presque exclusivement réservé dans cette pièce. Néron, mais surtout Britannicus la voient ("Cette nuit je l'ai *vue*[4] arriver en ces lieux" [II.ii.386]; "Il la verra" [II.ii.520]; "Je ne la puis donc voir"

---

[4] C'est nous qui soulignons ici comme chaque fois qu'il y a des italiques dans les citations.

[III.vi.953]; "Je lui vendrai cher le plaisir de la voir" [II.ii.522]; "Qu'il la voit sans mon ordre" [*ibid.*, 525]; "Partout où sa bonté consent que je la voie" [III.viii.1032]; "L'heureux Britannicus verra-t-il sans alarmes / Croître, loin de nos yeux, son amour et vos charmes" [II.iii.544]). On pourrait dire que souvent le verbe "voir" n'a d'autre sens que celui de "rencontrer". Mais Racine le choisit sans doute de préférence à tout autre, quand il s'agit de Junie, qu'il nous a présentée d'abord comme une "vision", parce que le mot garde quelque chose de son sens originel.

Junie n'est pas seulement objet de la vue. Elle-même peut donner le bonheur par ses yeux ("Un bonheur que vos yeux m'accordaient tous les jours" [II.vi.698]; "Est-ce ainsi que vos yeux consolent ma disgrâce" [*ibid.*, 708]). C'est le pouvoir de ses yeux que craint Agrippine, toujours lucide dans son amour jaloux du pouvoir, mais qui comprend mal Junie et son monde de lumière ("Le fruit de tant de soins, la pompe des Césars, / Tout deviendra le prix d'un seul de ses regards" [III.iv.889-90]). Britannicus, celui qui sait la voir, exprimera le caractère double du charme de Junie, vision et regard:

> Quoi! Je ne serai plus séparé de vos charmes?
> Quoi! même en ce moment je puis voir sans alarmes
> Ces yeux que n'ont émus ni soupirs ni terreur,
> Qui m'ont sacrifié l'Empire et l'Empereur?
>   (V.i.1495-98)

Les deux derniers vers montrent que le mot "yeux" reste lié à la langue galante du temps pour désigner la personne en même temps qu'une partie du visage. Cependant tout indique que dans *Britannicus* en général "yeux" est plus qu'une synecdoque. Il n'y a là aucune contradiction: Racine a en effet l'art de rendre sa valeur à la langue usée par la préciosité. Il redonne aux mots leur force en restituant quelque chose de leur sens originel. Ainsi dans *Phèdre* le "monstre" se teinte du souvenir du Minotaure. La "flamme" y brûle littéralement. Quand la malheureuse reine dit qu'elle "adore" Hippolyte, c'est en racontant que le nom de son beau-fils vient remplacer celui de Vénus dans ses prières à la déesse implacable.

On a souvent noté l'importance du verbe "voir" et du "regard" chez Racine[5]. Elle se confirme ici. Néron commence le récit de la rencontre

---

[5] Voir en particulier, Leo Spitzer, "Die klassische Dämpfung in Racine's Stil", pp. 453-55, et *op. cit.*, p. 106 *et passim*. A la page 108 l'auteur parle de l'amour de Phèdre qui naît par la vue, vue coupable et connaissance de culpabilité, vision et connaissance. Jean Starobinski dans son chapitre "Racine et la poétique du regard" (*L'Oeil vivant*) souligne le lien entre la convoitise et le regard, et étudie le regard inassouvi, le regard-torture et prise de possession, le regard-juge. C'est ce que nous considérons comme le regard du

nocturne par "je l'ai *vue* arriver en ces lieux" et le conclut par "de son *image* en vain j'ai voulu me distraire" (II.ii.400), "Mais je m'en fais peut-être une trop belle *image*?" (*ibid.*, 407). Comme souvent chez Racine, l'amour a pénétré en lui par les yeux. Mais la vision de Junie, qui apporte toujours la paix à Britannicus, touche Néron de façon entièrement différente: elle a sur lui un effet foudroyant. Il en est comme paralysé et recourt aux mots les plus forts pour caractériser l'effet qu'elle a sur lui, "*ravi* d'une si belle vue", "*saisi* d'un long *étonnement*", "ma voix s'est perdue".

Un autre passage célèbre de *Britannicus* peint Néron dans un état de traumatisme psychique[6] semblable. En parlant de sa mère il avoue à Narcisse:

> Eloigné de ses yeux, j'ordonne, je menace,
> J'écoute vos conseils, j'ose les approuver;
> Je m'excite contre elle, et tâche à la braver.
> Mais (je t'expose ici mon âme toute nue)
> Sitôt que mon malheur me ramène à sa vue,
> Soit que je n'ose encor démentir le pouvoir
> De ces yeux où j'ai lu si longtemps mon devoir;
> Soit qu'à tant de bienfaits ma mémoire fidèle
> Lui soumette en secret tout ce que je tiens d'elle,
> Mais enfin mes efforts ne me servent de rien;
> Mon génie étonné tremble devant le sien.
> Et c'est pour m'affranchir de cette dépendance,
> Que je la fuis partout, que même je l'offense.
> (II.ii.496-508)

On retrouve l'effet soudain de la vue, l'"étonnement", la paralysie de toutes les facultés. Ici c'est le *regard* d'Agrippine qui produit tous ces bouleversements intérieurs. Mais lors de la première rencontre avec Junie, l'empereur, caché dans l'ombre, ne pouvait être vu. L'impression profonde que la jeune fille avait faite sur lui ne provenait donc pas d'un regard qui l'aurait paralysé. Son attention n'en reste pas moins rivée sur les yeux de sa captive ("Je l'ai vue... Triste, levant au ciel ses yeux..."). On est tenté de conclure du rapprochement des

---

monde de Néron, par opposition à celui du monde de Junie. Jules Brody ("Les Yeux de César") s'attache à définir la nature de regard de Néron et sa fonction pour la signification profonde de la pièce. Voir aussi Charles Mauron, *L'Inconscient dans l'oeuvre et dans la vie de Racine*. Publication des Annales de la Faculté des Lettres d'Aix-en-Provence, Gap (Editions Orphrys, 1957), pp. 159-161, 228-30, et chapitre VI. Pour une analyse historique de l'importance des yeux, Georges May, *D'Ovide à Racine*, pp. 112 *et seqq.*, et Kurt Weinberg, "Zum Wandel des Sinnbezirks von 'Herz' und 'Instinkt' unter dem Einfluss Descartes' ", pp. 1-31.

[6] L'expression et la remarque proviennent de L. Bersani. Selon lui le traumatisme psychique serait le seul mode de perception dont Néron est capable.

deux récits que Néron n'est pas seulement attiré par les larmes de Junie, comme nous l'avons suggéré plus haut, mais peut-être davantage encore par ces yeux qui ne le regardent pas, *parce qu'ils ne le regardent pas*: en voyant Junie, il peut s'abandonner un instant à l'illusion que ces yeux-là au moins lui sont soumis, qu'ils sont détournés de lui, pleins des larmes qu'il a provoquées, à cause du rayonnement de sa force intérieure, qu'il s'est enfin approprié cette puissance du regard que sa mère utilise pour l'asservir et qu'il voudrait pouvoir exercer à son tour.

Car le rapt de Junie est sans aucun doute une de ces "offenses" par lesquelles Néron avoue à Narcisse vouloir s'"affranchir de cette dépendance", de l'emprise du regard maternel. Agrippine le comprend bien et s'en plaint dès la première scène: "N'est-ce point que sa malignité / Punit sur eux l'appui que je leur ai prêté?" (I.i.57-58).

Britannicus, en effet, n'est qu'un épisode, mais un épisode décisif, dans la lutte de Néron pour prendre la place de sa mère. Il ne s'agit pas seulement de régner. Afin de devenir pleinement lui-même, il doit s'installer dans ce rôle d'homme qu'elle a usurpé. Pendant un temps il l'a remplacée par Burrhus, un homme véritable, un homme de guerre, l'incarnation de toutes les vertus masculines. Mais ces vertus lui pèsent bientôt comme un joug nouveau, et il cherche une voie différente pour se libérer. Elle lui apparaît à la clarté d'un autre "éblouissement". Racine fait raconter à Agrippine cette scène dont le caractère visuel si frappant pour le spectateur témoigne de son importance et de sa signification pour la pièce dans son ensemble.

> Ce jour, ce triste jour frappe encor ma mémoire,
> Où Néron fut lui-même ébloui de sa gloire,
> Quand les ambassadeurs de tant de rois divers
> Vinrent le reconnaître au nom de l'univers.
> Sur son trône avec lui j'allais prendre ma place.
> J'ignore quel conseil prépara ma disgrâce:
> Quoi qu'il en soit, Néron, d'aussi loin qu'il me vit,
> Laissa sur son visage éclater son dépit.
> Mon coeur même en conçut un malheureux augure.
> L'ingrat, d'un faux respect colorant son injure,
> Se leva par avance, et courant m'embrasser,
> Il m'écarta du trône où je m'allais placer.
>
> (I.i.99-110)

Le geste du dernier vers devient symbolique de toute l'action de *Britannicus*. Agrippine croit expliquer le présent. En fait elle prédit l'avenir, et ce souvenir a la valeur d'un songe prophétique. Néron, au cinquième acte, l'aura écartée du trône pour y prendre sa place, ou plutôt il sera devenu une sorte de seconde Agrippine.

Jadis, "derrière un voile, invisible et présente" (I.i.95) elle commandait au Sénat par la voix de son fils qui transmettait sa volonté. Néron, se trouvant sur le chemin de Junie lorsqu'on l'amena de force au palais, est devenu une première fois regard pour observer sa victime. Il complètera la mise-en-scène après son premier entretien avec elle: il lui assignera le rôle qu'Agrippine lui fit si souvent jouer et prendra lui-même, enfin, celui de sa mère. "Caché près de ces lieux" (II.iii.679) il verra Junie forcée d'exécuter ses ordres et d'apprendre à Britannicus l'indifférence qu'il veut lui commander pour son amant, "soit par [ses] discours, soit par [son] silence" (*ibid.*, 672). Il cherchera à éteindre le regard de Junie: "J'entendrai des regards que vous croirez muets" (*ibid.*, 682). Ce regard qui est et qui communique la vérité sera soumis au regard du maître, et Junie sera réduite à la voix du mensonge. Aussi Britannicus, habitué à ce que Junie s'exprime par ses yeux, ne comprendra-t-il pas leur silence soudain ("Quoi! même vos regards ont appris à se taire? / Que vois-je? vous craignez de rencontrer mes yeux?" [II.vi.736-37]), et elle-même souffre les pires tortures de devoir ainsi trahir son être le plus profond ("De combien de soupirs interrompant le cours / Ai-je évité vos yeux que je cherchais toujours! / Quel tourment de se taire en voyant ce qu'on aime!… Lorsque par un regard on peut le consoler! / Mais quels pleurs ce regard aurait-il fait couler!" [III.vii.1001-06] expliquera-t-elle plus tard à Britannicus).

Le vocabulaire ombre-lumière (éclat, splendeur, gloire) se glisse dans presque toutes les métaphores que Néron utilise pour caractériser ses rapports avec Junie, même lorsque, pour effacer l'éblouissement qu'il a subi devant la vision nocturne de la jeune fille, il essaye de l'abolir. Dans une conversation avec Narcisse il dit de Junie qu'elle était "dans l'ombre enfermée" (II.ii.415) et Narcisse, le parfait flatteur qui devine tous les mouvements secrets dans l'âme de son maître et sait exprimer ce que ce dernier hésite même à penser, l'assure que Junie aura bientôt les "yeux dessillés" et reconnaîtra, lui dit-il, "l'éclat dont vous brillez" (449-50), en voyant que tous "Attachés sur [ses] yeux s'honor[ent] d'un regard" (453). C'est lui qui suggère que Junie, apercevant Néron à "ce degré de gloire" (455) ne pourra lui résister. Aussi Néron, dans son entrevue avec Junie (II.iii), évoquera la "solide gloire / Des honneurs dont César prétend [la] revêtir" (624-25), effaçant ainsi le compliment galant qu'elle n'avait pas à prendre au sérieux, dans lequel il lui reconnaissait cette lumière: "L'heureux Britannicus verra-t-il sans alarmes / Croître, loin de nos yeux son amour et vos charmes? / Pourquoi, de cette gloire exclus jusqu'à ce jour, / M'avez-vous, sans pitié, relégué dans ma cour?" (543-46). Junie se servira des mêmes termes que Narcisse—ces termes que Néron aime

entendre—se mettant dans l'ombre dans l'espoir d'éteindre la convoitise de son ravisseur. ("Et pouvez-vous, Seigneur, souhaiter qu'une
fille / Qui vit presque en naissant éteindre sa famille, / Qui, dans
l'obscurité nourrissant sa douleur, / S'est fait une vertu conforme à
son malheur, / Passe subitement de cette nuit profonde / Dans un rang
qui l'expose aux yeux de tout le monde, / Dont je n'ai pu de loin
soutenir la *clarté*, / Et dont une autre enfin remplit la majesté?"
[611-18]). Elle prétend craindre la lumière du trône par laquelle Néron cherche à l'attirer ("Mais plus ce rang sur moi répandrait de
splendeur, / Plus il me ferait honte, et *mettrait en lumière* / Le crime d'en
avoir dépouillée l'héritière" [630-33]). Mais en fait ses valeurs sont d'un
autre ordre. Britannicus dira:

> Quoi! Madame, en un jour où plein de sa grandeur,
> Néron croit *éblouir* vos *yeux* de sa *splendeur*,
> ....
> Aux pompes de la cour préférer ma misère.
> (V.i.1549-51)

Si Néron espère aveugler Junie par sa grandeur impériale, c'est
qu'il a lui-même subi jadis un premier éblouissement de sa "gloire",
tout aussi fatal que celui de sa vision nocturne, lors de l'épisode rapporté par Agrippine et que nous citions plus haut. Cet éblouissement,
il voudrait le faire partager à Junie, comme pour éteindre la lumière
qui émane d'elle. Mais rien ne saurait changer l'état des choses: c'est
lui qui appartient au règne de la nuit. Loin de propager la lumière, il
ne peut que répandre l'obscurité. Si Junie a vécu une vie misérable
"dans l'ombre enfermée" c'est que Néron a usurpé le trône de ses
aïeux. Quand nous la voyons pour la première fois, elle est plongée
dans l'ombre plus profonde encore de la nuit du palais, du monde de
Néron où elle a été amenée de force par l'ordre de son persécuteur.
Elle seule donne de la clarté au tableau. Mais sa lumière accuse encore
l'obscurité à l'entour: Néron, loin de se laisser tirer vers la lumière par
elle, s'enfonce toujours davantage dans l'ombre. Quand Narcisse aperçoit son maître au lendemain de cette nuit mémorable il note avec
surprise:

> Mais que vois-je? Vous-même, inquiet, étonné,
> Plus que Britannicus paraissez consterné.
> Que présage à mes yeux cette tristesse *obscure*
> Et ces *sombres* regards errant à l'aventure?
> (II.ii.377-80)

Quand Junie sera "morte pour lui" (1722) à la fin de l'acte V, Néron
aura le même regard ("ses yeux mal assurés / N'osent lever au ciel

leurs regards égarés" [1757-58]), alors que la nuit descend une fois de plus autour de lui, peut-être pour toujours, et que Junie paraît une dernière fois dans sa clarté, embrassant le marbre de la statue d'Auguste.

Un instant seulement Néron a réussi à jeter son ombre sur elle. Quand Britannicus la quitte pour aller au banquet où Néron le fera empoisonner, des pleurs ont "obscurci" ses yeux (V.iii.1574). Elle est tourmentée d'un "noir pressentiment" (V.i.1539).

Ce "noir pressentiment" est que Néron a "choisi la *nuit* pour *cacher*" sa vengeance (*ibid.*, 1544). *Noir, noirceur*, sont des mots qui apparaissent pour la première fois, mais de plus en plus fréquemment, dans la dernière partie de la pièce. A les lire hors contexte on n'y attacherait aucune importance. Mais là encore Racine semble avoir rendu un peu de sa force et même de sa couleur à des mots ayant perdu leur valeur visuelle, et *noir, noirceur* s'intègrent admirablement dans le tissu métaphorique ombre-lumière. Ils apparaissent toujours dans le contexte du projet d'empoisonnement, des allusions à la fausseté de Néron. Narcisse interroge son maître avec son cynisme habituel: "D'un empoisonnement vous craignez la *noirceur*?" (IV.iv 1449). Agrippine, aveuglée par son MOI, proclame fièrement au sujet du fils qu'elle croit avoir reconquis: "son coeur n'enferme point une malice *noire*" (V.iii.1600), jugement qui sera renversé de façon ironique quelques vers plus tard, quand elle apprend qu'au moment même où elle le louait Néron assassinait Britannicus.

Le mot "noir" a été introduit par Burrhus, qui représente la droiture morale dans la pièce

> On ne me verra point survivre à votre gloire.
> Si vous allez commettre une action si noire.
> (IV.iii.1375-76)

Il a donc dès l'abord un sens moral incontestable dont se teinte l'emploi de "nuit". C'est la nuit où nous avons trouvé Agrippine au début de la pièce et où Néron, qui a éteint pour lui-même la lumière de Junie, s'enfonce lui aussi au cinquième acte. Il a pris la place de sa mère, il s'enfonce à son tour dans la nuit protectrice où l'on étouffe en embrassant, comme Agrippine le fit pour son mari, comme Néron l'a fait pour Britannicus après en avoir esquissé le geste envers sa mère (109, 1314, 1482, 1486, 1566, 1621), nuit des intrigues, des meurtres, de la trahison, des "parricides"[7].

---

[7] Ce même emploi de noir-nuit opposé à jour se retrouve tout particulièrement, et avec une insistance semblable, dans *Phèdre*. On se rappellera les vers célèbres: "Et dérober au jour une flamme si noire" (I.iii); "Et ma mort, à mes yeux dérobant la clarté / Rend au jour qu'ils souillaient toute sa pureté" (V.vii).

Dans cette nuit morale où Agrippine est plongée depuis des années elle ne peut se manifester que par la voix, substitut médiocre du regard. Alors que le regard idéal, l'exemple de Britannicus et de Junie en fait foi, permet la communication directe entre les êtres, la voix, elle, n'atteint jamais, dans cette pièce, celui à qui elle s'adresse. Mais comme elle donne l'illusion de l'action, elle donne l'illusion du pouvoir.

Le regard d'Agrippine n'est mentionné qu'une fois, dans le passage cité plus haut où Néron se confesse à Narcisse. Il s'agit d'un deuxième genre de regard, un regard qui a toutes les limitations de la voix, le seul que connaissent Agrippine et Néron. Au lieu d'être échange, don de soi, comme le regard de Junie, il est prise de possession; au lieu d'éclairer, il éblouit. Aussi, tandis que Britannicus cherche le regard de Junie à travers toute la pièce, Néron de son côté fuit celui de sa mère. "Eloigné de ses yeux, j'ordonne, je menace" explique-t-il à Narcisse: Ce n'est qu'en l'absence du regard paralysant que la voix lui est rendue et avec la voix—le lien apparaît clairement ici—la possibilité de donner des ordres, d'être actif, d'être empereur, croit-il, puisqu'il a pour modèle Agrippine qui se vante sans cesse de ce que peut sa voix.

Car tandis que tous désirent *voir* Junie, dès qu'il s'agit d'Agrippine il est question de l'*entendre*, ou plutôt d'éviter de l'entendre ("Tôt ou tard il faudra qu'il *entende* sa mère" [III.v.920]). Comme pour *voir* plus haut, on pourrait objecter que *entendre* a un sens figuré qui ne se rapporte plus guère à l'ouïe. Mais une fois de plus la fréquence de son emploi attire l'attention. Racine semble en effet l'avoir réservé à Agrippine comme il reserva *voir* à Junie parce qu'il sentait sa signification originelle et que cette variation dans le vocabulaire exprimait sa conception différente des deux personnages. Ainsi Burrhus reproche à Néron de faire garder sa mère: "Quoi! Seigneur, sans l'ouïr, une mère?" (III.ix.1093). Agrippine devine pourquoi Néron l'évite ("on s'efforce en vain de me fermer la bouche" [III.iii.832]), mais elle ne comprend peut-être pas à quel point sa voix lasse son fils ni ce que cette lassitude engendre de haine. Néron est troublé même à l'idée qu'elle pourrait venir lui "[faire] un long récit de [ses] ingratitudes" et ajoute "De quel front soutenir ce fâcheux *entretien*" (II.ii.488-89). Dans la scène 2 de l'acte IV il l'accuse directement:

> Je me souviens toujours que je vous dois l'Empire;
> Et sans vous fatiguer du soin de le *redire*,
> Votre bonté, Madame, avec tranquillité
> Pouvait se reposer sur ma fidélité.
> (1223-26)

Aussi bien, ajoute-t-il, "ces soupçons, ces plaintes assidues" ont fait croire qu'elle avait cherché à obtenir l'empire moins pour lui que pour elle. Ses paroles ont en effet quelque chose de strident et se transforment trop volontiers en plaintes ("Ce pouvoir que vos *cris* semblaient redemander" [1238]; "Mais si vous ne régnez, vous vous *plaignez* toujours" [1250]). Burrhus de même accuse Agrippine de ne chercher qu'"un prétexte" à se "*plaindre*" de Néron (I.ii.266) et l'avertit de ne pas irriter son fils par des "menaces, des *cris*" (III.iii.831). Quand il l'introduit auprès de Néron il annonce

> César lui-même ici consent de vous *entendre*.
> Si son ordre au palais vous a fait retenir,
> C'est peut-être à dessein de vous *entretenir*.
>   (IV.i.1100-03)

Néron d'abord n'ose pas agir contre cette voix constamment importune. Mais s'il condamne Britannicus, c'est en partie pour la faire taire:

> Il faut que sa ruine
> Me délivre à jamais des fureurs d'Agrippine.
>   ....
> Elle m'a *fatigué de ce nom* ennemi
>   (IV.iii.1315-18)

Pourtant Néron doit tout à cette voix. Même si l'on rejette quelques-unes des expressions que nous soulignons en maintenant qu'elles sont conventionnelles ou dues à la rime, on ne peut manquer d'être frappé par la prédominance du vocabulaire auditif dans la longue tirade de l'acte IV, scène 2, où Agrippine résume les événements qui ont mené Néron au trône: "Je vous *nommai* son gendre" (1140); "De ce même Pallas j'*implorai* le secours: / Claude vous adopta; vaincu par ses *discours*, / Vous *appela* Néron" (1145-47). La voix déjà se transforme souvent en plainte: "Claude même, lassé de ma *plainte* éternelle" (1155) exile Britannicus. "J'eus soin de vous *nommer*... des gouverneurs que Rome honorait de sa *voix*. / Je fus sourde à la brigue, et crus la *renommée*. / J'*appelai* de l'exil..." (1161-64). De même, au premier acte, nous lisons: "pensez-vous que ma *voix* / Ait fait un empereur pour m'en imposer trois?" (I.i.157-58). Et Albine, la suivante d'Agrippine, dira de même: "[Vous] qui l'avez *appelé* de si loin à l'empire" (16); "vous qui / Avez *nommé* César l'heureux Domitius" (18).

Ainsi la voix qui est le signe d'Agrippine a préparé pour son fils le chemin du règne. Grâce au *nom* qu'elle lui a donné un inconnu est devenu héritier du trône impérial. Aussi Néron, s'il veut se soustraire au regard maternel qui le paralyse, voudrait-il se débarrasser de cette voix qui, en lui remémorant toujours le passé, lui rappelle son illégitimité[8]. Il a été créé en quelque sorte par cette voix: l'étouffer lui donnerait l'illusion d'avoir éteint sa dette envers sa mère, briserait le lien qui le rend son esclave et l'usurpateur du trône.

Narcisse une fois de plus devine le désir de Néron et sait utiliser son impatience et ses craintes. L'admirable scène 4 de l'acte IV nous montre Narcisse à l'oeuvre: un seul mot de son maître lui suffit pour s'orienter. Néron avait décidé d'abandonner son projet de tuer Britannicus. Pour le ramener à ses premiers desseins Narcisse cherche d'abord à éveiller en lui la méfiance à l'égard de Britannicus. Néron ne réagit pas. Narcisse essaye ensuite de ranimer chez Néron le désir de posséder Junie—même échec. Alors l'habile confident mentionne Agrippine:

> Agrippine, Seigneur, se l'était bien promis:
> Elle a repris sur vous son souverain empire.
>
> (1414-15)

Néron accuse le coup, révélant ainsi combien l'amour pour Junie était subordonné, chez lui, au conflit avec sa mère:

> Quoi donc? Qu'a-t-elle *dit*? Et que voulez-vous dire?
> (1416)

La forme de la question renseigne Narcisse sur la direction dans laquelle il doit continuer de mener son attaque:

> Elle s'en est *vantée* assez publiquement.
> ....
> Qu'à tout ce grand éclat, à ce courroux funeste
> On verrait succéder un *silence* modeste.
> (1417-20)

Les paroles de Narcisse font de nouveau résonner la voix d'Agrippine dans les oreilles de son fils qui, en même temps, se voit condamné lui-même au silence, brutalement dépouillé de ses attributs d'empereur. Narcisse a gagné la partie, Néron s'abandonne à lui—"Mais Narcisse, dis-moi, que veux-tu que je fasse?" (1422)—S'il hésite encore un instant, c'est à cause d'une autre voix —"Mais de tout l'univers quel sera le *langage*?" (1428).—Il craint que Rome ne "[lui] laisse pour tous *noms* celui d'empoisonneur" (1430). Narcisse le rassure:

---

[8] J.-D. Hubert, *op. cit.*, pp. 109 *et seqq.* accorde beaucoup d'importance à ce thème. Nous n'irons pas aussi loin que lui dans ce sens. Selon lui l'amour de Néron pour Junie serait lié au désir de l'usurpateur de devenir héritier légitime, c'est-à-dire en s'alliant à la perfection, de se rapprocher lui-même de la perfection. L'attrait de la perfection est, pour J.-D. Hubert, l'un des thèmes fondamentaux du théâtre racinien.

> Est-ce à vous de *prêter l'oreille* à leurs *discours*
> (1434)

> Non, non, dans leurs *discours* ils sont plus retenus
> (1438)

Régner en maître, c'est pouvoir faire taire les autres. Ainsi Néron avait dit à Britannicus au sujet de Rome: "Elle *se tait* au moins; imitez *son silence*" (III.viii.1052). Quand le souvenir de Burrhus vient se présenter à l'esprit de Néron, Narcisse l'écarte en employant la méthode qui avait si bien réussi pour Agrippine:

> Quoi donc! ignorez-vous tout ce qu'ils osent *dire*?
> (1467)

Il va plus loin; il peint à Néron son portrait dans les termes qu'aurait employés Burrhus. Néron n'est qu'une marionnette,

> Il ne dit, il ne fait que ce qu'on lui prescrit.
> (1469)

et il précise: Néron se borne

> A venir prodiguer sa voix sur le théâtre,
> A réciter des chants qu'il veut qu'on idolâtre.
> (1475-76)

A travers l'écho de l'opinion publique Néron peut se sentir une fois encore réduit à la voix, instrument de sa mère "invisible et présente".

Pour conclure son oeuvre Narcisse n'a plus qu'à pousser un soupir théâtral: "Ah! ne voulez-vous pas les forcer à se taire?" (1479). La thèse: faire taire les autres c'est se montrer leur maître, a déjà été acceptée. L'empereur ne résiste plus: il va répudier son passé et faire mourir Britannicus pour conquérir le trône et sa liberté.

Il pourra croire d'abord qu'il a atteint son but et que Narcisse détient la vérité: au festin de réconciliation où Britannicus tombe, foudroyé après avoir trempé les lèvres dans la coupe empoisonnée, personne ne manifeste son indignation. Burrhus même se contente de fuir hors de la salle. Mais si être libre signifie avant tout pour Néron éteindre la voix de sa mère, son crime aura été inutile. Agrippine l'attend au sortir du banquet (V.vi). Il réagit encore avec violence ("Néron, *voyant Agrippine*: 'Dieux!'").

Elle n'a pas encore été réduite au silence, et son ton est aussi impérieux qu'au début de l'acte IV où, amenée devant lui pour se disculper, elle avait ouvert son discours par cette injonction: "Approchez-vous, Néron, et prenez votre place" (1115). Maintenant elle commence par "Arrêtez, Néron; j'ai deux mots à vous dire" (1648).

Agrippine est pleinement consciente du danger qu'elle court en accusant Néron. Elle sait que le crime qui vient d'être commis était en partie dirigé contre elle. Mais "fille, femme, soeur, et mère" d'empereurs (I.ii.156), Agrippine n'est pas comparable à l'affranchi Narcisse. Le mal ne l'avilit pas. Elle a quelque chose de presque mythique: elle semble la sombre incarnation de la Fatalité. C'est elle qui, dès le premier acte, connaissant le passé, avait prédit l'avenir (31-42). Au cinquième acte elle retrouve la lucidité qu'elle avait perdue un instant, et complète sa terrible prophétie. Telle Cassandre, elle voit non seulement le sort des autres, mais sa propre mort et avance sans crainte à sa rencontre. Elle soutiendra son rôle jusqu'au bout et, après avoir dit tout ce qu'elle voulait dire, c'est en impératrice qu'elle donne un dernier ordre à son fils: "Adieu, tu peux sortir". Le deuxième hémistiche où Néron, frappé jusqu'ici de mutisme, retrouve la voix, contient la condamnation à mort d'Agrippine: "Narcisse, suivez-moi". Une voix qui exprime ses désirs secrets va remplacer celle qui faisait de lui son instrument.

Ainsi Agrippine parlera jusqu'à la fin. Mais en fait, le pouvoir de la voix est très limité. Elle le comprend elle-même par moments. Burrhus avait mentionné ses "inutiles cris" (III.i.766); elle-même parle de ses "cris impuissants" (IV.ii.1265). Mais elle continue à s'étourdir par son agitation fébrile, brandissant à tout propos son nom comme une arme menaçante (260, 282-83) ou se vantant de la parole qu'elle a donnée (302, 250, 918). Un succès illusoire change ses menaces en cris de victoire également vides et sans liens avec la réalité. Quand elle proclame que "déjà de ma faveur on adore le bruit" (V.iii.1605) le dernier mot semble reprendre une partie de son sens littéral et on est tenté de dire que ce "bruit" imaginaire dont elle aime à s'entourer la rend sourde puisqu'il lui fait oublier tous ses soupçons légitimes à l'endroit de son fils.

Car si Agrippine est parfois clairvoyante, c'est en prophétesse aveugle. Elle est exclue du monde de la clarté auquel appartient Junie, et ne *voit* que dans le monde sombre des instincts de la nuit. Dans l'ombre où elle avance en tâtonnant dès la première scène elle cherche en vain des "éclaircissements" (270, 1118)—et malgré le sens figuré bien établi du mot, on ne peut s'empêcher de penser au sens littéral qu'il porte encore en lui; pendant quatre actes elle poursuit Néron pour obtenir des "explications" (225, 925, 1208). Elle qui a *nommé* Néron s'accroche à l'illusion que la parole, le nom, crée, explique, éclaire, apporte des solutions: "de quel *nom* cependant pouvons-nous *appeler* / L'attentat que le jour vient de nous révéler?" (I.i.49-50). Elle croit que les paroles peuvent tenir lieu d'action et elle menace de parler du passé, de découvrir les secrets de ses agissements: "Je confesserai tout" (III.iii.853); "De nos crimes communs je veux qu'on soit instruit" (*ibid.*, 849).

Mais, chose curieuse, dans cet univers classique où l'on croit au pouvoir de la raison, où la parole et la langue jouent un si grand rôle, le mot ne peut rien. Il mène moins à l'action qu'à l'agitation. Les commandements chez Racine sont presque toujours suivis de contre-ordres ou, s'ils sont exécutés, se révèlent néfastes et l'action qu'ils ont engendrée ne correspond plus à la volonté initiale de celui qui l'a conçue. Le mot ne dissipe pas la nuit. Il impose un ordre momentané et illusoire au monde chaotique où s'affrontent les instincts les plus élémentaires, ce monde effrayant que l'on retrouve dans toutes les pièces de Racine et que la mince surface de parole contrôlée, le vers qui le recouvre, empêche à grand'peine d'éclater. Ainsi Phèdre a beau connaître son mal, être consciente de son origine et raconter sa naissance, le formuler ne suffit pas pour l'exorciser. Oreste a beau peser le pour et le contre, prévoir les réactions d'Hermione et même les lui prédire, il n'en sombrera pas moins dans la folie.

Néron, lui, n'a pas encore deviné l'impuissance de la voix. Il vit dans l'illusion que s'il pouvait la ravir à sa mère il aurait conquis sa liberté. Il croit que ses ordres pourront atteindre Junie. Il ne sait pas encore que le domaine de la lumière et de la voix ne communiquent pas entre eux. A la dernière scène il devra constater son échec: il n'a pas conquis le pouvoir hypnotique du regard dont il ne comprend d'ailleurs pas la vraie nature, et sa voix est sans effet. Junie s'est soustraite à sa puissance: la lumière lui échappe. Son regard est sans force pour la retenir; il l'appelle en vain. Il rentre dans la nuit et dans le silence. Ce double échec l'amène au bord du suicide.

> Il rentre. Chacun fuit son silence farouche.
> Le seul nom de Junie échappe de sa bouche.
> Il marche sans dessein; ses yeux mal assurés
> N'osent lever au ciel leurs regards égarés;
> Et l'on craint, si la nuit jointe à la solitude
> Vient de son désespoir aigrir l'inquiétude,
> ....
> Que sa douleur bientôt n'attente sur ses jours.
>   (V.viii.1755-62)

Ce mot de "nuit" qui proclame que Racine a respecté dans sa pièce l'unité de temps, s'est chargé, nous l'avons vu, de multiples autres sens qui font de son emploi ici le signe d'une unité beaucoup plus profonde et plus importante. Il complète discrètement le dessin de cette oeuvre dont nous avons essayé de mettre à jour la trame métaphorique. Derrière les discours de ses personnages, dans le rôle qu'il assigne dans *Britannicus* à la parole et au regard, aux deux mondes cohérents et incompatibles de la lumière et de la voix, Racine cache et révèle quelques-unes des conceptions fondamentales qui régissent tout son théâtre.

II

L'INNOCENCE ET LA TRAGÉDIE CHEZ RACINE: LE PROBLÈME DE *BÉRÉNICE**

Le thème de l'innocence marque profondément l'oeuvre entière de Racine. L'importance de ce thème, unique chez lui, s'impose à tous ceux qui considèrent l'ocuvre dans son ensemble: nous le voyons s'enrichir et se modifier d'une tragédie à l'autre jusqu'à ce que, la vision schématique le cédant à une vision plus complexe, il finisse par se dissoudre. Il est au centre de l'action dramatique dans toutes les tragédies, sauf *Alexandre* et *Bérénice* que je discuterai en conclusion. Sans doute est-il un reflet de préoccupations obsessionnelles profondément ancrées dans l'inconscient de Racine[1]. En rechercher l'origine nous condamnerait à formuler des hypothèses plus ou moins convaincantes, plus ou moins intéressantes sur la biographie ou la vie psychique du poète. Ce qui doit nous concerner davantage, et ce que je me propose d'étudier ici, c'est la signification dont a pu se charger un thème si fondamental, qui renaît à travers des mises en scène successives. Parce qu'il contenait en puissance les tensions dont naissait la situation dramatique—en face de l'innocence surgissait toujours une agression—son affaiblissement coïncide avec la fin de la création théâtrale, avec le "silence" de Racine. Le rapprochement des pièces entre elles peut servir à dégager ce qui représente nécessairement toute une dimension du théâtre racinien.

Racine nous livre en effet un fil d'Ariane, une expression qui revient fréquemment dans le contexte qui nous intéresse: il s'agit du

---

* Cet essai a d'abord paru dans *Papers on French Seventeenth-Century Literature*, 12 (1979), 109-27.
[1] Charles Mauron y touche à plusieurs reprises dans son livre, *L'Inconscient dans l'oeuvre et la vie de Racine*. D'autres, comme notamment Marcel Gutwirth ("La Problématique de l'innocence dans le théâtre de Racine") ont aussi souligné l'importance du thème. Leur enquête les mène sur d'autres voies que celles que nous suivrons.

mot "arraché". Si la vie menace souvent d'être "arrachée" aux personnages sur scène, on note plus souvent encore que presque tous les innocents du théâtre de Racine sont "arrachés" par un acte d'agression à un lieu protecteur, à l'obscurité, à la douceur, que les enfants, en particulier, sont arrachés au sein de leur mère et précipités dans le monde des conflits. L'agresseur qui poursuit l'innocent pour l'arracher au monde où il le trouve et l'attirer dans le sien, doit le chercher loin des cours et des palais. Or le palais est le lieu de l'action dans ce théâtre du dix-septième siècle. Il devient dès lors évident que l'innocence vivant à l'écart de la cour ne peut, en fait, exister qu'en dehors de la vie; le contact avec la vie l'anéantit. Le drame de l'innocence, si souvent mis en oeuvre par Racine, c'est le drame de naître: arraché au sein maternel, l'innocent naît et meurt[2].

Cette dimension du drame de l'innocence, donc de la tragédie racinienne, ne se dégage que petit à petit, les dernières pièces éclairant ce qui n'est qu'esquissé, que pressenti, dans les précédentes. L'opposition innocent/bourreau même n'apparaît nettement qu'à partir de *Britannicus*, la pièce où l'on peut aussi reconnaître presque tous les thèmes secondaires qui tendront à se rattacher au thème de l'innocence. Dans les premières, ces préoccupations ne se manifestent pas encore au premier plan.

Le conflit central de *La Thébaïde* oppose deux frères également coupables et également agressifs. Mais déjà une innocence se glisse de biais dans ce conflit: Ménécée, le plus jeune des fils de Créon, se croyant visé par l'oracle qui promet la paix à Thèbes dès que "le dernier du sang royal" sera mort, se jette d'une tour en sacrifice à son pays. Toutefois, comme on ne le connaît guère, sa mort comme son innocence attirent à peine l'attention.

On connaît mieux Hémon et surtout Antigone qui annoncent les couples innocents de beaucoup de pièces postérieures. A la fin de la tragédie, après la mort des deux frères dont la lutte semblait le sujet de la pièce, quand Hémon, lui aussi, est mort, un épisode qui semble surajouté d'une manière assez artificielle nous montre Antigone poursuivie par le nouveau maître de Thèbes, un Créon veule, ambitieux, intrigant, qui est amoureux d'elle. On pense à Junie persécutée par Néron. Le thème de l'innocence face à la corruption se dessine, et on est même tenté de se demander si Racine n'a pas modifié si étrangement les diverses légendes d'Oedipe et d'Antigone, qu'il avait reprises

---

[2]   Ainsi Joad souhaite à Joas: s'il n'est pas fidèle au Seigneur, "Qu'il soit comme le fruit en naissant arraché" (*Athalie*, I.ii.285), exemple intéressant du fait qu'il réunit les images de naissance et de mort. On pourra consulter Freeman et Batson, *Concordance du théâtre et des poésies de Jean Racine*, ouvrage des plus utiles pour toute étude de la langue de Racine.

assez fidèlement dans les actes précédents, pour faire place à ce thème qui lui tenait déjà à coeur.

Dans *Andromaque* l'innocent est un enfant. La persécution, indirecte, semble viser la mère, et le conflit paraît être ailleurs. La tragédie de l'innocent se situe néanmoins au point de départ de l'action: c'est la vie d'Astyanax qui est l'enjeu de la pièce, et Oreste dont l'arrivée en Epire déclenche le drame, est venu expressément pour l'"arracher" aux bras de sa mère (I.i.91) comme on "arracha" (*ibid.*, 75) jadis à Andromaque l'enfant qu'elle faisait passer pour son fils.

Mais la vie de l'innocent sera épargnée, et ce sont ses persécuteurs, Pyrrhus, Oreste, Hermione, qui succomberont. Astyanax cependant reste en marge du monde où les adultes se déchirent. Le rideau tombe peu après qu'il a été déclaré roi des Troyens sans qu'il soit sorti de l'isolement où il a vécu jusqu'alors. Pendant le mariage et le couronnement qui poussent sa mère dans le monde il demeure isolé, entouré de toute la garde de Pyrrhus, "dans un fort éloigné du temple et du palais" (V.ii.1456). Il n'aura jamais paru sur scène.

En l'incarnant dans un enfant, Racine a donné à l'innocent sa forme archétype. Il a aussi doté Astyanax de traits qu'il reprendra volontiers pour en parer les jeunes innocents dans les pièces qui suivront: l'enfant troyen est de lignage royal, orphelin dépossédé, mais roi légitime en puissance. Ces traits se retrouvent en particulier dans la toute dernière pièce de Racine, chez l'enfant Joas. Mais, différence importante, contrairement à Astyanax, Joas va entrer dans le monde, et son innocence en sera menacée.

Si, dans *Andromaque*, les Grecs font tout pour arracher Astyanax des bras de sa mère, dans *Britannicus* Junie, qui vit loin de la cour où elle est inconnue, est arrachée à son obscurité protectrice (II.ii.415; II.iii.613, 615) comme elle est "arrachée" au sommeil dans un vers célèbre ("dans le simple appareil, / D'une beauté qu'on vient d'arracher au sommeil" [II.ii.389-90]). On se souvient de la scène: Junie nous apparaît d'abord à travers la description de Néron qui a épié son arrivée à la cour, entourée de flambeaux et d'armes, de lumière et de cruauté, toute démunie, à peine vêtue, "belle sans ornement". Elle avait vécu, dit Néron, "dans l'ombre enfermée" (*ibid.*, 415). Dans le monde de la cour où elle se trouve projetée, Néron répand l'éclat d'une gloire, fausse d'ailleurs, qui doit l'éblouir (II.ii.450; II.iii.617, 630-31). Les images liées à son enlèvement illustrent le sens de l'"arrachement": il est passage d'un lieu obscur, écarté, protecteur, au monde de la cour, de la politique et de la corruption, avec ses passions envahissantes, son éclairage brutal, sa violence. C'est la naissance traumatisante de l'innocent au monde.

Dans *Britannicus*, pour la première fois, la persécution de l'innocent constitue le sujet même de l'intrigue. En face du couple innocent surgit l'agression, et le drame réside dans cette confrontation. La conception de l'innocent telle qu'elle apparaît ici se rattache à celle des pièces précédentes, mais elle acquiert aussi des dimensions nouvelles et complexes. Nous retrouvons en Junie et Britannicus le couple innocent entrevu dans *La Thébaïde*. Comme Astyanax, et plus que lui, les deux jeunes gens sont orphelins, comme lui encore ils ont droit au trône. Mais, et c'est là que commencent à poindre les ramifications de ce thème fondamental, si l'innocent est souvent orphelin chez Racine, les deux termes ne sauraient être intervertis. En effet, l'orphelin innocent est de plus en plus fréquemment poursuivi par un autre orphelin, violent, agressif, qui est, de surcroît, son frère. Certes Agrippine joue un si grand rôle dans *Britannicus* qu'on hésite à appeler Néron orphelin. En fait il l'est autant qu'Astyanax. Dans un sens il l'est plus que Britannicus qui, s'il a perdu ses deux parents, n'a pas oublié son héritage. Néron par contre vit totalement coupé de ses ancêtres: il a renié jusqu'au nom—Domitius—qu'il avait hérité de son père (III.viii.1040) pour prendre la place de celui qui est présenté par toute la pièce comme son frère (IV.iii.1385; V.vi.1675), et il devient enfin le Caïn de cet Abel.[3]

C'est à Roxane que, dans *Bajazet*, revient le rôle de persécutrice du couple orphelin, innocent, légitime. Comme Néron, elle est coupée de son ascendance, usurpatrice en outre ou prête à l'être. L'orpheline agressive est, en face de l'orpheline innocente, la soeur ennemie: fausse belle-cousine en réalité, Roxane entretient avec Atalide des rapports d'intimité étroits, et leur amour pour le même homme complète le parallélisme entre elles[4].

La persécution des innocents aboutit dans *Bajazet* à leur mort, mais aussi à celle de leur persécutrice. Dans *Mithridate* la violence qui menaçait d'être aussi sanglante que dans *Bajazet* est arrêtée juste à temps, mais le danger de mort pèse jusqu'à la fin sur le couple innocent Monime-Xipharès. Nous retrouvons ici la plupart des thèmes secondaires qui se joignaient à celui de l'innocence dans *Britannicus*. Monime qui, comme Junie, est persécutée par amour et par jalousie, est elle aussi orpheline. Elle vivait dans un pays lointain et obscur qu'elle

---

[3] Voir plus haut: "La Lumière et la voix dans *Britannicus* de Racine" (Appendice I).

[4] Le sérail qui a vu naître les personnages et où ils sont tous enfermés n'est pas, comme le temple d'*Athalie*, un lieu protecteur. Lieu de pouvoir autant que centre de réclusion, il contient la mort en germe, et s'en arracher représenterait une naissance qui obtient un sens positif. Ainsi, lorsque Acomat implore Bajazet d'"'arracher [sa vie]… d'une mort manifeste" (II.iii.593), celui-ci presse son protecteur de l'"'arracher" "des mains de Roxane" (*ibid.*, 628).

chérissait quand Mithridate, dit-elle, est venu l'"arracher" "du doux sein de la Grèce" (V.ii.1527)—l'expression, peu originale en soi, rappelle néanmoins le sens symbolique du lieu protecteur. Mithridate, le persécuteur du couple innocent, est doublé de Pharnace en qui revit son côté sombre. En effet, amoureux lui aussi de Monime, il veut à son tour la forcer à le suivre quand il croit que le roi est mort. C'est lui qui dénonce ensuite à son père l'amour de Xipharès et de Monime: frère ennemi, double méchant, il est responsable de l'édit de mort que Mithridate prononce alors contre le couple amoureux.

Dans *Iphigénie* les attributs de l'innocent—son état d'orphelin, les persécutions qu'il doit subir—sont distribués entre deux personnages. Eriphile seule est orpheline, et ses lamentations à ce sujet soulignent l'importance du thème. Iphigénie, entourée de ses parents, incarne seulement l'innocence persécutée: Calchas et Agamemnon veulent l'"arracher" des bras de sa mère (I.i.91; IV.iv.1312)—on aura noté le retour de l'expression—pour l'amener à l'autel du sacrifice. Mais la persécution de l'innocence ne vient pas d'eux seulement. Eriphile, esclave d'Achille, princesse sans nom et sans royaume, n'a pas le pouvoir de Néron pour disposer de sa rivale; c'est pourtant elle qui livre Iphigénie au bourreau lorsque, poussée par la jalousie, elle trahit son projet de fuite à Calchas.

Dans *Iphigénie*, un autre fil thématique devient apparent parmi ces thèmes entrelacés, et on s'aperçoit bientôt qu'il se mêle à eux depuis *Britannicus*: dans le monde de Racine où le mal assaille toujours l'innocent, ce n'est pas seulement celui-ci qui est persécuté. Les méchants sont poursuivis eux aussi. Eriphile, l'orpheline abandonnée, est condamnée par les dieux; Néron porte le fardeau d'une lourde hérédité. Finalement, comme c'est aussi le cas pour Roxane, ce sont leurs passions qui les amèneront à leur destruction. Et l'on s'aperçoit alors en outre que jamais les innocents ne sont des passionnés.

C'est la passion aussi, ou Vénus, qui mène Phèdre à sa perte. En face d'elle se trouve le couple innocent sous une forme très affaiblie, puisque notre intérêt se porte non vers le couple, mais vers Hippolyte. Pourtant on reconnaît en Aricie les traits qui caractérisent tant d'innocents dans ce théâtre: elle est orpheline, elle descend d'une famille régnante légitime. De plus, elle a été persécutée par un usurpateur, Thésée. Son rôle ne correspond cependant pas à celui des mauvais frères puisque, n'étant pas épris d'elle, il n'incarne pas le rival jaloux. C'est plutôt Phèdre, amoureuse d'Hippolyte comme Aricie, qui détient le rôle de soeur ennemie. Jalouse, elle veut en effet dans un moment d'égarement faire poursuivre Aricie. Ainsi Roxane s'attaquait à Atalide.

Mais l'innocence persécutée s'incarne naturellement avant tout en Hippolyte. Les mots "innocent" et "innocence" reviennent à plusieurs reprises dans le récit de sa mort, et cette mort, décrite longuement, de façon presque réaliste, dans tous ses détails atroces, aurait formé un digne point d'orgue à la destruction de l'innocent si *Phèdre* était restée la dernière pièce de Racine[5].

Pourtant, on s'en souvient, Racine a voulu qu'Hippolyte soit "un peu coupable" comme il l'écrit dans sa préface. Phèdre, de son côté, n'est pas "tout à fait coupable". Aussi se distingue-t-elle des persécuteurs qui la précèdent: elle évite Hippolyte autant qu'elle le poursuit, et ne contribue qu'indirectement à sa perte. Nous venons de noter que le persécuteur est souvent persécuté lui aussi. Cela est particulièrement vrai dans *Phèdre*. Certes, Hippolyte est chassé par son père, tué par le monstre marin né de sa colère; mais Phèdre, de son côté, se plaint d'avoir été poursuivie par la haine de Vénus. N'étant pas "tout à fait coupable" selon Racine même, elle est donc en partie innocente. La distance entre Phèdre et Hippolyte n'est plus très grande: Phèdre ressemble à Hippolyte beaucoup plus qu'aucun persécuteur n'avait jamais, dans ce théâtre, ressemblé à sa victime. Sa culpabilité peut ne pas nous sembler très convaincante. Mais la préface indique que Racine ne croit plus à une innocence sans tache, et la structure de la pièce souligne les parallélismes entre Phèdre et Hippolyte. Ainsi, face à une coupable qui est aussi victime, donc innocente, Racine, pour la première fois, place un innocent qui participe à la culpabilité. On voit le danger: l'opposition persécuteur/victime, bourreau/innocent d'où naissait la tension dramatique dans toutes les tragédies discutées plus haut est sur le point de s'effondrer. Et c'est peut-être là une des raisons, pour ajouter une théorie encore à tant d'autres, qui a conduit au silence de Racine après *Phèdre*.

Quand, après avoir renoncé au théâtre, Racine y revient douze ans plus tard sur l'ordre de Mme de Maintenon, il reprend aussi beau-

---

[5] L'emploi du mot "arracher" est de nouveau révélateur à cet égard. Aricie, prête à suivre Hippolyte qui veut l'épouser, explique que "Ce n'est point m'arracher du sein de mes parents" (V.i.1383) puisqu'elle est orpheline et prisonnière. Par contre c'est Hippolyte qui éprouve les plus grandes difficultés à se détacher de son père et de Trézène, le lieu chéri de son enfance (cf. mon article "'Théramène, fuyons...'"), et qu'on cherche toujours à "arracher". Phèdre, sa persécutrice, ne l'a poursuivi que pour se séparer de lui. Néanmoins, ses "cris éternels / L'arrachèrent du sein et des bras paternels" (I.iii.295-96), et c'est à cause de la fausse accusation contre lui que son père le menace: "N'attends pas qu'un père furieux / Te fasse avec opprobre arracher de ces lieux" (IV.iii.1155-56). C'est l'amour de Phèdre qui transforme sa vie d'enfant, qui le précipite dans le monde, loin du lieu et du père protecteur, et le force enfin à se mesurer à un monstre.

coup de ses vieux thèmes. On reconnaît en Esther l'orpheline innocente et persécutée, élevée dans l'obscurité, loin de la cour (I.i.43, 50).
Elle est même de famille royale (III.iv.1123). Mais seul un malentendu risque de faire d'Assuérus son persécuteur. En fait l'attaque est
partie de l'orphelin maudit, Aman, l'Amalécite jadis esclave, sans nation comme sans famille, et Esther est sauvée, alors que lui succombe,
poursuivi par Dieu.

C'est Dieu aussi qui poursuit Athalie, persécutrice de l'innocent
enfant Joas dont on l'accuse d'avoir usurpé le trône. Comme Astyanax, Joas est menacé de mort, et sa vie est l'enjeu de la pièce. L'orphelin a trouvé refuge et protection dans le temple auquel Athalie fait
tout pour l'arracher (III.vi.1055)—le mot reparaît à nouveau—soit de
force, soit en le séduisant par l'offre des dons propres au monde, la
puissance et la richesse.

Au faisceau des thèmes liés à l'innocence—naissance au monde;
orphelin; héritier légitime, persécuté; persécuteur poursuivi—il ne
manque, dans *Athalie*, que celui du frère ennemi. Mais en fait on peut
se demander si ce thème ne connaît pas une ultime variation dans le
prolongement de la pièce. Au delà de la conclusion d'*Athalie*, Joas, qui
vient d'être couronné, deviendra un mauvais roi et "égorgera" Zacharie, le prophète; Racine nous en avertit dans la préface, par la prophétie de Joad au centre de la pièce, et par l'ultime malédiction d'Athalie
mourante. Or au cours de la pièce Zacharie est présenté comme le
frère de Joas. Peut-être doit-on considérer Zacharie, qui ne quittera
pas le temple, comme le véritable innocent, tandis que Joas se transformera en son frère ennemi—dans la version biblique il sera, à son tour,
poursuivi et détruit par Dieu; peut-être, plus simplement, pourrions-
nous dire que Joas réunit enfin en une seule personne l'innocent et le
coupable, celui qui, arraché du sein du temple est persécuté par le
monde—Athalie—puis, entré dans le monde, vit comme le monde,
s'identifie à son persécuteur, sa grand'mère Athalie, et se trouve
condamné par son hérédité, ses passions, Dieu[6].

Le schéma A résume, simplifie sûrement, éclaire peut-être ce qui a
fait l'objet de notre discours. Sans doute pourrait-on pousser les analo-
gies et les parallélismes plus loin encore. Cela ne m'a pas semblé
indispensable à ma thèse. D'autre part, je ne pense pas qu'à l'heure
actuelle il soit encore besoin de se défendre contre l'accusation d'avoir
simplifié Racine ou prétendu qu'il n'a fait que se répéter. Un ou
plusieurs thèmes peuvent inspirer la littérature de toute une époque
sans en diminuer la valeur ou l'originalité.

---

[6] Pour un traitement plus détaillé de ces notions, voir mon article "Au delà d'*Athalie*".

La Thébaïde		
MÉNÉCÉE	innocent, meurt	
{HÉMON / ANTIGONE	couple innocent, poursuivi par	Créon, usurpateur, corrompu
Andromaque		
ASTYANAX, ("arraché"), orphelin	innocent, poursuivi	
Britannicus		
{JUNIE, ("arrachée"), orpheline / BRITANNICUS, orphelin	couple innocent, légitime, poursuivi par	Néron, usurpateur, corrompu, qui a renié son père, "frère" de Britannicus
Bajazet		
{ATALIDE / BAJAZET orphelins	couple innocent, persécuté par	Roxane, sans famille, usurpant pouvoir
Mithridate		
{MONIME, ("arrachée"), orpheline / XIPHARÈS	couple innocent, persécuté par	Mithridate Pharnace, frère de Xipharès
Iphigénie		
IPHIGÉNIE, ("arrachée")	innocente, condamnée	Eriphile, orpheline, appelée aussi Iphigénie, la poursuit
Phèdre		
{HIPPOLYTE / ARICIE, orpheline	couple innocent, persécuté	Phèdre les poursuit
Esther		
ESTHER, orpheline	poursuivie par	Aman, orphelin, usurpant le pouvoir que lui a légué le roi
Athalie		
JOAS, ("arrachée"), orphelin	poursuivi par	Athalie, usurpatrice
[Au delà d'*Athalie*		
ZACHARIE	innocent, poursuivi par	Joas, orphelin, son frère]

SCHÉMA A

J'espère avoir montré l'importance d'un thème dont l'omniprésence dans l'oeuvre de Racine doit nous faire conclure qu'il a joué un rôle déterminant pour le choix des sujets retenus par le poète. Mais, et cela est fascinant à constater, il se produit au cours des années un glissement dans la signification du thème de l'innocence. Sans que de nouveaux thèmes secondaires soient introduits—ils sont tous en place depuis très longtemps—un nouvel ordre dans les préoccupations de Racine se fait jour: ses dernières pièces le montrent obsédé plus qu'avant par la fatalité du mal qui rapproche les méchants des bons, par l'impossibilité de la vie dans le monde et, ce qu'il n'a jamais formulé avant *Athalie*, par l'impossibilité de préserver l'innocence au delà de la naissance au monde.

Deux exceptions s'imposent: le thème de l'innocence manque dans *Alexandre* comme dans *Bérénice*. La première est une pièce mineure, mais la seconde se range parmi les plus importantes et les plus belles de Racine. Certes Bérénice est innocente. Elle est peut-être même orpheline. Mais l'absence de ses parents ne joue aucun rôle et son innocence n'est qu'implicite au lieu de fournir l'un des ressorts de la pièce. Elle souffre, elle est rejetée, mais elle n'est pas persécutée. Titus ne l'a pas arrachée à une ombre protectrice. Si quelqu'un naît au monde dans la pièce, ce serait plutôt lui, à la mort de Vespasien; mais il ne s'éveille pas dans un monde corrompu où règne un frère ennemi. Toute analogie entre *Bérénice* et les pièces considérées plus haut serait donc artificielle, et parce que l'innocence et la tragédie sont étroitement liées chez Racine, l'absence du thème de l'innocence explique sans doute ce que les critiques ont souvent relevé, l'absence de l'élément tragique sous la forme que nous lui connaissons dans cette oeuvre.

Or il est curieux de noter que, chez tous les exégètes qui s'attachent à tracer le développement de l'art de Racine, *Bérénice* est présentée comme une pièce à part, une exception qui doit être omise ou pour laquelle il faut un peu infléchir la théorie à laquelle toutes les autres pièces semblent si bien se conformer. L'exemple le plus frappant est peut-être celui de Charles Mauron dont les travaux ont joué un rôle si important pour le renouvellement des études raciniennes. Ce critique se voit amené à constater que *Bérénice* semble faire exception dans le schéma des structures qu'il a établies pour les premières pièces de Racine[7]. En effet, en superposant *Andromaque*, *Britannicus* et *Bajazet*, Charles Mauron avait conclu à un schéma selon lequel un homme à

[7] Charles Mauron, *Phèdre*, p. 28.

forte composante du moi est toujours pris entre deux femmes, l'une possessive, agressive, qui a des droits sur lui (Hermione, Agrippine, Roxane), et l'autre à moindre agressivité, qu'il poursuit (Andromaque, Junie, Atalide). Dans *Bérénice* le rôle de Titus correspond bien, selon Ch. Mauron, à celui que détiennent Pyrrhus, Néron, Bajazet, mais il n'y a, en face de lui, qu'une seule femme. Le schéma établi précédemment amène Ch. Mauron à affirmer que Bérénice est double, que son rôle correspond et à celui d'Agrippine et à celui de Junie vis-à-vis de Néron. Elle "combine en elle deux images féminines—la tendre amante qu'on voudrait garder prisonnière, la femme possessive dont on redoute l'emprise". C'est sur l'existence de la seconde qu'il insiste surtout, rappelant que la Bérénice historique n'était ni jeune ni désintéressée[8].

Cette lecture de la pièce peut être conforme aux rapports de bien des lecteurs et critiques avec la femme qu'ils pensent aimer, mais tout la contredit dans le texte. Sans doute eût-il été préférable de ne pas chercher à pousser *Bérénice* dans un schéma préétabli, de constater seulement que la pièce semble construite selon des normes différentes et d'essayer d'en trouver la raison.

D'autres critiques sont amenés à laisser *Bérénice* de côté quand ils examinent l'oeuvre dans son ensemble[9]. Ceux qui, pour souligner

---

[8] Ch. Mauron, *L'Inconscient*, p. 88.

[9] L'exemple le plus curieux en est peut-être l'étude de M. Lange sur les sources inconscientes de Racine (R.C. Knight, *Racine et la Grèce*, p. 290; Ch. Mauron, *L'Inconscient*, p. 43; M. Lange, "Racine et le roman d'Héliodore", pp. 145-62; Héliodore, *Les Ethiopiques*, tr. J. Maillon. Dans ce roman d'aventures extravagant dont Louis Racine prétend que son père l'avait appris par coeur, M. Lange relève surtout un épisode qui fait penser à *Bajazet* (Livre VIII) et un autre qui rappelle *Phèdre* (I.iv). Les noms d'Hippolyte et de Thésée y paraissent d'ailleurs en toutes lettres (I.ix), et plus d'un épisode au cours du roman peut être rapproché d'aspects divers de la tragédie de Racine (II.xxv; IV.x). M. Lange signale en plus des passages qui peuvent faire penser à *La Thébaïde* (VII.i.II), à *Iphigénie* (X.iv) et à *Andromaque* (V.vii). Il me semble que, de surcroît, on peut trouver un écho de *Britannicus* dans le coup de foudre et l'amour fou de Thyamis, roi des brigands, pour Chariclée, belle prisonnière ravie par ses hommes, qui se dit soeur de Théagène, alors qu'un amour d'une chasteté à toute épreuve et un sort toujours contraire l'attachent à lui. Un autre passage relatif à Thyamis fait penser à un aspect au moins du drame de *Mithridate*, "barbare" passionné et jaloux qui détruit ce qu'il aime plutôt que de le céder, fût-ce après la mort (II.xxx).

Dans une toute autre veine, Georges May ("L'Unité de sang chez Racine") montre que, pour la plupart des tragédies de Racine on peut dresser un seul ou tout au plus deux tableaux généalogiques et y réunir tous les personnages de la pièce. Dans les premières et les dernières pièces, *La Thébaïde, Andromaque, Phèdre* et *Athalie*, un seul tableau suffit pour tous les protagonistes (p. 212); pour *Bajazet* et *Mithridate* seul un personnage important ne trouvait pas sa place dans un tel tableau. Dans *Iphigénie* les protagonistes, moins étroitement liés entre eux, présentent par contre des liens de parenté avec de nombreux personnages des autres tragédies. Et G. May conclut que l'unité de l'oeuvre, tiennent à rendre compte de toutes les tragédies de Racine, se montrent impuissants devant *Bérénice*, et cela quelle que soit leur position critique. La pièce demeure rebelle aux classifications, que ce soit celle de L. Goldmann, A. Adam ou R. Barthes, et elle appelle un traitement spécial qui la sert souvent mal[10].

On a longtemps débattu de l'inspiration initiale de *Bérénice*. Comme nous ne savons rien d'un Racine totalement étranger à lui-même pendant la période intermédiaire entre *Britannicus* et *Bajazet*, et que *Bérénice* a même pu être considérée la plus "racinienne" de ses pièces, c'est peut-être dans cette inspiration initiale qu'il faudrait chercher la raison de la "différence" de *Bérénice*. Si, comme j'espère l'avoir montré, Racine se trouvait habituellement porté vers ses sujets en fonction du drame de l'innocence, ou de telle autre préoccupation qu'ont pu relever les critiques, tout porte à croire que dans le cas de *Bérénice* il n'a pas lui-même choisi son sujet. Le sujet d'*Alexandre* a aussi pu être suggéré par d'autres au jeune Racine qui cherchait sa voie et le succès. Pour *Bérénice* je pencherais à croire qu'il y a du vrai dans une partie au moins de la légende qui rapporte que Henriette d'Angleterre l'aurait invité à écrire une pièce sur le sujet de Tite et Bérénice[11]. Peut-être

Racine choisit volontiers les derniers descendants de grandes familles maudites car, "victimes de la criminalité qu'ils portent en eux, ces héros tragiques posent de manière particulièrement pathétique le problème de la responsabilité morale et illustrent avec une rigueur incomparable le mystère de la liberté de l'homme", deux questions qui ont passionné le Grand Siècle (pp. 221-22). Les seules tragédies qui s'écartent de ce schéma sont donc *Alexandre*, *Bérénice* et *Esther*. La première et la dernière ne comptent évidemment pas parmi les oeuvres marquantes de Racine. Reste, une fois encore, *Bérénice*.

[10] L. Goldmann range d'abord *Bérénice* avec *Andromaque* et *Britannicus* parmi les tragédies "du refus". Mais alors que les deux dernières sont, selon lui, des tragédies "sans péripétie ni reconnaissance, avec le monde comme personnage central" et, en face de lui, un personnage tragique, il s'agirait dans *Bérénice* d'"une tragédie sans péripétie ni reconnaissance, ayant le héros comme personnage principal" où "le monde apparaît à peine" (*Le Dieu caché*, p. 372). Or la tragédie sans péripétie ni reconnaissance se caractérise par "l'absence de dialogue authentique entre le héros et le monde". Comme le monde est absent de *Bérénice*, la possibilité d'un tel dialogue est exclue *a priori*.

A. Adam a si bien senti combien *Bérénice* est unique parmi les tragédies de Racine qu'il la condamne au nom de celles qui la précèdent: pièce où l'irrésolution vient de la passivité, non d'une tension d'énergie, elle ne peut être considérée authentiquement tragique. *Bérénice* pour lui "représente [de la part de Racine] une erreur... L'on sent trop bien que la pièce est une gageure et que le génie même de Racine ne la put tenir" (*Histoire de la littérature française au dix-septième siècle*).

Roland Barthes, de son côté, note que "Bérénice est *persuadée*: ce résultat tout à fait incongru dans la tragédie racinienne s'accompagne d'une autre singularité: les figures du conflit se séparent sans mourir" (*Sur Racine*, pp. 98-99).

[11] Il me semble invraisemblable, d'autre part, qu'elle ait voulu instituer un concours entre Corneille et Racine comme le veut la légende. Sans doute les choses se sont-elles passées à peu près comme le suppose A. Adam et, d'accord avec lui, M. Turnell: Corneille, ayant appris à quoi travaillait son jeune rival, aurait été conduit à choisir le

même que l'impression faite par cette princesse jeune, gracieuse, pleine de charme s'est alors imposée au poète jusqu'à minimiser celle qui aurait pu surgir à la lecture ou relecture de Suétone, dont la Bérénice est une assez vieille femme ambitieuse, cupide, accaparante, incestueuse, en un mot "infâme" selon le terme de l'abbé de Villars. Il ne s'agit évidemment pas de revenir ici aux anciennes clefs. Mais ce charme que notent les contemporains chez Henriette d'Angleterre, charme qui se devine même derrière la stylisation et la flatterie de l'"Allégorie de la famille royale" de Jean Nocret, a pu toucher aussi Racine, et les qualités qu'on louait en elle ont pu donner quelque substance à l'héroïne de Segrais qui nous a sans doute donné l'image d'une "bonne" Bérénice[12].

Mais quelle qu'ait été l'impulsion initiale d'où est né *Bérénice*, il n'a pu s'agir que d'une suggestion, non d'un pensum. Avancer, comme je l'ai fait, que la pièce n'est pas issue d'un faisceau donné de préoccupations obsédantes chez Racine, ce n'est pas dire qu'elle ne touche pas à d'autres. Elle ne serait pas le chef d'oeuvre que nous connaissons si Racine ne l'avait écrite que par métier; elle ne nous toucherait pas et elle n'aurait pas une si admirable cohérence intérieure si elle n'avait été nourrie, comme ses autres pièces, aux sources de l'inconscient du poète. Racine, on l'a souvent dit, possédait à un degré suprême l'art de tirer profit des contraintes; les limites qu'imposaient les règles, l'alexandrin, les unités, loin de le gêner, ne servaient qu'à pousser son art vers sa perfection. S'il a accepté de composer une *Bérénice*, c'est sûrement aussi parce qu'il sentait que le sujet pouvait l'inspirer. Il a si bien réussi à le faire sien, qu'on a pu voir dans cette pièce son chef d'oeuvre. Mais elle restera toujours un peu à part, et à vouloir y retrouver tous les thèmes fondamentaux de l'oeuvre de Racine, on

---

même sujet (A. Adam, *op. cit.*, p. 335; M. Turnell, *Jean Racine Dramatist*, pp. 125-26). Il me semble même possible que Racine ait bientôt été informé à son tour de l'entreprise de Corneille, ce qui a pu l'inciter à accentuer la note pseudo-cornélienne de sa propre pièce.

[12] Voir Mme de Lafayette, *Histoire de Madame Henriette d'Angleterre, Oeuvres* III, notamment p. 36; et Bossuet, *Oraison funèbre de Henriette d'Angleterre*. La mort d'Henriette d'Angleterre qui a "étonné" toute la cour était propre à renforcer chez Racine des impressions plus fugitives. Elle survint cinq mois avant la publication de *Bérénice*. Dans son oraison funèbre Bossuet énumère toutes les qualités de la belle-soeur du roi, sa douceur (pp. 86, 92), sa bonté (p. 88), son intérêt pour l'histoire (p. 87), son manque d'ambition (p. 92), sa discrétion (p. 88), sa simplicité (p. 99), traits que l'on retrouve en partie chez Bérénice. Racine a pu en outre se sentir proche d'un être dont le sort pouvait lui rappeler le sien; citant les Psaumes, Bossuet fait en effet parler la jeune femme en ces termes: "*mon père et ma mère m'ont abandonnée, mais le Seigneur m'a reçue en sa protection. Délaissée de toute la terre dès ma naissance, je fus comme jetée entre les bras de sa providence paternelle, et dès le ventre de ma mère il se déclara mon Dieu*" (p. 97).

risque de fabriquer une nouvelle Bérénice et de déformer le sens des thèmes mêmes que l'on cherche à en dégager. Ainsi *Bérénice* ne peut pas nous éclairer sur la signification du thème de l'innocence chez Racine, mais son absence dans cette pièce n'infirme en rien la conclusion que ce thème a joué un rôle capital dans la formation de l'oeuvre théâtrale racinienne dans son ensemble.

BIBLIOGRAPHIE*

1. Oeuvres littéraires, oeuvres philosophiques et théologiques du dix-septième siècle

Racine, Jean. *Oeuvres complètes*. Ed. P. Mesnard. Collection des Grands Ecrivains de la France. Paris: Hachette, 1885-1888.

————. *Oeuvres complètes*. Ed. R. Picard. Editions de la Pléiade. Paris: Gallimard, 1950.

————. *Athalie*. Introduction et notes par Peter France. Clarendon French Series. Oxford: Oxford University Press, 1964.

————. *Britannicus*. Introduction et notes par Philip Butler. Cambridge: Cambridge University Press, 1967.

Edwards, Michael. La *Thébaïde de Racine*. Paris: Nizet, 1965.

Arnauld, Antoine. *Seconde lettre à un duc et pair de France*. Paris, 1655.

Augustin, [Saint]. *De libero arbitrio: De gratia et libero arbitrio*. In *Fathers of the Church*. Vol. 59. Washington: Catholic University of America Press, 1968.

Bidar, M. *Hippolyte*. Lille, 1675.

Bossuet. *Discours sur l'histoire universelle*. Collection Les Classiques Français. Paris: Lefèvre, 1825.

————. *Oraison funèbre de Henriette d'Angleterre, Oeuvres*. Editions de la Pléiade. Paris: Gallimard, 1960.

Corneille, Pierre. *Théâtre complet*. Editions de la Pléiade. Paris: Gallimard, 1950.

Descartes, René. *Oeuvres et lettres*. Editions de la Pléiade. Paris: Gallimard, 1960.

Du Ryer. *Esther*. Paris: Augustin Courbe Libraire et Imprimeur, 1644.

Eschyle. In *Tragiques grecs*. Editions de la Pléiade. Paris: Gallimard, 1967.

* Cette bibliographie ne comporte que les ouvrages cités et ceux qui ont été utilisés directement pour cette étude.

Euripide. *Théâtre complet*. Paris: Garnier, 1966.

François De Sales [Saint]. *Oeuvres*. Editions de la Pléiade. Paris: Gallimard, 1969.

Héliodore. *Les Ethiopiques*. Tr. J. Maillon. Paris: Les Belles Lettres, 1960.

Garnier, Robert. *Tragédies*. Rouen: Raphaël, 1605.

Lafayette, Mme de. *Histoire de Madame Henriette d'Angleterre, Oeuvres*, III. Paris: A la Cité du Livre, 1930.

Lebègue, Raymond. "Une Représentation d'*Athalie* en 1658". *Revue Bleue*, 16 mai 1936, pp. 357-59.

Leclerc et Coras. *Iphigénie*. Paris: Varennes, 1676.

Louis XIV. *Mémoires et divers écrits*. Ed. Bernard Champigneulles. Paris: Club Français du Livre, 1960.

Montchrétien. *Aman*. In *Les Tragédies de Montchrétien*. Ed. Petit de Julleville. Paris: Plon, 1891.

Nicole, Pierre. *Traité de la grâce générale*. 1704.

Pascal, Blaise. *Oeuvres complètes*. Editions de la Pléiade. Paris: Gallimard, 1954.

Pradon. *Phèdre et Hippolyte*. Paris: Ribou, 1680.

Rotrou, Jean. *Antigone, Iphigénie en Aulide*. In *Oeuvres*. Paris: Desoer, 1820.

Sénèque. *Tragédies*. Paris: Belles Lettres, 1924.

Sophocle. *Oeuvres*. Paris: Belles Lettres, 1967.

[Stace] Statius. *Thebaid*. Tr. J.H. Mozley. Londres: W. Heineman Ltd., 1928.

Virgile. *L'Enéide*. Paris: Garnier, 1965.

2. Etudes et travaux

Adam, Antoine. *Histoire de la littérature française au XVIIe siècle*. Paris: Domat, 1950-1956.

Barnes, Annie. "La Prophétie de Joad". In *The French Mind*. Studies in Honour of G. Rudler. Oxford: Clarendon Press, 1952.

Barrault, Jean-Louis. *Mise en scène de Phèdre*. Paris: Seuil, 1946.

Barthes, Roland. *Sur Racine*. Paris: Seuil, 1963.

Bénichou, Paul. *L'Ecrivain et ses travaux*. Paris: Corti, 1967.

————. *Morales du grand siècle*. Paris: Gallimard, 1948.

Bersani, Leo. *A Future for Astyanax*. Boston: Little Brown, 1969.

Bettelheim, Bruno. *The Uses of Enchantment*. The Meaning and Importance of Fairy Tales. New York: Knopf, 1976.

Bray, René. *La Formation de la doctrine classique en France*. Lausanne: Payot, 1931.

Bremond, Henri. *Histoire littéraire du sentiment religieux en France*. Paris: Bloud et Gay, 1916-1936.

Brody, Jules. "Racine's *Thébaïde*: An Analysis". *French Studies*, juillet 1959, pp. 199-213.

————. "'Les Yeux de César': The Language of Vision in *Britannicus*". In *Studies in Seventeenth-Century French Literature*. Presented to Morris Bishop. Ithaca: Cornell University Press, 1962.

————. "Bajazet, or the Tragedy of Roxane." *The Romanic Review*, décembre 1969, pp. 273-90.

————. "*Bajazet*, ou le jeu de l'amour et de la mort: Paratexte". *French Forum*, mai 1977, pp. 110-20.

Butler, Philip. *Classicisme et baroque dans l'oeuvre de Racine*. Paris: Nizet, 1959.

Cognet, Louis. *Le Jansénisme*. Paris: Presses Universitaires de France, 1961.

_____. *Claude Lancelot, Solitaire de Port Royal*. Paris: Sulliver, 1950.

_____. "Les Origines de la spiritualité française au XVIIe siècle". *Culture catholique*, no. 4 (La Colombe), septembre 1949.

_____. "Les Petites Ecoles de Port Royal". *Cahiers de l'AIEF*, 1953, pp. 19-29.

Dagens, Jean. "Le XVIIe siècle, siècle de St. Augustin". *Cahiers de l'AIEF*, 1953, pp. 31-38.

Daudin, Henri. *La Liberté de la volonté*. Paris: Presses Universitaires de France, 1950.

Delcourt, Marie. *Etude sur la traduction des tragiques grecs et latins depuis la Renaissance*. Bruxelles: Lamertin, 1925.

Domenach, Jean-Marie. *Le Retour du tragique*. Paris: Seuil, 1963.

Doolittle, James. "The Eyes of Athalie". *L'Esprit Créateur*, été 1968, pp. 149-59.

Entretiens sur l'antiquité classique, I: *La Notion du divin* (articles de P. Chatraine, H.D.F. Kitto, et F. Chapouthier). Genève: Vandoeuvres, 1952.

_____, VI: *Euripide* (articles de J.C. Kamerbeek, A. Rivier, et A. Lesky). Genève: Vandoeuvres, 1958.

Freeman, Ralph, et Batson, Alan. *Concordance du théâtre et des poésies de Jean Racine*. Ithaca: Cornell University Press, 1968.

Freud, Sigmund. *Der Dichter und das Phantasieren: Das Motiv der Kästchenwahl, Dostojewski und die Vatertötung*. In *Bildende Kunst und Literatur*. Studienausgabe vol. X. Frankfurt am Main: Fischer Verlag, 1969.

Gilson, Etienne. *L'Esprit de la philosophie médiévale*. Paris: Vrin, 1932.

_____. *Etude sur le rôle de la pensée médiévale dans la formation du système cartésien*. Paris: Vrin, 1951.

_____. *La Liberté chez Descartes et la théologie*. Paris: Alcan, 1913.

Girard, René. *La Violence et le sacré*. Paris: Grasset, 1972.

Goldmann, Lucien. *Le Dieu caché*. Paris: Gallimard, 1959.

_____. *Situation de la critique racinienne*. Paris: l'Arche, 1971.

Gouhier, Henri. *La Pensée religieuse de Descartes*. Paris: Vrin, 1924.

_____. *Le Théâtre et l'existence*. Paris: Aubier Montaigne, 1952.

Gutwirth, Marcel. *Jean Racine: Un itinéraire poétique*. Montréal: Presses Universitaires de Montréal, 1970.

_____. "La Problématique de l'innocence dans le théâtre de Racine". *Revue des sciences humaines*, avril-juin 1962, pp. 183-202.

Hamburger, Käte. *Von Sophokles zu Sartre*. Stuttgart: Kohlhammer, 1962.

Harth, Erica. "The Tragic Moment in *Athalie*". *Modern Language Quarterly*, décembre 1972, pp. 382-95.

Hegel, G.W.F. *Vorlesungen über die Aesthetik*. In *Werke*, 13-15. Frankfurt am Main: Suhrkamp, 1970.

Hubert, J.-D. *Essai d'exégèse racinienne*. Paris: Nizet, 1956.

Jaspers, Karl. *Ueber das Tragische*. München: Piper Bücherei, 1961.

Jung, Carl G. *Aion: Contributions to the Symbolism of the Self*. In *Collected Works*, vol. 9. Bollingen Foundation. New York: Pantheon Books, 1958.

Kitto, H.D.F. *Greek Tragedy*. New York: Doubleday-Anchor, 1954.

Knight, R.C. *Racine et la Grèce*. Réimpression, Paris: Nizet, 1974.

————. "Les Dieux païens dans la tragédie de Racine". *Revue d'histoire littéraire de la France*, juillet-septembre 1964, pp. 414-26.

Lancaster, H.C. *A History of French Dramatic Literature in the Seventeenth Century*. Baltimore: Johns Hopkins University Press, 1929-1942.

————. "The Horse in French Plays of the 17th Century". *Essays in Honor of A. Feuillerat*. New Haven: Yale University Press, 1943.

Lange, M. "Racine et le roman d'Héliodore". *Revue d'histoire littéraire de la France*, 23 (1916), 145-62.

Lévi-Strauss, Claude. *Anthropologie structurale*. Paris: Plon, 1958.

Lesky, Albin. *Die Griechische Tragödie*. Stuttgart: Kröner, 1958.

Mauron, Charles. *L'Inconscient dans l'oeuvre et la vie de Racine*. Paris: Corti, 1969.

————. *Phèdre*. Paris: Corti, 1968.

May, Georges. *D'Ovide à Racine*. Paris: Presses Universitaires de France, s.d.

————. "L'Unité de sang chez Racine". *Revue d'histoire littéraire de la France*, mars-avril 1972, pp. 209-33.

Méron, Evelyne. "De l'Hippolyte d'Euripide à la Phèdre de Racine". *Dix-septième siècle*, 1973, pp. 33-54.

Morel, Jacques. *Jean Rotrou dramaturge de l'ambiguïté*. Paris: Colin, 1968.

de Mourgues, Odette. *Autonomie de Racine*. Paris: Corti, 1967.

Nurse, Peter H. *Classical Voices*. London: Harrap, 1971.

————. "Towards a Definition of 'Le Tragique racinien' ". *Symposium*, automne 1967, pp. 197-221.

Orcibal, Jean. *La Genèse d'Esther et d'Athalie*. Paris: Vrin, 1950.

————. *Saint-Cyran et le jansénisme*. Paris: Seuil, 1961.

Peyre, Henri. *Qu'est-ce que le classicisme?* Paris: Nizet, 1964.

Picard, Raymond. *La Carrière de Jean Racine*. Paris: Gallimard, 1961.

Pohlenz, Max. *La Liberté grecque*. Tr. J. Goffinet. Lausanne: Payot, 1956.

Poulet, Georges. *Etudes sur le temps humain*. Paris: Plon, 1950.

————. "Racine, poète des clartés sombres". *Mesure de l'instant*. Paris: Plon, 1968.

Rank, Otto. *Don Juan: Une étude sur le double*. Paris: Denoël et Steele, 1932.

Ranulf, Svend. *The Jealousy of the Gods*. Londres: Williams & Norgate, 1933.

Reiss, Françoise. "Racine en proie à la critique moderne". *Cahiers raciniens*, 29:13-62.

Rivier, André. *Essai sur le tragique d'Euripide*. Lausanne: Rouge, 1944.

de Romilly, Jacqueline. *La Tragédie grecque*. Paris: Presses Universitaires de France, 1970.

————. *L'Evolution du pathétique d'Eschyle à Euripide*. Paris: Presses Universitaires de France, 1961.

de Rougemont, Denis. *L'Amour et l'occident*. Paris: Plon, 1938.

Sainte-Beuve, Ch.-Au. *Port-Royal*. Paris: Hachette, s.d.

Scherer, Jacques. *La Dramaturgie classique en France*. Paris: Nizet, 1950.

Schmid, Ruth. *Der Dramatische Stil bei Racine*. Aarau: Sauerländer, 1958.

Short, J.P. "The Concept of Fate in the Tragedies of Racine". In *Studies in French Literature*. Presented to H.W. Lawton. Treson, McFarlane, editors. Manchester: University Press; New York: Barnes and Noble, 1969.

Soares, Sandra, et Claude Abraham. "Time in *Bérénice*". *Romance Notes*, 15:185-94.

Spitzer, Leo. "The 'Récit de Théramène'". *Linguistics and Literary Theory*. Princeton: Princeton University Press, 1948.

_____. "Die klassische Dämpfung in Racine's Stil". *Archivium romanicum*, 12, 1928, 361-472.

Starobinski, Jean. *L'Oeil vivant*. Paris: Gallimard, 1961.

Szondi, Peter. *Versuch über das Tragische*. Frankfurt am Main: Insel, 1961.

Tans, J.A.G. "Un thème-clef racinien: La Rencontre nocturne". *Revue d'histoire littéraire de la France*, octobre-décembre 1965.

Le Théâtre tragique. Colloque d'Angers et de Royaumont, études réunies par Jean Jacquot. Paris: CNRS, 1965. Comprenant des études de F. Robert, J. de Romilly, J.C. Kamerbeek, J. Duchemin, et H.D.F. Kitto.

Turnell, Martin. *The Classical Moment*. Londres: Hamish Hamilton, 1947.

_____. *Jean Racine Dramatist*. Londres: Hamish Hamilton, 1972.

Vossler, Karl. *Jean Racine*. München: Max Hueber, 1926.

Weinberg, Kurt. "Zum Wandel des Sinnbezirks von 'Herz' und 'Instinkt' unter dem Einfluss Descartes'". *Archiv*, Juli 1966, pp. 1-31.

Zimmermann, Eléonore M. "'L'Agréable Suspension' chez Corneille". *French Review*, octobre 1966, pp. 15-26.

_____. "'Théramène, fuyons...'". *French Studies*, octobre 1971, pp. 401-08.

_____. "Au delà d'*Athalie*". *French Forum*, janvier 1980, pp. 14-21.

INDEX ANALYTIQUE

DATE DUE

APR 05 1989			
JAN 1 8 1993			
GAYLORD			PRINTED IN U.S.A.